चीलवाली कोठी

[उपन्यास]

चीलवाली कोठी

सारा राय

राजकमल प्रकाशन
नयी दिल्ली पटना इलाहाबाद कोलकाता

ISBN : 978-81-267-2765-0

मूल्य : ₹ 400

पहला संस्करण : 2015

प्रकाशक : राजकमल प्रकाशन प्रा. लि.
1-बी, नेताजी सुभाष मार्ग, दरियागंज
नई दिल्ली-110 002

शाखाएँ : अशोक राजपथ, साइंस कॉलेज के सामने, पटना-800 006
पहली मंजिल, दरबारी बिल्डिंग, महात्मा गांधी मार्ग, इलाहाबाद-211 001
36 ए, शेक्सपियर सरणी, कोलकाता-700 017

वेबसाइट : www.rajkamalprakashan.com
ई-मेल : info@rajkamalprakashan.com

मुद्रक : बी.के. ऑफसेट
नवीन शाहदरा, दिल्ली-110 032

CHEELWALI KOTHI
Novel by Sara Rai

जहाँ से कल्पना शुरू होती है...
नवाब की ड्योढ़ी, बनारस की याद में

एक

स्मृति का देश

एक नदी आकाश पार करती है।
धुँधली रेखा
आसमान के गुम्बद पर बढ़ती,
गोला खींचती
जमीन पर बह निकलती है।
धरती और आकाश
नदी के दो छोर।
नदी है आत्माओं की
धूप की और छाया की
रेत की और माया की
हवा की और बादल की
जीवन और मृत्यु की
नाजुक अहसास की
समय और काल की
धारा
उतर आती है
शिवजी की नगरी में
बनारस में।
उषा
प्रत्यूषा
आगे बढ़ती
सुदूर दूरियाँ फलाँगती,
अँधेरे के गर्भ
से दिन
कमल के फूल की तरह
खिलता है।
खिसकता ढलता नाम बदलते हैं
शब्द आकार

विन्यास वृत्तान्त
काल का कथन टूटता
दिन मुरझाता
दूसरा खिलता है
तीसरा
सदियाँ गुजरती जाती हैं
कई युग
कई-कई सदियों के।

करुणामयी, कोमल, क्रुद्ध
शिव
अपनी तीसरी आँख से
धरती पर
अग्नि उगलते हैं
बनारस पर
मृत्यु और महामारी
फूँकते हैं
सब नष्ट हो जाता है
एक शहर महागाथा।
महाश्मशान बनारस।

फिर से सृष्टि की
रचना होती है
सालों साल हजारों साल
का यह सिलसिला
बनना और बिगड़ना
नाश और निर्माण
बार-बार
अनगिनत बार।
बनने और बिगड़ने
के अन्तराल में
ब्रह्मांड के सात पानी पर
विष्णु सोते हैं
शेषनाग की छाया में

पानी पर
क्योंकि सबसे पहले
पानी था।
अकेला पानी
खामोश पानी
वह आदिम तत्त्व
जिससे सब चीजें
शुरू होती हैं
जीवन शुरू होता है।

पानी के गर्भ में
वह भटक रही है
पानी की थाह में
राह ढूँढ़ रही है।
उसके अन्दर
एक कहानी सो रही है
अपनी शुरुआत को लेकर
वह उसे सोने देती है।
जगाकर दिन के उजाले
में नहीं घसीटती।
दिन के उजाले में
वह गुम न जाए कहीं
जुगनू की चमक
की तरह।
उसके पास और कुछ नहीं
बस कहानी यही
वह खोना नहीं चाहती
इसे
यह कहानी
जिसके अलावा
उसके पास
और कुछ नहीं।

वह पानी की बेटी।

पानी उसका बाप
पानी उसकी माँ
कहाँ से आई वह?
कौन थे
उसके पिता-माता
बन्धु-भ्राता?
कोई नहीं।
कुछ नहीं मालूम
कोई है
जो बता सकेगा?
सब अँधेरे में
डूबा है
उसका अतीत
उससे पहले
उसकी माँ का
उससे पहले
उसकी माँ का।

अँधेरे में
पानी की एक
चादर है
पानी
खामोश।
अकेला।
अकेला पानी
जलता है
उसके दिल में
गहरी चाह उठती है।
उबलते दिल में
फूटता
एक बुलबुला
नन्हा-सा
साँस के लड़खड़ाने
के बराबर।

वह बड़ा होता है
आकार बदलता।
एक आँख
काली खुली आँख
सदा खुली
वह बिना झपे
दुनिया को देखती है
मछली की सी आँख
उसकी।
उस आँख में
शुरुआत उसकी।

सबसे पहले आँख
फिर दूसरी
फिर वह
मीनाक्षी
मछली की सी आँखों वाली
पानी की बेटी।
उसका काम है देखना
देखना और तैरना
तैरना उसका जीवन
तैरना उसकी नियति
हर हालत में तैरते जाना है
जीवित रहना है
साँस लेने
ऊपर आना है
सदा
तैरी नहीं
तो डूब जाएगी
खो जाएगी
मर जाएगी।

1

इमली के पेड़ पर उल्लू आज फिर बोला धीमे से, स्मृति के देश में। चटियल गिट्टियों के ढेर पर से टिटीहरी उठी, सूखी टाँगें समेटे। ठहरी हुई सुबह में उसकी बोली गूँजी।

"टिट टिटीटूइट! टिट टिटीटूइट!"

कोयल है कि मदहोशी से गाए जा रही है। फिर हुदहुद बादशाह क्यों पीछे रहें? नीम की घनी छाँव में छुपा उनका गम्भीर स्वर सुनाई दिया। अपनी बोली से वह बादलों को पुकारते हैं। लगता है फिर बारिश होगी।

रात भर जले हुए पीले बल्ब के नीचे से रजुआ ने झाड़कर पतिंगों के हवाई पंखों का छोटा-सा पहाड़ इकट्ठा किया।

नीम, पीपल और महुए ने पत्ते सरसराकर एक-दूसरे से बातें कीं। कहीं से हँसी, खड़खड़ाते पत्तों की तरह।

एक बड़ा सा पीला चमकता हुआ चाँद मेरी आँखों के कोनों पर उभर आया है।

कितना बड़ा। आँखों में समाता नहीं।

नीचे पार्क टिड्डों से भरा है। हवा के खाली पन्ने पर वह चित्र खींचते हैं।

दिल्ली में तीसरी मंजिल पर मेरा कमरा।

खिड़की के बाहर आकाश सफेद है। बेपंख, बेबादल। यह कमरा जो मैंने अपने लिए किराये पर लिया है। सुबह मैली है।

कमरे के अँधियारे से मैं सफेद आसमान को देखती हूँ।

आसमान पर चिपकी हुई कतार-दर-कतार ऊँची बदनुमा इमारतें। हाई राइज अपार्टमेंट्स। सैकड़ों पास-पास सिकुड़े हुए फ्लैट। एक हाउसिंग सोसायटी के बाद दूसरी। बिल्कुल वैसी जिसमें मेरा कमरा है।

वे चलती चली गई हैं, धरती और आकाश को घेरती।

किसी अध्वंस्य जीव जाति की तरह। बिना किसी रंग के। राख के ऊपर राख।

अच्छा है यह। अच्छा है कि नजारा इतना बेरंग है, इतना सपाट। यहाँ मेरे

ख्यालों में दखलअन्दाजी करने के लिए कुछ नहीं है। बिना रोक-टोक के, बिना किसी भटकन के वे आ-जा सकते हैं।

अपनी तन्हाई का मैं क्या करूँ? अभी सोचा नहीं।

इसका पहले से कोई अन्देशा मेरे पास था नहीं।

शायद यह अच्छी ही है।

यह तो इत्मीनान है ही कि इस जगह के, इस कमरे के नएपन ने यादों को इससे जुड़ने नहीं दिया है। यह बस अपने आप में है, अपने में ही पूरा।

दीवार बस दीवार, पलंग-पलंग ही और कुर्सी का भी कोई दूसरा अवतार नहीं। मुझसे पहले इस पर कोई नहीं बैठा।

साये भी बस साये। अपने आकार तक सीमित।

कोई इतिहास नहीं तो कोई भ्रांति नहीं।

बस एक मैं हूँ जो न जाने कितने भ्रमों से घिरती चली जाती हूँ। मन कितनी दिशाओं में दौड़ लगाता है। किसी जंगली पेड़ की तरह। कभी एक शाख इधर से फूटती है तो दूसरी डंगाल उधर से लटकी है। दिमाग यादों से अशान्त है। यादें भी कुछ ज्यादा ही हो सकती हैं। कुछ जो मन संजो के रखता है। कुछ और जो उसकी, स्मृति की, अपनी हैं। जिन्हें उसने ईजाद किया है, खुद-ब-खुद।

मुझे बनारस, चीलवाली कोठी लौटे हुए पंद्रह साल हो गए। गोकि मन बार-बार वहाँ लौटा करता है। वह शानदार फाटक। उसके दोनों खम्बों पर चील। भारी पत्थर से तराशी हुई, पंख फैलाए, नुकीले पंजे बस नोक से ही खम्बे पर टिके हुए।

अब उड़ी, तब उड़ी।

किसी ने मुझसे कहा था, या शायद मैंने कहीं पढ़ा है, कि अतीत तभी घटता है, उसी पल में, जब हम उसके बारे में सोचते हैं। अगर ऐसा है, तो चीलवाली कोठी में बीते मेरे साल भविष्य में बहुत दूर तक खिंचते चले जाएँगे।

याददाश्त कुछ चीजों पर ज्यादा जोर डाल देती है और वे बढ़ी-चढ़ी सी लगने लगती हैं। कुछ ज्यादा ही सजीव। कुछ और बातें वह भूल ही जाती है। कहीं नामोनिशान नहीं। एकदम सफाचट।

मुझे हमेशा रहस्यमयी लगी है, यह चुन लेने और छोड़ देने की क्रिया जो याददाश्त अपनाती है।

जैसे कि मुझे एक दरवाजा याद आता है। आसमान में खुलता हुआ। आसमान में दरवाजा क्यों खुलेगा? और खुल भी कैसे सकता है।

मगर याद यूँ ही आता है। सोचने पर यह लगता है कि जब मैं आखिरी बार चीलवाली कोठी गई थी तो घर का एक हिस्सा गिरा दिया गया था। नए मालिकों ने शायद नए तरीके का घर बनाने के इरादे से जगह खाली की थी। नए जमाने का नया मकान।

पुराने घर का जो हिस्सा बचा था उसमें छत पर खुलता दरवाजा भी था। मामूली तौर पर यह छत की दूसरी तरफ, उसके दूसरे हिस्से पर खुलता। पर छत की दूसरी तरफ तो अब कुछ था ही नहीं। दरवाजे में से नीले आकाश की फाँक दिख रही थी। और उस नीली फाँक में काले पंछी, दूर ऊँचाइयों में, काले रेशम की कतरनों की तरह।

इमारत के आधे हिस्से के गिर जाने की वजह से जमीन का एक खाली फैलाव पैदा हो गया था। उसके किनारे-किनारे मलबे के ऊँचे ढूह।

खाली जमीन को देखकर मुझे अजीब सा लगा था।

क्योंकि मेरी आँखें घर के उस हिस्से को, जो अब था ही नहीं, इतनी सफाई से देख रही थीं। और उसमें जिन्दगी के आसार महसूस कर रही थीं। कुछ उसी तरह से, जिस तरह वह आदमी जिसके बदन का कोई अंग कट गया हो, उस कटे हुए अंग में हरकत महसूस करता चला जाता है। उसके पैर के अँगूठे में खुजली होती है जबकि पैर बेचारा तो कब का लापता है।

दरवाजे से होकर मैं यादों के देश में लौटती हूँ। तो स्मृति की सनक ही सही।

दरवाजा आकाश में खुलता है। हवा में हिलता। कब्जों पर ढीला। आकाश में दबे पाँव चलते हुए लोगों की एक कतार सामने से निकलती है। कोई सिर घुमाकर इधर-उधर नहीं देखता। लगता है सब किसी आगे की मंजिल में लीन हैं। जैसे बेख्याली में चलते चले जा रहे हैं।

मैं उन्हें पहचानती हूँ।

मासीमा (यानी लीला नारायण, यानी बीबी रानी, यानी माँ)।

मेशो (जिस नाम से मैं राय प्रणवनारायण दासजी को पुकारती हूँ, उनके कलकत्ता में बीते दिनों का परिणाम)

आदित्य (नारायण दास)।

विक्रम (त्रिविक्रमनारायण दास!)।

विनीता (जिसे वह प्यार में, या शायद यूँ ही, विनी कहता है)।

उर्मिला (उर्फ उर्मी)।

मुन्नीअम्मा या जल्दी से मुनीमा या मेशो की मुन्ना (जिनका और कोई नाम नहीं बचा)।

और हाँ! मीनाक्षी भी तो। मीना। यानी मैं। मगर उस छोटी लड़की की छवि मुझसे अलग है। क्या अपने से निकलकर भी कहीं जाया जा सकता है? हो सकता होगा। क्योंकि वह देखो, वह (मैं) चली जा रही है। बालों में लाल रिबन। फूल की तरह। आँखें कहीं और। किसी और जगह। गैरहाजिर।

एक और बच्ची भी है। अजन्मी। मुट्ठियाँ कस के भींचे, पैर सिकोड़े, वह गर्भ के पानी में ऊपर उठती है, नीचे गिरती है। उसके पतले नन्हे होंठ नीले हैं। आँखें कस के बन्द। वह आँखें कभी नहीं खुलेंगी। मुट्ठियाँ कभी ढीली नहीं होंगी।

यूँ ही बीतती जाएगी वह बचपन से जवानी से बुढ़ापे तक।

खामोशी से हवा पर चलते, दबे पाँव, आकाश में उनका छोटा-सा जुलूस निकलता है।

मेरी खिड़की के बाहर, बेपंख, बेबादल आसमान में बसा है स्मृति का देश।

स्मृति के देश में लौटी हूँ। उन दिनों को समझने की कोशिश करती हूँ। समझकर कागज पर उतार लूँ तो कम-से-कम मेरा बयान भी रहेगा। जिसमें मुझे कोई ऐसी-वैसी न कह सके।

जिसमें कि जब भी फैसला हो (मगर कौन करेगा?) तब मेरा भी कहा अनसुना न रह जाए। मेरी भी सुनवाई हो। सुनवाई तो होगी ही। आखिर मैंने किया ही क्या था? प्यार करना कोई जुर्म तो नहीं। फिर भी, उस पूरे पचड़े से मैं तो बाहर आ गई। बचकर साफ निकल आई।

और जो बचकर निकल आता है, जीत उसी की होती है। जमाना उसी की सुनता है। न कि यह हार और जीत का मामला है। हार और जीत तो दुश्मनों के बीच, प्रतियोगियों के बीच होती है। एक लकीर खिंच जाती है। जिसके आर-पार एक-दूसरे से मोर्चा लेते हैं।

मगर यहाँ तो दूसरी तरफ कोई था ही नहीं। नहीं, विनी भी नहीं। क्या मैंने उसे कम माना है? नहीं माना किसी ने तो उसने। उसने मुझे। सब मेरे हैं। यही तो मेरे हैं। क्या मेरा और कोई है?

मैंने कभी भी, किसी का भी बुरा न चाहा। फिर भी मन में कुछ तो है ही जो मैं गड़े मुर्दे उखाड़ने बैठ गई?

असल बात तो विक्रम से ही शुरू होती है।

उसी के चलते किस्सा यूँ उलझा। किस्से में मैं उलझी।

विक्रम मेरे प्यारे। जगत उजियारे।

गर्मी की दोपहर थी। तुम कुएँ के पास खड़े थे। हवा तुम्हारे बालों में थी। केले के झुरमुट के पीछे से मैं आई थी।

मैंने तुम्हें देखा। हमने एक-दूसरे को देखा।

सागर के अपार विस्तार में।

सफीने।

इशारे।

मुझमें अँधेरा था। तुम रोशनी थे।

मैं अँधेरे से रोशनी की तरफ बढ़ रही थी।

यह तो हर जिन्दा चीज का उसूल है।

छाया से धूप की तरफ बढ़ना।

फूलों का। पेड़ों का। जीवों का।

जहाँ तक कि मैं जीवित हूँ, यह मेरी फितरत थी।

मैं काँच की आँखों से तुम्हें देखती हूँ। शीशे की आँखों से।

तुम्हारा सिर अपने हाथों में लेती हूँ।

बाल, माथा, आँखें, होंठ चूमती हूँ।

कुएँ की जगत पर तुम खड़े थे, केले के झुरमुट के उस पार। हवा, गर्म हवा दोपहर की, तुम्हारे बालों में थी।

मैं बार-बार तुम्हें देखती हूँ। अपने देखने में फँस जाती हूँ।

तुम्हारी तिरछी खोई हुई आँखों में देखती हूँ तो कोई चीज त्वचा पर फिसल जाती है।

गर्म साँस है या ठंडी छाँव।

सदा मैं तुम्हारी नजर के जादू में खोई हूँ।

पर सदा क्या इतना सा होता है, और अलविदा इतना लम्बा? मैंने नहीं सोचा था तुम यूँ चले जाओगे।

चले जाने पर इस तरह लौट-लौट आओगे।

खोखले। हवा पर बहती हवा। आकाश पर छाए। जितना जिन्दगी में भी नहीं, उतना मौत में।

इधर और उधर।

इनमें तो बस साँस भर का फासला है,

साँस ही का।

तुम उधर।

और तुम्हारी माँ, मेरी भी

पर उतनी नहीं।

उनसे मेरा खून का रिश्ता नहीं।

मासीमा। माँ-जैसी-माँ।

मासीमा क्षमा कीजिए।

आपकी थकी हुई स्नेहिल आँखों के बारे में सोचती हूँ।

दिल में कुछ फड़फड़ाता है, पंखों जैसा।

आपका हाथ। उसकी छोटी उँगली बीच के जोड़ पर टेढ़ी।

किसी ने कहा यह करुणा की निशानी है।

यह सच है।

मेरी माँ नहीं थी। आप बनीं।

मेरा घर नहीं था। आपने दिया।

आपने मुझे शब्द दिए। मेरे पास थे नहीं।

मेरी कोई कहानी न थी। आपके कारण मैंने गढ़ी।

यह कैसे हुआ, मीना? आप पूछती हैं।

विक्रम मेरा बेटा था। तुम्हारा भाई। भाई ही समझो।

जिसे भाई माना वह भाई हुआ।

तो फिर कैसे, क्योंकर?

मासीमा, मेरी भी तो सुनिए। मैं भी तो अनजान थी।

मैंने कब चाहा था कि ऐसा होए। ऐसा होगा मैंने नहीं सोचा था।

नियति ने मझे चुना। मुझे चुना अपना मोहरा; एक अनजान मोहरा। अपने किए से अनजान। वह मेरे कारण मर भी सकता है, क्या मैं कभी सोच सकती थी? आखिर तो मैं एक गरीब लड़की थी। अनाथ। और वह इस घर का बेटा। कमजोरी तो उसमें पहले से ही थी। मेरा कौन सा कुसूर था? और आज के दिन तो यह घर-घर की कहानी है। कोई अनोखी तो नहीं।

आप ही ने तो मुझसे कहा था,
अनजानपन के उन अल्हड़ दिनों में,
कि बुरी घटनाओं का अपना खिंचाव होता है,
धरती के गुरुत्वाकर्षण की तरह।
और यहाँ तो जीने-मरने तक बात आ गई।
मैंने तो बस वही किया जो नियति ने मेरे लिए लिखा था।

मैं तो उसी के किए पे चली। और बचकर बाहर आ गई उस किस्से से। सलामत।

जाड़े की सुबह थी। आपका हाथ ठंडा था।
आपने हाथ मेरे हाथ में दिया।
क्या मौत की ठंडक अभी से उस पर हावी थी?
मैंने अपने हाथों में उसे रखा जैसे वह कोई चिड़िया हो।
धीरे-धीरे वह जिन्दगी को फिर हासिल हुआ। गर्मी को।
मुझे नहीं मालूम था यह आपके आखिरी दिन हैं।
मैं कैसे जान सकती थी कि गम से भी कोई मरता है?
ऐसे ज्ञान के लिए मैं कमसिन थी।
मासीमा क्षमा कीजिए।
वह तो विक्रम था। भाई [illegible] आपने कहा।

तो मैं लिखती हूँ। इसमें भी कर्जदार आपकी। आप ही ने कहा लिखो। जिन्दगी है तो लिखती चलो। लिखो तो जिन्दगी साथ-साथ चलेगी। नहीं तो यह दिन भी कैसे हवा हवाई होते हैं। आज यहाँ, कल कहाँ? सो मैंने लिखना शुरू किया।

मेरी खिड़की के बाहर सफेद आसमान है, निराकार, बेरंग। वह मुझे देखता है लिखते। मेरा गवाह। मुझे जानता है। उसने मुझे बड़ा होते देखा है।

लिखती हूँ मानो जीवन उस पर निर्भर हो। लिखती हूँ शुरू से शुरू करके।

सच के अलावा कुछ न कहूँगी। न गीता, न कुरान, न बाइबिल। सच कहा तो सिर्फ अपने से जाता है, आप ही ने तो कहा था। आपने कहा और मैंने बात की गाँठ बाँध ली। आवाज बदली जरूर। मगर सच तब भी, अब भी।

सच कहूँगी। सच, बस। जो मेरा सच है। किसी और का सच मैं नहीं जानती।

और सच आखिर होता क्या है? धोखेबाज रंग बदला करता है। फिर याददाश्त उसकी साथी हो तो और भी मुश्किल।

फिर भी, जो निकलेगा वह एक बयान तो होगा ही। सच और झूठ की गारन्टी मैं नहीं लेती।

जो सच समझेगा उसके लिए सच।

जो मिथ्या सो मिथ्या।

2

इतनी भारी भरी-पूरी दुनिया में मैं बिल्कुल अकेली, ओ आसमान! न घर न द्वार, न माइ न बाप, भाई न बहन, तूने तो सब देखा है, सब जानता है कितनी अकेली, अन्तर्यामी!

आँख खुली तो अनाथालय का किवाड़ हवा में चर्रखचूँ हिलता हुआ पाया। चर्रखचूँ। बाहर गोदौलिया की चकाचक भीड़ से भरी सड़क पानी की तरह बह रही थी। जिधर देखो बत्ती ही बत्ती मार जगर-मगर कर रही थी। हर दिशा में हो-हल्ला, आना-जाना, हलचल। रिक्शों, साइकिलों की ट्रिंग-ट्रिंग, मन्दिर की घंटी की टन-टन। कीर्तन के सुर हवा में फैल रहे थे, ''सिया राम जय राम जय जय राम!''

घिरती हुई संझा में अन्नपूर्णा शिशु मन्दिर के फाटक पर खड़े बूढ़े पाकड़ दादा की डालों में बन्दर मार कूद-फाँद, चीं-चपर मचाए हुए थे। फिर भी मेरे चारों तरफ कितना सन्नाटा!

अन्नपूर्णा शिशु मन्दिर का चटियल दिन-भर का तपा हुआ एहाता। उसमें और कुछ नहीं था बस एक लोहे का खम्बा था, थम्म से जमीन में गड़ा हुआ। जिस पर पन्द्रह अगस्त और छब्बीस जनवरी को झंडा लहर-लहर लहराता था। मेरे पास कुछ नहीं था, बस वह खम्बा था। उसकी चिकनी मजबूत गोलाई को दोनों हाथों में थामे चक्कर काटना याद है। गोल-गोल। गोल-गोल। फिर दूसरी तरफ से गोल-गोल। गोल-गोल। नीला आकाश झूमता था। एक छोटी चिरैया उड़ती थी। ऊपर। और ऊपर।

नवनीता से मेरी नहीं बनती थी। नो-बो-नीता। वह बंगाली थी। रसगुल्ले को 'रोशोगोल्ला' कहती थी और बारिश को 'बृश्टी'। उसकी माँ अभी जीवित थी। हर इतवार और कभी-कभी छुट्टी के दिन वह चप्पल सटकाती, हाथ में धारीदार झोला लटकाए बेटी से मिलने आ जाया करती थी। धूप से तमतमाया चेहरा, पान होंठों के किनारों पर रिसा हुआ। मगर बाप का अता-पता नहीं था। उसे किसी ने नहीं देखा।

नोबोनीता की भी गिनती हम अनाथों में ही होती थी। पर बड़ा दिमाग दिखलाती थी। चमकदीदा बनी फिरती थी। सरकऊआ कपड़े का सूट, ऊँची एड़ी की चप्पल, बाल में किलिप, न जाने और क्या-क्या अटाँय-सटाँय! आँख में सुरमा लगाती थी; चेहरे पे चिपचिपी महक वाली फेयर एंड लवली इस्नो किरीम मला करती थी। जाने कहाँ से पाई थी इस्नो किरीम। माँ ने दिया होगा। या कहीं हाथ लपकी किया हो!

उसकी चोरी छिप्पे की हरकतों की वजह से उसके चेहरे पे एक चिपचिपी सी मिठास जमी रहती थी। बड़ी नखरीली थी। अपने को जाने क्या समझती थी, अकड़फूँ कहीं की। अपनी माँ को ले के इतराया करती थी। कभी हम बच्चों में उठापटक हो जाती तो आ जाती थी उसकी महतारी सबसे लड़ने। जा के रहती क्यों नहीं थी माँ के साथ। जाने क्या करने खातिर पड़ी थी यहाँ हमारे बीच। इधर हमरी कौन माई बैठी थी हमरा दुलार प्यार करने वास्ते!

नोबोनीता और उसकी टोली से मेरी कुट्टी थी। वह लोग मेरा खम्बा चाहती थीं। वह चाहती थीं मेरी जगह वे खम्बे पे गोल-गोल करें। नोबोनीता को छोड़ उनमें किसी के माँ-बाप नहीं थे। सब मेरी तरह एकदम अनाथ। न पैसा न कौड़ी। सीधे भगवानजी के यहाँ से आई हुई। रास्ते में रुक के सामान उठाने का टेम नहीं। एक ने मेरी कमर में बाँह फँसाई, दूसरी ने कन्धा पकड़ा।

बोली, "चल हट सूखी! बहुत हो गया। अब हमारी बारी है!"

पर मैं नहीं देती। नहीं देती जाओ। कौन तय करेगा बहुत कब होता है? खम्बे से चिपकी तो चिपकी रही। जैसे कि वह मेरा मम्मी-पापा, नाना-दादा सब कुछ हो। मार पसीने की चिपिर-चिपिर। खम्बे पे हाथ फिसल-फिसल। कन्धे में घसीटे जाने से दर्द चम से चमकता हुआ। फिर भी टस से मस नहीं हुई, हिल के नहीं दिया। नाक में लोहे की बू भर गई। तब जाना कि लोहे में खून होता है। खून की महक। और यह भी कि अगर कुछ देना न चाहो तो कोई तुमसे ले थोड़े ही सकता है।

दिद्दाजी ने कहा हमने देश देना नहीं चाहा तो अंग्रेज हमसे लिए थोड़े ही रह सके। लिए तो रहे, मगर फिर गांधीजी ने तय किया कि अब बस। बहुत हो गया। चाचा नेहरू ने भी यही कहा। लाला लाजपत राय ने भी। बड़ा-बड़ा त्याग किया इन लोगों ने। बापू ने तो खाना-पीना सब छोड़ दिया। चारपाई से चिपक गए। आखिर जाना पड़ा अंग्रेजों को। तो गए लेफ्ट राइट लेफ्ट राइट करते हुए पतली गली से। लेफ्ट राइट लेफ्ट राइट थोबड़ा लम्बा हुलिया टाइट! नहीं, कोई आसानी से थोड़ी मिली थी आजादी हमें।

स्वतंत्रता दिवस घनचक्कर की तरह दौड़ लगाया करता था। बार-बार लौट आता था। तैंतीस साल बाद वह फिर लौटा था। दिद्दाजी ने कक्षा की चटख पीली

दीवार पे टँगी बापू की तसवीर को हमें दिखलाया। अपनी सुग्गे माफिक नाक पर ऐनक बिठाते हुए हमें बड़ी-बड़ी बातें समझाया। चश्मे के पीछे उनकी आँखें गोल हो के डगमग फैल गईं। दिद्दाजी का नाम सुमिरन मट्टू था। वह अनाथालय की सबसे बड़ी मैडम थीं। कभी-कभी खास-खास दिनों पर आती थीं। जैसे पन्द्रह अगस्त के दिन।

स्वतंत्रता दिवस का प्रोग्राम खतम हो जाता तो हमें हनुमान मन्दिर से आए मोतीचूर के लड्डू अपने हाथ से देती थीं। हम उसे परसाद की तरह से लेते थे। लड्डू जिस पत्तल के दोने में मिलता था, उसे कूड़ेदान के अलावा कहीं फेंकने का परमीसन नहीं था। जिस दिन दिद्दाजी आती थीं, पूरे एहाते में बड़ी साफ-सफाई रहती थी। सब तरफ चमाचम। अन्नपूर्णा शिशु मन्दिर में बच्चे खचाखच भरे हुए थे। बच्चों में से रात जैसी महक आती थी। बोलते थे तो आवाज में भी रात जैसी, अँधेरे वाली कोई बात होती थी। जैसे अँधेरे में झींगुर बोलते हों। अनाथालय था ही एकदम जंगल माफिक।

फटे पुराने चिथड़े पहने, चिपचिपे बाल आँखों पे चिपके हुए, हम अनाथालय के मिसमिस करते हुए कोनों में से जब तब बिलबिला के निकल पड़ते थे। हरदम भूखे रहते थे। पेट में आगी जलती-बुझती रहती। *अंकल चिप्स! लहर पेप्सी! ठंडा कोका कोला! दिल माँगे मोर!* पप्पू पानवाले के खोमचे पे चिपकी तसवीरें हम आँखों से गटागट पीते मगर प्यास नहीं बुझती थी। बल्कि और भड़क आती थी। विज्ञापन में सुनहरे बाल और नीली आँखों वाले साफ-सुथरे गुड़िया-गुड्डे माफिक बच्चे होते थे। फूलों जैसे हँसते हुए। मम्मी-पापा की आँखों के तारे। हम जैसे मैले-कुचैले नहीं।

मगर कभी किसी दिन शहर के कोई अमीर घर में श्राद्ध होता तो वहाँ से अनाथालय में बाँटे जाने के लिए पकवान आते। पूड़ी सब्जी। दही फुलौरी। मटर की चाट। इमरती। ऐसे दिनों पर हम लोगों की खुशी का ठिकाना नहीं रहता! वैसे तो स्कूल के टाइम हर बच्चे को तीन रोटी, दाल और सब्जी मिलना कानून था। मगर कुछ महीने पहले खाने में जाने क्या मिला हुआ था कि बस खाया नहीं कि ढेरों बच्चे जमीन पे लुढ़क के पेट पकड़े इधर से उधर मचलने लगे। तीन लड़कियाँ भगवान को प्यारी हो गईं। उस दिन की जाँच-पड़ताल अब भी जारी थी और तभी से खाना मिलना बन्द हो गया था। न मिले हमारी बला से! हम कोई भिखमंगे थे क्या? वैसे भी वह दाल क्या, कंकड़ ही कंकड़ का घोल तो रहता था।

अपनी भूख में हम अनाथालय की चूने से पुती दीवारों पे से चूना खुरच-खुरच के खाते। दीवारों पे नंगी तसवीरें बनाते। दीवारों की शक्ल खराब कर देते। और पकड़े जाने पे एक-दूसरे की चुगली करते। नोबोनीता खास करके थी चुगलखोर नम्बर वन। कित्ती बार करीमा टीचर से मार खाई हूँ उसी के चलते, कुत्ती कहीं

की! जब भी बच्चे अकेले छोड़े जाते, वह कुत्ते बिल्ली माफिक लड़ते थे। गन्दी घिन-घिन गाली बकते थे। छोटे वाले बच्चों को बड़े वालों के रंग में ढलते देर नहीं लगती थी। मगर जिस दिन दिद्दाजी आती थीं उस दिन कोई चूँ नहीं करता था। कोई बकैती, गाली, झगड़ा, फसाद कुछ नहीं।

दिद्दाजी काश्मीरी थीं। उनके बारे में भी कई कहानियाँ थीं। कोई कहता था उनके प्रेमी ने उन्हें धोखा दिया था। तभी वह काश्मीर छोड़ के चली आई थीं। एक कहानी थी कि दिद्दाजी खुद अनाथ थीं, इसलिए वह अनाथों की सेवा में लगी हुई थीं। कुछ और लोग कहते थे वह काश्मीरी पंडितों के अमीर परिवार की थीं। उनके बाप बैरिस्टर थे। बैरिस्टरी करने वह पहाड़ों से उतरे थे। जब बैरिस्टरी-वैरिस्टरी नहीं चली तो वह कोढ़ियों-वोढ़ियों को नहलाने लगे। समाजसेवक बन गए।

दिद्दाजी भी अपने बाप के कदमों पर चल रही थीं। समाज सेवा करने के लिए अनाथालय का भार सँभाले थीं। हम लोग भी तो समाज ही थे। चाहे हम लोग को अपने समाज होने के बारे में न पता हो। हम लोग तो अपने बारे में बस यही जानते थे कि हम गरीब हैं, हमारे माँ-बाप हीं हैं और जिसके माँ-बाप नहीं होते, उसका दुनिया में कोई नहीं होता। इसलिए दिद्दाजी हमारा भार सँभालती थीं। तीनों कहानियों में से कोई भी सच हो सकती थी, या कोई चौथी-पाँचवीं कहानी रही हो। नहीं मालूम।

काश्मीर से यहाँ तक का पूरा रस्ता तय करके, इत्ती दूर से आई थीं हम पर निगाह रखने। गाँधीजी लोग की तरह उन्होंने भी कम त्याग नहीं किया था। कहाँ पहाड़, कहाँ बनारस! गर्मी के महीनों में शहर रसोईघर में कोयले के चूल्हे के अँगारों जैसा धधकता था। आसमान से चिनगारी छूटती थी। गंगा मैया पानी की नहीं, आग की नदी जैसी दिखतीं। एक दबी हुई आग हमारे अन्दर भी सुलगा करती थी। मगर हम तो वहीं के थे। हमको इस सबकी आदत पड़ी हुई थी। जेठ बैसाख, सावन भादों, अगहन पूस, जो भी हो सब सहन कर लेते थे। दिद्दाजी और हममें फरक था। उन्हें बहुत गर्मी लगती थी। पूरा झक्क सफेद चेहरा लाल टेसू हो जाता था।

कल के नागरिक, उन्होंने हमें कहा। सिटीजन ऑफ टुमारो। और कि कल की नींव आज में है। यानी कि आने वाले कल की बागडोर हमारे हाथों में। बापू लोग की इतनी मेहनत के बाद भी देश में सब कुछ गड़बड़ झाला था। जिस तरह के सुखी देश का सपना बापू लोग ने देखा था, जिसके पीछे जी जान लगा दिया था उन लोगों ने, उसका रत्ती भर भी नहीं बचा था देश में अब। देश भी जंगल माफिक हो रहा था। कितने लोगों को दो जून की रोटी जुटा पाने में परेशानी थी। और कितने-कितने एकदम अनपढ़ थे। उनके लिए काला अक्षर भैंस बराबर। हजारों लोगों के पास नौकरी, काम-धंधा कुछ नहीं था। वे दिन-भर बस इधर-उधर लुढ़के पड़े,

ताक-झाँक में लगे रहते थे। एक-दूसरे से छीना-झपटी, नोचा-खसोटी किया करते थे।

दिद्दाजी ने कहा हमें देश के सेनानी बनना होगा। उन्होंने हम बच्चों के लिए नाम इस्तेमाल किया, विकास वाहिनी। हम सब मिलकर विकास वाहिनी बन सकते थे। विकास वाहिनी! चाहे हम जित्ते भी गरीब हों, जित्ते भी अनाथ हों, हमारी ही कोशिशों से देश फुल स्पीड में इक्कीसवीं सदी में प्रवेश करेगा। उनके ऐसा कहने से हममें से वह भी जिनका दिमाग हमेशा खुराफात में लगा रहता था, अपने को जाने क्या समझने लगे। कि हम ही तो हैं जो गरीबी और अन्धकार में डूबे देश को रोशनी की तरफ ले जाएँगे!

फिर उन्होंने झंडा फहराया तो उसमें से फूलों की बौछार हुई। झंडे को उन्होंने राष्ट्रीय ध्वज भी कहा और तिरंगा भी। बड़ी मुश्किल से मिला था हमें तिरंगा। इसलिए बच्चो! इसे सलामी दो। सो हम बच्चों ने तिरंगे को सलामी दी और राष्ट्रीय गान गाया, जैसा कि हमें सिखलाया गया था। फिर संगीत मास्टर साहब के सुर में सुर मिलाया :

''विजयी विश्व तिरंगा प्यारा
झंडा ऊँचा रहे हमारा
सदा सत्य अपनाने वाला
प्रेम सुधा बरसाने वाला
वीरों को हरषाने वाला
मातृभूमि पर तन-मन वारा
झंडा ऊँचा रहे हमारा
आओ प्यारे वीरो आओ
देश धरम पर बलि-बलि जाओ
प्यारा भारत देश हमारा
झंडा ऊँचा रहे हमारा
इसकी आन न जाने पाए
चाहे जान भले ही जाए
एक साथ सब मिलकर गाओ
प्यारा भारत देश हमारा
विजयी विश्व तिरंगा प्यारा...''

पूरा गाना मुझे भी याद था! गाने के बाद दो बच्चे, यानी मधु और अमित, जो पढ़ने में भी उतने ही तेज थे जितने बोलने में, देश धरम पे बल बलि जाने जैसे हो के पंक्ति में से आगे की तरफ निकले, झंडे के सामने, और ऊँची आवाज में चिल्लाए,

''भारत माता की पावन भूमि को शत शत नमन!''

इसका मतलब था कि देश की पवित्र धरती के आगे हम सौ-सौ बार सिर झुकाते हैं। यह चिल्लाकर वे दोनों अपनी-अपनी जगह पे वापिस चले गए। हमारे मन में बात आई कि हम भी बोलने में तेज होते तो फूल के कुप्पा हो के यूँ ही चिल्लाते। मगर हम तो घोंचू की तरह से खड़े थे, सिर झुकाए, पावन भूमि को घूरते हुए। एकदम से पीछे से किसी ने जोर से सीटी बजाई, फिर खी-खी हँसी की आवाज!

तभी करीमा टीचर काली आँधी की तरह से उमड़ती हुई आईं और दबी हुई फुफकार में पूछीं,

"कौन था वह? किसने सीटी बजाया?"

कोई नहीं कुबूला। भरी सभा में हम सबको कस के घूरने के अलावा कुछ और तो कर नहीं सकती थीं, तो घूरीं। फिर जल्दी-जल्दी बच्चों को उनकी अपनी-अपनी झंडियाँ वापस करने लगीं। उनकी सटपट चाल के साथ-साथ उनकी लम्बी चुटिया भी सटपट दाएँ-बाएँ को हिलती थी और उनकी चूड़ियों की खन-खन में गुस्सा भरा हुआ था। गाल पे मस्से से निकला अकेला बाल भी गुस्से से एकदम सीधा अकड़ के खड़ा था जैसे कहता हो 'सावधान!' उनका मूड आज और भी ऑफ था, क्योंकि पंद्रह अगस्त होने की व़जह से उन्हें सुबह अपने तीन कप चाय पीने की फुरसत नहीं मिली थी।

सुना था कि तीन उनके लिए जादू वाला नम्बर था। चाहे कप छोटे हों या बड़े, वह तीन ही कप चाय पीती थीं। बिना तीन कप के उनका सुबह-सुबह का सिंहासन पर बैठना एकदम बेकार हो जाता था। यह भी जाने कैसी चाय की चाकरी थी! और ऐसे दिनों पर वह कटखन्ने कुकुर माफिक बच्चों पर टूट पड़ती थीं। बात-बात पे झोंटा खिंचव्वल, जूता लात, माँ बहन की। अब कौन उन्हें समझाता कि ऐसा नहीं किया करते। और वैसे भी, वहाँ के अधिकतर बच्चों के न तो माँ थी न बहन।

सुबह से झंडी की लाइन लगी थी। बच्चों को उन्होंने झंडियाँ बाँटी थीं। हर साल ही झंडियाँ बाँटी जाती थीं। झंडियों में कोई खास बात नहीं थी, वही पतले पतंग के कागज की बनी हुई थीं पर हम सब बच्चे उन पर जान देते थे। कोई पूछता कि क्या वे सोने-चाँदी से मढ़ी हुई थीं! उनके लिए भगदड़ मच जाती। मगर करीमा टीचर के होते किसकी हिम्मत थी कि लाइन तोड़ के झंडी तक पहले पहुँच जाए। सब अपनी झंडी पहचानते थे। जबकि देखने में वे सब एक ही जैसी लगती थीं।

प्रोग्राम चालू होने के पहले करीमा टीचर ने झंडियाँ जमा कर ली थीं कि बच्चे झंडी से खेलें नहीं, दिद्दाजी की बातें ध्यान से सुनें। अब वह झंडियाँ वापस कर रही थीं। मेरी झंडी भी उन्होंने मुझे दे दी, नारंगी सबुज और बीचोबीच झक्क सफेद पे काला चकरा! मैंने उसे उलट-पुलट के देखा। थोड़ा हिलाया तो उसके पतले कागज में से फड़फड़ की आवाज आई। बड़ी खुशी हुई मुझे तब।

फिर तभी एकदम से कुछ हुआ। बस मैंने देखा। किसी और ने नहीं देखा क्योंकि सब का ध्यान अपनी झंडी पे लगा हुआ था। पर मैंने देखा। मैंने देखा कि मेरी झंडी का बीच का चरखा झंडी से निकलकर लुढ़कने लगा। पहले धीरे-धीरे, फिर तेज-तेज गोल-गोल नाचता हुआ वह आसमान में उड़ गया! जैसे वह कृष्ण भगवान का सुदर्शन चक्र हो! उसी बखत कुन्ती ने मेरी पसली में कोहनी गड़ाई। ''सुन! दिद्दाजी अभी और कुछ बोल रही हैं। इधर-उधर मत देख!''

दिद्दाजी की आवाज कोसों दूर से आ रही थी—

''तो बच्चो, अंग्रेज चले गए। अब हमारा देश हमारे अपने हाथों में है। और तुम लोग हो सिटीजन ऑफ टुमारो। सिटीजन ऑफ टुमारो है, तो गर्व से सिर ऊँचा उठाओ। आत्मविश्वासी बनो। आने वाले कल की यही माँग है। आज के दिन मन में यह ठान लो, प्रण कर लो। जय हिन्द!''

कान से दिद्दाजी की अच्छी-अच्छी बातें सुनने की कोशिश कर रही थी। मगर आँखें चरखे का पीछा करती आसमान में भागी जा रही थीं। तभी दिखाई दिया कि सूरज ने काला पड़ना शुरू किया। क्या सुदर्शन चक्र ने जा के सूरजदेव का ही वध कर दिया? धीरे-धीरे सूरज के मुँह पे काले धागे पड़ने लगे और फिर एकदम रात माफिक हो गया। अँधेरे में ढलँगने से पहले दिमाग में बत्ती सी चमकी कि लो मुझे फिर दौरा पड़ रहा है। उसको भी यही बेला मिली थी पड़ने को। फिर दाएँ-बाएँ से शोर उठना शुरू हुआ। घिचिर-पिचिर शोर में दूर से आवाजें कान में पहुँचीं, ''अरे मीना को देखो! मीना बेहोश हो के गिर गई। मीना! मीना!''

फिर सूरज पूरा का पूरा ही गायब हो गया। सारा एहाता, बच्चे, करीमा टीचर, नसीरुन आया, दिद्दाजी, सबको अँधेरा लील गया! बस बची रात और रात में दूर तक फैली चमकते पानी की एक हलब्बी सी चादर। पानी मचर-मचर चमक रहा था। पानी में एक मछली तैर रही थी। तैरे जा रही थी। फिर जाने कैसे मैं पानी में थी। फिर मैं वह मछली थी और तैरे जा रही थी, तैरे जा रही थी, न थकना न हाँफना न हाथ गोड़ पिराना।

3

जब पानी से लौटी तो पता चला कि मुझे ले के बातें हो रही हैं कि मेरे बेहोश होने के कारण मुझे 'सुख रूम' में रखा जाए या नहीं। फिर करीमा टीचर ने बोला कि इस चुड़ैल को ऐसा तो होता ही रहता है, क्या पहली बार हो रहा है जो इसका इतना तूफान मचाया जाए। करीमा टीचर थी बड़ी डामिस। लकड़ी सोंटे से कम में बात नहीं करती थी। मगर आज दिद्दाजी की वजह से मिस्री की डली बनना पड़ रहा था। दिद्दाजी के भाषण के बीच में बेहोश होने के ही कारण अब तक वह मेरी कुटम्मस कर चुकी होती।

सच भी था कि मुझे ऐसा कई बार हो चुका था। बस इत्ती सी देर में मेरी आँखों में अँधेरा छा जाता था, कुछ भी नहीं दिखता था। बस वही लपर-लपर करता हुआ पानी और उसमें मछली और मछली में मैं। तैर के ऊपर आती, फिसल के नीचे जाती। लेकिन जादा देर नहीं चलता था यह सब। चटपट अँधेरा छूमंतर हो जाता और फिर लगता कोई बात ही नहीं। सब बैसे के बैसेइ। जैसे पहले था।

फिर भी आज दिद्दाजी मौजूद थीं जब मुझे ऐसा हुआ तो उन्हें दिखाने खातिर मेरी लल्लो-चप्पो तो होना ही था। डॉक्टर सरन बुलाए गए। वह मेरी आँखी चीर के देखे और धीरे-धीरे मुड़िया हिलाए। बोले, "हम्म...जैसा कि मैंने सोचा था...एकदम सफेद...खून का नाम नहीं...साग सब्जी नहीं खाती क्या?" वह मेरी आँखी से उँगली हटाते हुए पूछे। फिर उन्होंने "जीभ बाहर निकालो बेटा!" कहा, तो मैंने जीभ बाहर निकाल के उन्हें मुँह बिराया। जाने वह क्या समझे क्या नहीं। मेरी जीभ और आँखी में कुछ लिखा था क्या? थोड़ी देर तक तो कुछ बोले ही नहीं। फिर कहे कि हो सकता है यह मिर्गी का दौरा हो।

यह सुनते ही मेरी तो जान निकल गई। ऐसी हालत कि काटो तो सचमुच बदन में खून नहीं! मिर्गी का तो ऐसा था कि एक बार शिशु मन्दिर के बाहर एक लड़का सड़क चलते ही वहीं लोट-पोट हो के हाथ-पैर पटकने लगा था, उसकी आँखें पलट गई थीं और मुँह से सफेद-सफेद झाग निकलने लगा था। उसके चारों तरफ भीड़ लग गई और लोगों ने कहा कि यह मिर्गी का दौरा है। मैंने अपनी आँख से

देखा कि वे लोग उसे उठा के वहाँ से ले गए थे, हाथ-पैर एकदम ढीला, जैसे मरा हुआ। क्या ऐसा दिन भी आएगा जब मेरी यही गत बनेगी?

मगर डॉक्टर तभी बोले, घबराइए मत। जैसे कि मेरी खातिर घबराने वालों की लाइन लगी हो! फिर वह कहे कि "मिर्गी का बहुत हल्का सा असर है। इसके कुछ खास-खास लक्षण हैं। मरीज थोड़ी देर को गुमसुम हो जाता है। मुँह चलाता है जैसे कुछ बोल रहा हो, मगर बोलता कुछ भी नहीं। ऐसा ही होता है न, इसके साथ? कुछ ही सेकंड में यह नार्मल हो जाती होगी... बस यही होता है इसमें, और कुछ नहीं। बिल्कुल हल्का सा असर है, डरने की कोई बात नहीं। और धीमे-धीमे बढ़ती उमर के साथ यह भी चला जाएगा। इसकी तो कोई दवा भी नहीं है, मगर इसके शरीर में खून की भयंकर कमी है...एक टॉनिक लिखे दे रहा हूँ...कम-से-कम महीने भर पीना है इसे...यह बहुत जरूरी है।"

फिर वह चलने को हुए। जाते-जाते पूछे कि "इसके परिवारवाले, माँ वगैरा कहाँ हैं?"

इसपे कोई कुछ नहीं बोला। न हूँ न हाँ। कोई कुछ जाने तो बोले। सब घुघ्घू की तरह उनका मुँह ताके पड़े थे!

वह फिर बोले, "जानता हूँ कि माँ-बाप होते तो यह अनाथालय में क्यों पड़ी होती। मगर फिर भी...? कहीं माँ-बाप में से किसी को यह बीमारी थी तो नहीं? क्योंकि यह रोग कभी-कभी खानदानी होता है। इसमें 'फैमिली हिस्ट्री' हो सकती है। रोग पीढ़ी-दर-पीढ़ी उतरता है, माँ-बाप से बेटी-बेटा तक।"

अरे मोरी मैया! पीढ़ी की सीढ़ी पे टक-टक उतरती हुई बीमारी! ऊँची एड़ी की नोकदार सैंडिल पहने। अपने निशाने पे सटीक। माँ से बेटी तक। बाप से बेटे। बाप से बेटी तक, माँ से बेटे।

डॉक्टर सरन के पूछने पर "इसकी माँ कहाँ हैं, इसकी माँ कहाँ है, इसकी माँ कौन है?" की कई आवाजें उठीं। किसी को ठीक से नहीं मालूम था।

नसीरुन आया बोली, "यह तो दिद्दाजी को सड़क के किनारे मिली थी।"

उसकी आवाज इन्तजार करते हुए लोगों के कान में टप से गिरी, जैसे जंगल के पेड़ से पका हुआ फल।

"वह कैसे?"

"दिद्दाजी कहीं से अपनी मोटरगाड़ी में लौट रही थीं। एकाएक मोटर की लाइट झम्म से एक लड़की पर पड़ी। लड़की सड़क के किनारे अकेली ख़ड़ी रोती जा रही थी। अगल-बगल के गाँव में पूछने पर उसका कोई अता-पता नहीं मिला। फिर दिद्दाजी को जाने क्या सूझी कि इसे गाड़ी में बिठा लिया और यहाँ ले आईं। और तब से यह यहीं है। बस किस्सा यहीं खतम!"

चल हट झूठी! भला ऐसा भी मेरे साथ कहीं हुआ था? मैं सड़क पे पाई गई

थी ? मुझे तो कुछ भी याद नहीं आया, सिलेट एकदम सफाचट। दूर-दूर तक याद का जाल फेंका मगर उसमें कोई दूसरी तसवीर नहीं फँसी। बस यही अन्नपूर्णा शिशु मन्दिर की करिया दीवारें चट्टान माफिक मेरे दिल पे छाई हुईं, मनहूस परछाईं की तरह! यही बच्चों की रें-रें, मारपीट, ठस्सम ठस्सा, बस। कौन सी सड़क थी वह? कहाँ थी ? कुछ तो याद आता। पर वह पिछला सब मुझसे उतना ही दूर बना रहा जित्ता कि मेरी माँ और नानी और दादी और सब कुछ।

इत्ते में करीमा टीचर इन बातों में टपक पड़ीं।

बोलीं, ''वाह-वाह! इनकी भी सुन लो! निगोड़ी झूठ बोलने पे आमादा है! यह तो फरिश्ता बनी सब कुछ ऊपर से देख रही थी न? मुझसे पूछो, मुझे सब पता है इस लड़की के बारे में। मैं बताती हूँ पूरी दास्तान।''

डॉक्टर सरन कान लगाए सुन रहे थे। आज तो सब मेरे ही बारे में बोल रहे थे! मुझे इतना ध्यान तो कभी मिला ही नहीं था। मैं फूल के कुप्पा हो गई! तब डॉक्टर पूछे कि ''मगर आपको यह सब कैसे मालूम?''

इस पर करीमा टीचर टर्रा के बोली, ''बदतमीज कहीं की, यहाँ की बात और मुझे न मालूम होगी! कोई अन्धी बहरी तो हूँ नहीं... सब आँख से देखा कान से सुना है...बाल पक गए इस पागलखाने में!''

डॉक्टर सरन उनकी बोली सुन के फिस्स से हो गए, जैसे हवा निकले गुब्बारे। ठिसिया के बोले, वह कहे, ''अच्छा, अच्छा बताइए तो सही हुआ क्या था...''

''अरे मेरी आँखों के सामने आई है यह लड़की यहाँ... ऐसा था कि शिशु मन्दिर के फाटक पे एक दिन एक आदमी आया। उसकी आँखें पीली थीं, एकदम हल्दी की तरह। ऐसा सूखा चिमरखी कि पीठ और पेट दोनों आपस में सटे हुए। उसकी कमीज बिल्कुल चिथड़ा-चिथड़ा। सिर उठाए अन्दर चला आता है और आ के खड़ा हो गया दिद्दाजी के सामने। बस आ के खड़ा हो गया ठूँठ की तरह!''

''फिर हुआ क्या!''

''लो फिर वही...अरे होगा क्या! जो हुआ वह तो दिख ही रहा है...मेरी नजर सबसे पहले पड़ी उसकी कमीज के बटन पे। तार-तार कमीज पे बटन एकदम मजबूती से टका हुआ! एकदम नया बटन! बटन को देखते ही मैंने दिल में सोचा आहा! यह तो जरूर कोई नौटंकीबाज है! एक बच्ची का हाथ पकड़े हुए था। ढाई तीन साल की रही होगी तब यह। अजीब सी गुमसुम। आँखें जैसे कहीं और देखती हों। न हँसना न बोलना। छोटी सी बुढ़िया लगती थी। आँख ही नहीं मिलाती थी।''

''फिर ?''

''अरे आदमी बस खड़ा रहा बुत की तरह। बोलता कुछ भी नहीं। वहीं खड़ा रहा सहमा सिकुड़ा हुआ।

आखिर दिद्दाजी बोलीं, 'अरे गूँगा है क्या रे? जल्दी से बोल! क्या करने

आया है? मैं दिन-भर तो नहीं खड़ी रह सकती यहाँ...'

तब भी वह चुप खड़ा रहा, जैसे उसकी खुद की परछाईं उसे दबोचने को दौड़ती हो। या डरता हो कि उसकी परछाईं किसी और पे न पड़ जाए!

फिर आखिर वह बोला। बोला 'सरकार!' और फिर 'सरकार!'

इतनी देर बाद बोला तो कहता क्या है? वह भी एकदम बुदबुदा के, 'हजूर इनका हमसे लैहें?'

इतनी धीमे से बोला कि लगा बस कान में झनझनाहट सी हुई और बात खतम! दिद्दाजी बोलीं, 'क्या बुदबुद कर रहा है। ठीक से बोल!'

अबकि वह थोड़ी ऊँची आवाज में बोला, 'एहका ले लें, सरकार!...'

और मुँह से बात निकलते ही उसने अपनी नजर नीची कर ली जैसे कि वह नहीं कोई और बोला हो, और अपनी टूटी हुई चप्पल को देखने लगा। अब भी वही अन्दाज जैसे वह कान लगाए किसी और की बात सुन रहा हो... मैं तो पहली नजर में समझ गई थी कि यह आदमी ठीक नहीं। उसकी नजर ठीक नहीं थी। जाने कहीं का चोर-उचक्का हो। अरे वह सहम रहा था तो इसीलिए। इनसान के दिल में चोर नहीं हो तो वह भला क्यों सहमेगा? मगर वह तो अपनी बच्ची बेचना चाहता था! और बच्ची तो उसी की थी। वही होंठ। वही माथा।''

''कैसे मालूम वह उसे बेचना चाहता था? हो सकता है अनाथालय में रखवाना चाहता हो?'' डॉक्टर सरन बोले।

करीमा टीचर ने चिढ़ के उन्हें देखा,जैसे कि वह कैसी बेवकूफी की बात करते हों। और वह इतने बड़े डॉक्टर! जाने क्या समझती थीं अपने आपको। फिर कहीं, बोलीं कि ''नहीं, आखिर तो उसने रुपया माँगा ही न! नामुराद बोला कि 'जादा नाहीं माँगित ही... ?'

तब दिद्दाजी एकदम सीधी खड़ी हो गईं। आखिर नैतिकता भी तो कोई चीज होती है। अपने बच्चे से ही रुपया कमाना... वह बोलीं, 'तुम्हें शर्म नहीं आती अपनी बच्ची का दाम लगाते हो? वह आलू प्याज की बोरी है, क्या? यहाँ तो वही बच्चे रखे जाते हैं जिनके माँ-बाप नहीं...'

इस पर वह गिड़गिड़ाने लगा, 'का करी सरकार। हमरे पास खाए को नहीं है। का खाई? और इनका का खिलाउब? कहाँ रक्खब? हमरा कौनो ठौर ठिकाना नाहीं, सरकार!'

दिद्दाजी बोलीं, 'मगर तुम इसे प्यार नहीं करते?'

इस पर वह जरा चौंका। इतनी देर के बाद उसने ऊपर देखा। बोला 'प्यार?' जैसे कि पहली बार उसने प्यार के बारे में सुना हो। जैसे कि दिद्दाजी ने अभी-अभी, उसी वक्त प्यार ईजाद किया हो। फिर भी वह बोला उतना ही। उतना सा कह के फिर चुप।

'अच्छा तुम आए कहाँ से हो?'

'हनुमानगंज से, सरकार!'

'क्या करते हो?'

'मजूरी, साहेब! कामै खातिर त बनारस आवा रहा सरकार। बकी इनका ताके का कौनो नाहीं, सरकार। कैसन काम करी? इनका ठौर लग जाई तो हियाँ पे गंगा मैया की सरन में पड़ा रहब!'

'और इसकी माँ?'

'महतारी नाहीं बा, सरकार। ऊ तो चल गैल।'

'कैसे मर गई?'

'जूड़ी दे के बुखार आवा रहा सरकार।'

'जानते नहीं, यह अनाथालय है। कोई दुकान तो है नहीं जो सौदा करने आए हो। और वह भी अपनी बच्ची का! वैसे भी, तुम्हारी लड़की को खिलाए पिलाएँगे हम, ऊपर से इसके लिए पैसा तुम्हें दें? एकदम उलटी खोपड़ी के मालूम देते हो! इतनी उमर हो गई मगर पहली बार ऐसा अजीब आदमी देखा है...'

दिद्दाजी की बात सुन के वह और भी मायूस लगने लगा। फिर से चुप हो गया। कोई जवाब हो तो बोले।

दिद्दाजी ने पूछा, 'मगर सुनें तो सही कितना माँगते हो?'

'सरकार! हाथ जोड़ित ही...हम का पढ़ा लिखा हई जो बताउब? बड़ी मसक्कत से बड़ा किया है इनका, सरकार!'

'मगर यह बड़ी हुई कहाँ है? इत्ती सी तो है! और फिर मान लो मैंने तुम्हें रुपया दिया भी तो तुम उसे पी डालोगे!'

झूठा कहीं का। कान पकड़ के बोला, 'नाहीं सरकार, हम दारू तो छुइत नाहीं...नसा से खुदै दूर भागित ही सरकार!' क्या हमें उल्लू समझ रखा था! उसकी पूरी जान से शराब की बदबू आ रही थी।''

करीमा टीचर दम भरने को रुकीं, फिर नाक चढ़ा के बोलीं, ''इन लोगों का कोई ईमान तो होता नहीं है, न दिल में ममता। अपना बच्चा कोई बेचता है! अपना खून! यह खुदा का कैसा इनसाफ है! औलाद देता है तो कैसे लोगों को!''

क्या हम नहीं जानते थे कि करीमा टीचर का सोलह साल शादी के बाद भी कोई बच्चा नहीं था? बच्चे का इन्तजार करते-करते उनकी आँखों के नीचे झुरियाँ पड़ गई थीं, चेहरे का पानी उतर गया था। वह बुढ़िया हो गई थीं, आम के अचार माफिक तीखी और उतनी ही कसैली। भगवान कसम, उस बखत बात करते-करते उनकी आँखों में पत्थर माफिक कुछ उतर आया। सच, बिल्कुल लगा जैसे थोड़ी देर को उनकी आँखें बाहर को नहीं, अपने शरीर के अन्दर की उस पत्थर वाली बंजर जमीन को ताक रही हों जिस पर कोई औलाद पैदा नहीं भई थी। उनको देख के मेरी खाल पे ठंडी सी झुरझुरी दौड़ गई, सच!

फिर नीम के पत्ते से भी जादा कड़वी आवाज में वह बोलीं,

"बस ऐसे ही खड़े रहे हम लोग थोड़ी देर तक। एक तरफ दिद्दाजी और मैं, दूसरी तरफ वह लफंगा। थकान और गरीबी में सिर से पाँव तक डूबा हुआ। दीन दुनिया से एकदम अलग, न कोई आगे, न पीछे, अकेला। जाने कहाँ जा के मरा होगा। मगर चलते-चलते वह दिद्दाजी से दो चार सौ तो ले ही मरा। और उसके बाद तो ऐसा गायब हुआ जैसे बछड़े के सिर से सींग! और दोबारा अपनी सूरत उसने दिखाई ही नहीं..."

करीमा टीचर का सुनाया किस्सा सुन के मैं सन्न रह गई। दिल डूब के पेट में पहुँच गया। मेरा बाप मुझे दो चार सौ में बेच गया! इतना गरीब था कि खा नहीं सकता था? अपनी लड़की अपने पास रख पाने के लिए जादा गरीब? उसे प्यार करने के लिए जादा गरीब? जी सकने के लिए जादा गरीब?

डॉक्टर साहब मुड़िया झुकाए सब सुन रहे थे। झुंड में पास सरक आई नोबोनीता और शीलू ने जल्दी से मेरी तरफ एक चालाक नजर फेंकी और आँख ही आँख मुस्कुराईं। मैं शरम से पानी-पानी हो गई। करीमा टीचर की सारी बातें सुन के सब तो गए अपने-अपने रास्ते। पर मैं शरम से वहीं गड़ी रही। अन्नपूर्णा शिशु मन्दिर के फाटक पे जा के बाहर को ताका।

गोदौलिया की चलती हुई सड़क थी। लोग आ-जा रहे थे। चाट-पकौड़े वाले खोमचों की बिकरी शाम को तेज हो जाती थी। सिर पे घड़ा रखे मलाई वाला सामने से गुजरा। आगे निकल गया तो उसकी पुकार पीछे छूट गई, "मलाई! आम की बरफ!" और उसकी पीछे छूटी हुई आवाज मुझे उस वक्त अपने जैसी ही अनाथ मालूम दी। घरों-दुकानों के खिड़की-दरवाजे एक में से एक निकल के गिनती में जैसे और भी जादा हो गए और लगा जैसे सब मुझे मुँह चिढ़ा के कहते हों 'बाप बेच गया! तेरे बाप ने तो तुझे बेच दिया!' चलते हुए लोगों की भीड़ से गली चौड़ी होती दिखाई दी। ओ आसमान! दुनिया में इतने सारे लोग और उनमें से एक्को जना भी मेरा अपना नहीं! मेरे मन ने बात दोहराई "अपना नहीं! अपना नहीं!"

फिर मन जाने कैसा-कैसा होने लगा। जमीन के नीचे लगा जैसे ढेर सारी जड़ें आपस में अन्दर-बाहर जाती हुई उलझ गईं और गाँठ बन के वहीं फँस गईं। ऊपर को सिर उठा के साँस लिया तो देखा बरसात का खुला हुआ आसमान दूर तक फैला था। उसपे कई-कई रंग के बादल के चिथड़े एक में एक बुने हुए, बड़ी-सी कथरी माफिक। बस एक बादल का टुकड़ा गली की घिचपिच ऊँची इमारतों के पीछे फँसा मालूम दिया, जैसे कि एक छोटी सी भूरी लोमड़ी बिल्डिंग को फाँदने की कोशिश कर रही हो! अन्दर जाने को मन नहीं किया। मैं देर तक वहीं बैठी रही। तारे एक-एक करके उग आए। उनकी चमक जिसको मैं रोजाना देख के खुश हो जाती थी, आज मुझको आ के चुभ गई और मैं घायल हो गई।

कितने सारे सवाल। कौन थे मेरे माँ-बाप? करीमा टीचर सच बोल रही थी तो

मेरा बाप सचमुच वही था? ऐसे बाप के लिए मेरे पूरे बदन में नफरत भर गई। क्यों था वह ऐसा? क्या कुछ और नहीं कर सकता था? मैं उसे कभी माफ नहीं करूँगी, मैंने सोचा। मगर मैं क्यों मान लूँ कि करीमा टीचर ने सच-सच कहा था? कि वह ही मेरा बाप था? और माँ? कैसी थी वह? जिसको आँख से कभी देखा नहीं, दिमाग उसकी तसवीर कैसे खींचे? सब कहते थे नोबोनीता हूबहू अपनी माँ की तरह थी। क्या मैं भी अपनी माँ की शक्ल पे थी?

उलटे कदम नाप के, मैंने अपने चेहरे का टुकड़ा-टुकड़ा किया। एक पुतला बनाया। क्या माँ की मेरी जैसी आँखें रही होंगी? यह हूबहू मछली की तरह की आँखें जिनको देख के दिद्दाजी कहती थीं उन्होंने मेरा नाम मीनाक्षी रखा था? फिर साँवला रंग, काले जट घुँघराले बाल? और हँसी? क्या वह मेरी तरह मुँह फाड़ के हँसती होगी? मेरी यह हँसी जो नसीरुन आया कहती थी लड़की जात को शोभा नहीं देती? मगर मेरा मुँह तो बाप की तरह था। मुँह और माथा। यही तो करीमा टीचर ने कहा था? और माँ?

एक पुतला बन गया। माँ बनी कि नहीं?

माँ आसमान में रहती है। वहाँ जहाँ बड़े-बड़े शीशे के गुलाब हैं। उसके लम्बे सफेद बाल हैं जो हवा में लहराते हैं। वह मुझे देखती रहती है। मेरी निगरानी करती है। कभी कबूतर बन के। कभी गिलहरी, कभी पत्ता। ऐसे ही खेल खेला करती है। हर समय मुझे ताका करती है।

मैं नहीं मानती इन सब लोगों की बातें। करीमा टीचर झूठ बोलती हैं। नसीरुन आया भी। ऐसी कहानी तो मैं भी दिल से गढ़ सकती हूँ। नहीं, मेरी तो कई कहानियाँ हो सकती हैं। वह सचमुच वाली भी। जो मैं किसी को नहीं बताती। जो मेरे सीने में फैलती जाती है, गहरी स्याही की तरह। मेरी असली पैदाइश। मैं पानी से जन्मी हूँ। पानी ही मेरा बाप है। पानी मेरी माँ। मेरा और कोई बाप-वाप नहीं है।

मगर और भी कहानियाँ हैं। जिन्हें माँझ रगड़ के साफ करती हूँ। लोगों के सामने पेश किए जाने लायक बनाती हूँ। मेरे हीरो जैसे दिखते पापा हैं। पीछे छूटे हुए बचपन में। पापा मेरे लिए चाबी से चलने वाला भालू ले के आए हैं। मुझे गोद में उठा के हवा में उछाल देते हैं! मेरी धीमे-धीमे मुस्कुराती हुई मम्मी दूर खड़ी देख रही हैं। दूसरी कहानी में मेरे डॉक्टर पापा तो विदेश गए हुए हैं, पैसा कमाने। अभी लौटेंगे और आ के मुझे यहाँ से हमेशा-हमेशा के लिए ले जाएँगे! तीसरी में मेरे पापा फौज में हैं। भारत की सेना के बड़े कैप्टन! लड़ाई में वह मारे गए, दूसरों की जानें बहादुरी से बचाते हुए। मरने के बाद राष्ट्रपति उन्हें परम वीर चक्र देते हैं। गणतंत्र दिवस के शानदार समारोह में दिल्ली की भीड़ ताली बजाती है तो लगता है, हजारों घोड़े दौड़े चले आ रहे हैं! मम्मी गर्व से सीना ताने उसे लेने आगे बढ़ रही हैं...

ढेरों कहानियाँ जो मेरी अपनी, सिर्फ अपनी कहानियाँ हैं। अकेले में बार-बार

अपने को सुनाती हूँ। मेरे अन्दर मनगढ़न्त का भंडार भरा पड़ा है। जिसको मैं अपने अन्दर ताले में बन्द रखती हूँ। उसकी चाबी किसी को नहीं देती।

इस तरह छुपती हूँ अपने शरीर के अन्दर।

इसके, अकेले होने के अपने फायदे हैं। अच्छा है कि अकेले हूँ। नाचूँ, गाऊँ, सो जाऊँ, जाग जाऊँ, पेड़ पे चढ़ जाऊँ, उलटी टँग जाऊँ, किसी से क्या मतलब?

शीशे में जा के अपनी शक्ल देखी तो दो जलती आँखों ने मुझे वापस ताका। जंगली। जैसे कोई बनमानुस। घनी जटा जैसे बाल सिर पे खड़े हुए, चिड़िया के घोंसले माफिक। चेहरा भी तो ऐसा प्यारा नहीं कि इसी के वास्ते मुझे कोई प्यार करने लगे। सब के प्यार और ध्यान से अलग। कोई कुछ पूछने वाला नहीं। एकदम आजाद। जो मर्जी आए सो करो। दिद्दाजी ने यही तो कहा, हम आजाद हैं। जो चाहें करें। अपनी मर्जी से। कोई कुछ कहने वाला नहीं। आजाद।

सिटीजन ऑफ टुमारो।

मेरा चमकता हुआ भविष्य मुझसे आँख-मिचौनी खेल रहा है। अभी पकड़ में आ जाएगा तो सब दंग रह जाएँगे। पछताएँगे। सब पछताएँगे। करीमा टीचर, नसीरुन आया, शीलू, नीता, सब। मुझे मनाने की लाख लाख कोशिश करेंगे। और क्या मैं मान जाऊँगी? आसानी से तो नहीं! जब खूब छका लूँगी तभी मानूँगी। किस्मत ने मुझे चुना है बड़ी-बड़ी बातों के लिए। यह लोग सब आँधर हैं क्या, जो इनको यह दिखाई नहीं देता? सब आँधर बन्दर!

ऐसा तब सोचा था। यूँ अपने को बहलाया था।

4

आखिर कल ही तो नहीं गए थे अंग्रेज। दसियों साल बीत गए थे। देश आजाद था। गगन झूमा। धरा झूमी। सारा जग जैसे गुनगुना के कहता हो देश आजाद, हवा आजाद, आसमान आजाद! आजाद आसमान में उड़ने वाले पंछी, भुइयाँ पे चरने वाले मवेशी और आजाद देश के करोड़ों-करोड़ों मनसेरू! सब आजाद। चाहने और पाने के लिए। मरने खपने। देखने सपने। नोचने खसोटने। हँसने बोलने। भुकुर-भुकुर रोने और गला फाड़ के चिल्लाने। बादल बिजली बरखा सब आजाद। गरजने चमकने बरसने के लिए। सभी आजाद करने या न करने के लिए!

तो बारिश ने कहा हम भी आजाद। लिया कानून अपने हाथों में और टूट पड़ी धधकते हुए शहर पर। आसमान था कि एक भक्क सा छेद! उसमें से बाल्टी घड़ा ड्राम भर-भर के पानी गिरने लगा। अन्नपूर्णा शिशु मन्दिर का लम्बा-चौड़ा एहाता तालाब बन गया। उसमें किलकारी भरते बच्चे, लल्लू, बटुक, कुन्ती वगैरा निकर फराक हवा में इधर-उधर उछाल, पानी में छपर-छपर करने कूद पड़े। उधर हमारी सड़क पे आगे बढ़ के दसासुमेध घाट पर साधू लोग के लिए लगे फूस के छाते एकदम बेकार। चौक की दुकानें डबडब। सड़कों में फँसे लोग तरबतर। और रिक्शे, साइकिलें, मोटरगाड़ी सब ठप। न कोई आ सकता है, न जा सकता है।

हमारे अनाथालय की टुटही दीवारों पर काई उगने लगी, जैसे मूस की पीठ पर हरा रोआँ। कूड़े के ढेर पर पड़ी आम की गुठलियों में भी कुलबुल-कुलबुल होने लगी। गुठली की कड़ी खोपड़ी तोड़ के छोटे-छोटे पौधों ने अपना सिर उठाना शुरू किया और कुछ ही दिनों में कूड़े के ढेर पे लहराता जंगल हिलने लगा। जिसे दूर से देखने पे मैं मोरम की पट्टी समझ रही थी, पास जा के पता चला यह तो अभी-अभी इस दुनिया में आई लिल्ली घोड़ियों का झुंड है!

इतना पानी बरसा कि अनाथालय के पीछे बच्चों के लिए बने सँडास के कमरे की खपरैल छत भसक गई और अन्दर पड़े मलबे में साँप बिच्छू रहने लगे। करीमा टीचर बोलीं कि सँडास नहीं है तो क्या हगो मूतोगे नहीं? वैसे भी उस सँडास में घुसने से तो मेरी जान निकलती थी। उसका दरवाजा खोलते ही बदबू का झोंका

ऐसा कि नाक कट के अलग हो जाए! तबीयत अन्दर तक घिन्ना जाती थी। फिर अँधेरे से आँखी आदी होती तो सड़ते, बजबजाते सँडासों की कतार दिखाई देती थी। पानी लेने के लिए पुराने, जंग खाए टीन के डिब्बे। नल या तो एकदम सूखे या पानी उनमें से बूँद-बूँद बराबर टपकता हुआ। पूरी जमीन गीली। यह पानी है कि पेशाब? पैर अन्दर रखते समय ध्यान रखना पड़ता था कि कहीं गू पर न पड़ जाए। उस ख्याल से मेरे रोंगटे खड़े हो जाते। नरक था। एकदम नरक। फिर भी अन्दर दीवारों की आड़ तो थी ही।

अनाथालय की गिरी हुई चारदीवारी के उस तरफ नगर महापालिका द्वारा खोदा गया खुला हुआ पनाला था। करीमा टीचर बोलीं कि जाओ, उसी में कर लो। लड़कों की तो मौज मस्ती हो गई! वहीं खड़े हो के धार मारने का कॉम्पटीशन चालू हो गया। थी हम लड़कियों की मुसीबत। वह भी हमने सुलझा ली। मरता क्या न करता! किसी और के उठने से पहले सुबह सवेरे हम लोग जग जाते और लाइन से नित करम के लिए बैठते, पनाले की तरफ पीठ, अनाथालय की तरफ मुँह। उकड़ूँ बैठे, पीछे नंगा धड़ लटकाए, आगे मुँह दुपट्टे से ढका हुआ!

ऐसे ही एक दिन हम लाइन से बैठे थे जब एकदम से शीलू बोली, "नीता सुन, यह पीछे से कैसी आवाज आ रही है?" तब हम पीछे घूम के देखे। देखे क्या कि पीछे सूअर हैं। तीन सूअर। नथुने फुलाए, सिर झुकाए, वह हमारे पीछे-पीछे सफाया करते जा रहे थे! चीख मार के हम सब वहाँ से उठ गए। मगर बाद में हमें इसकी भी आदत पड़ गई और हम अक्सर सूअरों को "हट! हट!" करके भगा देते। नित करम के टाइम हम सभी नंगे होते थे। इसी नंगेपन के चलते हम जैसे किसी छुपे हुए काम में भागीदार हो जाते। क्योंकि हम सब एक-दूसरे का छुपा हुआ देख चुके थे, हममें से वह भी, जो मौका पाते ही आपस में जानी दुश्मन बन जाते थे, उस वक्त एक साथ बैठे खुसफुसाने खिलखिलाने लगते।

उन दिनों की हवा भी कैसी! बिल्कुल गीला रूमाल बन गई। सामने वाले लम्बोतरे कमरे से बाहर छज्जे पे निकली तो हवा ने मेरे गाल पे थप्पड़ लगाया सड़ाप! छज्जे पे देखा वहाँ तो राशन की दुकान वाला तोंदियल मनोज खड़ा है। लम्बे-लम्बे केश से तेल चुआता हुआ, छोटी-छोटी चालाक आँखें। वहीं खड़ा गली में आँखें मिचमिच करके जाने क्या ताक रहा था। मैं बाहर आई तो गली को छोड़ मुझे ताकने लगा। उसकी गोल-गोल आँखी मुझपे ऊपर से नीचे तक फिसली, ऐसे जैसे कि मैं कपड़ा-लत्ता कुछ नहीं पहने, बिल्कुल नंग-धड़ंग खड़ी हूँ।

वह एक भद्दी सी हँसी हँसा। मैं चिढ़ के बोली, पूछी कि, "का ताकत हउवा?"

आँख नचा के पाजी बोला, कहिस कि, "तू मोका ताकत, हम तोका ताकत!"

जैसे कि मेरे पास देखने को और कुछ नहीं हो! देखने को मैंने देखा तो दिखाई दिया कि पूरी सड़क नदी में बदल गई थी। पानी था कि आने-जाने के सारे रूल

तोड़े हुए था। रुकने का नाम नहीं लेता था। सड़क के उस पार गोलचा टॉकीज की पुरानी बिल्डिंग में से बरगद का पेड़ निकल आया था जिसकी एंक डाल पानी में डूबी हुई थी। दो-तीन छोटे लड़के हाथ में लकड़ी लिये, एक भूरे पीले कुत्ते के पिल्ले को खदेड़ते एक गली से निकलकर दूसरी गली की तरफ भागे चले जा रहे थे। उनमें से एक ने अद्धा उठा के पिल्ले को मारा। अद्धा निशाने पे लग गया और पिल्ला पें पें करता, लड़खड़ाता हुआ चलने लगा। लड़के खी-खी करते, उसके पीछे-पीछे गली में गायब हो गए।

गली के मुहाने पे 'प्लेटो पब्लिक स्कूल' के दो कमरे सन्नाटे पड़े थे। जाने कब से उसमें क्लास नहीं लगा था। कमरों की दीवारें पान की पीक से लाल थीं। स्कूल के मालिक कहीं दूर रहते थे। चौरसिया बाबू, जो स्कूल के कर्ता-धर्ता भी थे और टीचर भी, महीने दो महीने पे आ जाते थे, गालों में पान का बीड़ा दबाए, कुर्ते में तोंद! फिजूल की तन्खाह पा पा के गोल-मटोल हो गए थे। जब आते, तो खिड़की के सामने रखे अपने लकड़ी के डेस्क के आगे बैठे जाने क्या किया करते थे। उनकी अधगंजी खोपड़ी शिशु मन्दिर के फाटक से साफ दिखाई देती थी। स्कूल के संकरे से बरामदे में ब्लैकबोर्ड के आगे भी दो-तीन आवारा कुत्ते लाइन से बैठे थे, जैसे कि स्कूल के विद्यार्थी वही हों! स्कूल के सामने घूरे पर का कूड़ा, बचा-खुचा टुकड़ा-टुकड़ी, पानी के रेले पे तेजी से बह रहा था। पहुँचेगा टाउन हाल, और बेनिया बाग और मैदागिन, बिना किराये भाड़े के!

बरखा रानी तमाशा मचाए थीं, तो गंगा मैया भी बिगड़ैल हो गईं। उन्होंने भी मनमानी करने की ठानी, ऊँची हो के बिना रोक-टोक बहने लगीं। पंचगंगा घाट की आखिरी सीढ़ी तक पानी चढ़ आया। फिर मछुआरों के डूबने की खबर आने लगी। एक दो चार नहीं, सत्रह मछुआरे एक साथ पानी के पेट में गुड़ुप! हे गंगा मैया तेरी आँखी में इतना क्रोध! अति का तो खैर जमाना ही था। कहीं पानी तो पानी, कहीं सूखा तो सूखा।

इधर गंगा मैया बढ़ी हुई थीं, उधर अखबार में खबर छपा करती थी कि विदर्भ में कि आंध्र प्रदेश में कि कहाँ सूखा पड़ गया। जमीन सूख के खंखड़ हो गई, जगह-जगह से चिटकी, फट-फट के खाई बन गई। करीमा टीचर हर बुरी खबर का पता रखती थीं। बताईं कि तन्दूर में तपी धरती पर चलते गिरगिट, छिपकिली और चूहे चलते-चलते ही सूखी जमीन से लिपट के मर गए! पूरे में सूखा पड़ रहा था। किसानों के खेत सूख के बंजर हो गए। उनमें अनाज पनपने की उम्मीद नहीं थी। सैकड़ों किसान अपने झुलसे हुए खेत देख-देख के आत्महत्या कर रहे थे। वहाँ पानी की नहीं, दुख की नदी बह रही थी।

अरे प्यारे घनेरे बादलो! थोड़ा उधर को भी चले जाओ। मगर बादल तो यहीं अटक गए थे। एक हफ्ते तक झड़ी लगी रही। मनिकंका और हरीशचंद्र श्मशान घाट पे अधजली अस्थियों के फूल खौलती नदी के बहाव पे लौट आए और घाट

के एक किनारे आ के लग गए। कुत्तों की दुनिया में मार छीना-झपटी मच गई। नोच खसोट। ऐसी सड़ाँध और बदबू उठी कि पास चले जाओ तो नाक सड़ जाए।

बाद में बदलू की किरिया के समय करीमा टीचर वहीं थीं। बोलीं कि दो दिन तक खाना नहीं खा सकीं उबकाई के मारे। मगर सब झूठ! मैं खुद अपनी आँखी से देखी हूँ उन्हें थाली भर-भर के भात लीलत, अजदहा माफिक। और वह भी बदलू के अगले दिन ही तो। मगर संसार की हर बुरी चीज की खबर पूछना हो तो पूछ लो करीमा टीचर से। कैसा मजा ले-ले के बताती हैं।

इसी सबसे तो हैजा शहर में फैला जैसे भूसे में आग। सुना तो था कि अब हैजा किसी को नहीं होता। उसका काम खतम। नई दवाओं ने उसकी रोकथाम कर ली है और अब हैजे से कोई नहीं मरता। मगर यहाँ तो लोग मक्खी माफिक चटापट मरने लगे। और मक्खियाँ भिन-भिन करती शहर पर बरसने लगीं। जहाँ देखो कीचड़, फफूँदी और सड़न। पान की पीक। छूत वाले रोगों के अस्पताल में भीड़ लग गई। अनाथालय से छोटू और बदलू भी भर्ती हो गए। एक पूरे दिन सुबह से रात से सुबह तक भर्ती रहे।

फिर दूसरे दिन दो मोटी महरारुअन आईं, गोद में बीमार लड़की। पलंग कम पड़ गए तो लड़की के वास्ते बिस्तर खाली करने के लिए छोटुआ को घसीट के जमीन पे कर दिया गया। नहीं तो क्या मोटी महरारुअन की लड़की को जमीन पे लिटा देते? वैसे भी वह बिस्तर कौन बड़ा राजकुमार का खटोला था! फटा हुआ गद्दा, उसमें से नारियल की जटा झाँकती हुई। और पूरे में खटमलों का राज-काज! तीसरे दिन छोटू का तो नहीं बदलू का 'राम-नाम सत्य' हो गया।

"राम-नाम सत्य है, मुर्दा साला मस्त है!"

लल्लू और बटुक भगेलू चौकीदार की हल्की वाली बँसखटिया कन्धे पे अर्थी माफिक टिकाए, सामने वाले बरामदे में चिल्ला चिल्ली मचाए थे, लफंगे कहीं के। उनके लिए हर चीज खेल थी, मरना जीना सब।

तभी अनाथालय में सुई डॉक्टर आया। सिर पे पुराने जमाने की टोपी। खाकी पैंट और मली-दली सफेद कमीज। महुए के नीचे एक मेज रखी गई। उसने आ के अपना डेरा जमा लिया। बच्चों को बटोर-बटोर के सुई लगाई जाने लगी। शीलू और सोमैया मेरे पास आईं। बोलीं,

"जल्दी चल मीना! देख लड्डू बँट रहा है! मोती जैसा मोतीचूर! जल्दी चल नहीं तो बटुकवा सब खा जाएगा!"

और दोनों दीदियाँ एक-दूसरे की आँखी में आँखी डाल के मुस्की मारीं।

मुझसे उमर में जादा बड़ी नहीं थीं, पर भारी-भरकम। उन्होंने बाँह में बाँह डाल के पालना बनाया और मुझ सुखड़ी को उसपे बिठला के झूमती-झामती चलीं, ठी-ठी करती, गाती हुई,

"जय कन्हैयालाल की
हाथी घोड़ा पालकी!"

मगर झूठी कहीं की दो की दोनों। और मैं कितनी बेवकूफ। पहुँची तो पाया कि कहाँ के मोती और कहाँ के मोतीचूर! सुई ने इत्ती कस के चिकोटी काटी कि मैं वहीं लोट गई और दोनों दुष्ट दीदियाँ हँसी से लोट-पोट! खी-खी खी। बत्तीसों दाँत बाहर। अभी ऐसा मजा चखाऊँगी कि पूरी की पूरी बत्तीसी सचमुच बाहर आ जाएगी! मैं किसी को छोड़ने वाली कहाँ। पलट के ऐसा नकोटा कि दिन में तारे दिख गए होंगे!

सोमैया के हाथ पे मेरा खरोंचा हुआ निशान तीन साल बाद तक भी था, जब लल्लन डॉक्टर ने उससे शादी किया और शादी करके उसका जीवन बीमा कराया। और जीवन बीमा करा के उसे मार डाला। बिल्कुल गाजर-मूली माफिक काट डाला। सुना कि जीवन बीमे में मोटी रकम मिली लल्लनवा को। अपने कान से तो नहीं सुना, पर पता चला कि बाद में कहता फिरता था कि जीवन बीमा इसीलिए तो होता है कि वक्त पर काम आए। सोलह साल की थी तब सोमैया। और वह हत्यारा तो पैसा खिला के बाहर आ गया। आजाद फिरा करता था, चौक में। एक दिन मैंने उसे देखा था। क्या मैं उसे पहचानती नहीं? हम अनाथ किसकी सरन में जाएँ? हमारे जीवन की कोई ऐलू थोड़े ही है। भगवान तेरा आसरा है। मगर सबसे पहला नियम है अपनी रच्छा आप करो।

5

नियम ही नियम। जाने किसने बनाया इतने ढेर सारे नियम। अनाथालय में हमें जीने के लिए परमीसन सरकार से लेना पड़ता था। हर चीज पर कोई न कोई नियम लागू, बात-बात पर लिखा-पढ़ी। किसको केला, आम, दूध मिलेगा, किसको नहीं। किसको बिस्कुट मिलेगा, किसे नहीं। करीमा टीचर का कमरा बिल्डिंग के पीछे वाले हिस्से में, लम्बे से अँधेरे गलियारे के अन्त में पड़ता था। इसी कमरे की एक अलमारी में सात तालों के अन्दर बिस्कुट बन्द रहता था। पार्ले के ग्लूकोज बिस्कुट जोकि वह डालडा के खाली डिब्बों में भर-भर के रखती थीं। वह बिस्कुट तभी बाँटतीं जब उनमें से पुरानी रखाऊ सी महक आने लगती थी।

उनके कमरे की वह अलमारी अलीबाबा की गुफा से कम जादुई नहीं थी। ऐसे मौके जल्दी तो नहीं आते जब वह अच्छे मूड में होतीं, मगर कभी-कभार उसी अलमारी में से अँदर्से निकल आते, या अनारदाना चूरन, कभी तिलकुट या बरसात की हवा में गलती हुई पीली या तिरंगी लेमनचूस। इस अलमारी में खाने-पीने की चीजों के अलावा 'जीबरा' चॉक के छोटे-छोटे चौकोर डिब्बे भी होते थे, एक पूरी शेल्फ की जगह घेरते हुए, जैसे गत्ते से बनी ईंट पे ईंट का एक महल खड़ा हो! इस चॉक से वह कक्षा के लँगड़े से ब्लैकबोर्ड पर लिखती थीं, मगर लिखने से ज्यादा, कक्षा में ऊँघते या बतियाते लड़कों के सिर पे निशाना तान के मारतीं। सफेद और रंगीन चॉक की महीन सी धूल अलमारी में फैली रहती थी और उसकी महक से, चूना खाने की आदी, मुझ चटोरी के मुँह में पानी भर आता था!

इसी अलमारी में दवाइयाँ भी रहा करती थीं। कौन सी बीमारी दवाई करने लायक है, कौन सी नहीं, यह भी करीमा टीचर ही तय करती थीं। वैसे ज्यादातर बीमारियाँ 'नहीं' की गिनती में आती थीं क्योंकि दवाई की अलमारी में से दवाओं को रातोरात उड़न-छू होने की आदत थी! मगर डॉक्टर सरन की वजह से उस बार मुझे वहाँ से दवा मिल गई थी। उन्होंने मेरे लिए पुर्जे पे लिखा था, "एनीमिया। खून की कमी। फेराडॉल टॉनिक, रात को सोते समय एक चम्मच।"

टॉनिक बड़ा मजे का था! उसे खाके तो बस होंठ चट-चट चाटते ही रहो!

शायद वह चॉकलेट के स्वाद से ही मिलता-जुलता था। जैसे गाढ़ी घुली हुई चॉकलेट। करीमा टीचर, इस डर से कि टॉनिक मेरे हाथ लग गया तो मैं एक ही बार में सब खा जाऊँगी, रोज मुझे एक चम्मच (वह भी पूरा भर के नहीं) नाप के देती थीं। मुझसे कहा गया था कि रोज रात मैं जा के करीमा टीचर का दरवाजा खटखटाऊँ।

एक रात मुझे जाने में देर हो गई। शायद दस बज गया था। जरूर वह समझी होंगी कि अब मैं नहीं आऊँगी। नाग पंचमी के बाद वाली रात थी। बिल्डिंग का इस तरफ वाला हिस्सा एकदम गुमसुम सन्न-मन्न हो जाता था। जब मैं पहुँची तो करीमा टीचर के दरवाजे के दोनों पट बन्द थे। उन पर मटमैले से शीशे जड़े हुए थे। गन्दा सा काही रंग का पर्दा। दरवाजे के नीचे से पीली सी लाइट लुपलुप चमक रही थी। मैं किवाड़ खट-खट करने को थी कि पर्दा अन्दर हवा में लहराया। दोनों पर्दों के बीच एक पीली फाँकी बन गई। उसमें से मैं अन्दर ताकी।

सीलन भरे कमरे की छत से लम्बा सा तार लटका था, उसपे नंगा बल्ब। उसमें से पतली-पतली सी पीली रोशनी कमरे में फैल रही थी। करीमा टीचर इसी पीली रोशनी में, कमरे के बीचोबीच खड़ी थीं। हाथ में ताड़ के पत्ते से बना पंखा, जिसे वह तेज-तेज झल रही थीं। और हे भगवान, निपट नंगी! अगर झूठ बोलती हूँ तो सिर पे सौ जूते मारना! उनके बदन पे एक्को कपड़ा नहीं! रूमाल के बराबर चिथड़ा तक नहीं। कभी सोचा तो नहीं था कि इनकी साड़ी के नीचे क्या होगा, मगर हम सब लड़कियन के बदन जैसा बदन होगा, यह तो बिल्कुल नहीं। शायद काँटे, या फिर गैंडे जैसी खुरदरी खाल? पर इनका भी शरीर मांस और हड्डी का बना हुआ है!

यह तो इनसान निकलीं, हम जैसी ही! इनका भी शरीर था। तब इनसे क्या डरना! मैंने उन्हें गौर से देखा। बाएँ कन्धे पे बड़ा सा तिल। कन्धों के नीचे पसरी हुई बंजर ढलाइयाँ। उनके बाल खुले थे। बाल की लटें कन्धों पर छोटे-छोटे साँप माफिक लहरा रही थीं। मुँह खुसुर-खुसुर चल रहा था...कुछ बोल रही थीं या गा रही थीं? तभी वह आँखी उठा के दरवाजे की तरफ देखीं। कोई आहट पाई होंगी। एक मन बोला कि दरवाजा खटखटाऊँ। मगर शरीर में उनका डर बसा था। फेराडॉल की लालच पीछे छोड़, मैं पूरी ताकत से भागी। कोई रेस होती तो जरूर मुझे फर्स्ट प्राइज मिलता!

इसी की अगली रात हमारे सोने के कमरे का बल्ब फुक हो गया। ऐसा होता रहता था और ऐसे मौकों पर तो हमारी हो जाती थी छुट्टी! बड़ी देर तक नियमों की लिस्ट को उलट-पलट कर देखा जाता। और वह भी ढेर दिनों बाद। कि नया बल्ब लगेगा या हम अँधेरे में रहें। या ढिबरी से काम चलाएँ। और फिर ढिबरी जलाने के लिए मिट्टी का तेल सरकारी राशन की दुकान से आएगा, या अबकि मनोज को हमारा कोटा बिलैक में बेच देने का परमीसन है।

कौन देता था यह परमीसन? सरकार जाने उसका काम जाने। तेल से टपकता हुआ सरकारी राशन वाला मनोज आए दिन चिरकुट माफिक खीसी निपोरे पहुँचा रहता था अन्नपूर्णा शिशु मन्दिर में। कैसा था उन रातों का अँधेरा! जिसमें डर और गुस्सा और निराशा दम साधे दुबके रहते थे। और खून के प्यासे वह मच्छर जो शाम होते ही सनीमा का गाना गाते हुए झुंड के झुंड हवा में उतर आते! उनकी ऊँची और महीन भुनभुनाहट कानों में धमकी का सन्देसा ले के आती।

फराक और बुस्कट, मोजा और जूता, सब का अपना-अपना नियम था। और यह सब मामला सरकार तय करती थी। किसको नई फराक या बुस्कट मिलेगी, किसको मोजा या जूता। मगर सरकार थी महाकंजूस। हर चीज की छानबीन, जाँच-पड़ताल। नया कपड़ा तभी मिलता था जब पुराना तार-तार हो जाए और नए किरमिच के जूते तभी जब पुराने कान से कान तक हँसने लगें।

फिर भी सरकार का हमारे ऊपर बड़ा कर्जा था। आखिर तो हमारा अपना कुछ भी नहीं था। कोई भी चीज ऐसी नहीं थी जिसे हम अपना कह सकते, सब सरकार का ही दिया हुआ था। और सरकार की हमारे ऊपर इस किरपा की दाता थीं करीमा टीचर। हर चीज की पक्का-पक्की वह करती थीं। और मजाल है कि उनकी चील वाली अँखिया के आगे से कोई मोजा या चप्पल या रिबन बिना दर्ज हुए निकल जाए!

रिबन लाल रंग का ही मिलता था। लाल-लाल रिबन। वही लाल वाला रिबन जो बंगालन आया हमारे बाल की कस के दो चोटी गूँध के लाल फूल की तरह बनाती थी। एक दोपहर वह उकड़ूँ बैठ गई और मेरा सिर दोनों घुटनों के बीच दबा लिया।

''काले बन में रहती हूँ
लाल पानी पीती हूँ
बूझो तो मैं कौन हूँ?''

बंगालन आया को पहेली बुझाने की आदत थी। उसकी पतली चालाक उँगलियाँ मेरे बालों में रेंगीं, फिर मेरे सिर में कस के चिकोटी काट के वह बोली, ''ले पकड़ मीना! हथेली खोल!''

और इसके पहले कि मैं समझ सकूँ कि वह मुझे क्या गिफ्ट दे रही है, मेरी हथेली में बहुत से पैरों वाला मोटा लद्धड़ जुआँ चल रहा था! रीढ़ की हड्डी तक गिनगिना गई। वह लपक कर बोलीं, ''मार मीना, मार! देख नाखून पे रख के दबा दे, चुट से बोलेगा!''

मारूँ कि न मारूँ? कैसे मारूँ? उसके जान नहीं है क्या? जिन्दा जीव की जान ले लूँ? मगर फिर मारा तो चुट चुट चुट चुट मारती ही चली गई! मारना भी सबको थोड़े ही आता है। इसके लिए भी जिगरा चाहिए। मारना सीख गई तो एकदम

उस्ताद हो गई ! जान लेने में नहीं सही, मगर हर बात पर हाथ चलने लगा। लगा कि जाने कब से मारती चली आ रही हूँ। कहीं भी बात उलझी तो हाथ चला के उसे सुलझाया। जहाँ भी, जो भी सामने आया, बात-बात पे धबकड़ा, मौके बेमौके थप्पड़ चाँटा! झगड़ालू होने के लिए जानी जाने लगी। अनाथ लड़की के पास इस दुनिया में और कोई हथियार है?

6

अब याद नहीं कि वह कौन सी बरसात थी। उस साल की या अगले साल की, या उससे भी बाद की कोई सी। बारिश की झड़ी बीफे को शुरू हुई तो अगले बीफे को ही रुकेगी, लोग बोले, वह ऐसा कहे। मगर बीफे क्या, वह तो सनीचर को ही खतम हो गई, टाँय टाँय फिस! बस महीन सी फुहार रह गई। कौन डरता है इत्ते से पानी से। बाहर निकली तो देखा पिछवाड़े वाली दीवार से टिकी एक साइकिल खड़ी है। जाने किसकी होगी? पता नहीं काहे को मेरा दिल एकदम से चाहा कि मेरे पास भी साइकिल होती। कैसे-कैसे चलाती। हवा से बातें करती, उड़ती चली जाती! क्या चौक, क्या मैदागिन, क्या बेनिया बाग, मैं तो आगे और ऊपर बढ़ती जाती, अपनी सड़क बनाती हुई।

दिद्दाज़ी तक बात पहुँच जाती, "सुना आपने, मीना उड़ गई!"

"अरे! अभी-अभी तो यहीं थी! ढूँढ़ो उसे, आखिर छू-मन्तर तो नहीं हो सकती लड़की!"

और टोलियाँ मुझे हेरने निकलतीं, पर मैं क्या पीछे मुड़ के देखती? नहीं जी नहीं! उड़ती जाती आगे और आगे, अपने सपने के पीछे। और अपना सपना क्या? बंगला, गाड़ी, दूल्हा? नहीं, नहीं। यह सब कुछ नहीं! मुझे बस अपनी मर्जी चाहिए। कोई मुझे रोके टोके नहीं। वही करूँ जिसे कि मैं तय करूँ, मैं चुनूँ। मैं जो कहूँ वही होए। कहूँ दिन तो दिन। रात तो रात!

मैंने इधर-उधर देखा तो पता चला कोई नहीं था। साइकिल के एक पैडल पर पैर रखा और उचककर सीट पे चढ़ने को हुई तो उसी वक्त साइकिल का मूड बिगड़ गया। ऐसी पटखनी दिया कि मैं चारों खाने चित्त! ओफ! कैसी धोखेबाज निकली। मगर मैं फिर उठी और हैंडल को दोनों हाथों से पकड़ा जैसे वह घोड़े की लगाम हो और लगाई फिर से दौड़। इस बार जो उचकी तो सीधे सीट पर टिक गई। वाह! क्या छलाँग लगाई। ठीक निशाने पर! कूदना भी आसान काम नहीं। शीलू, नीता मेरी तरह कूद के दिखा दें तो जानूँ!

फिर क्या था। पैडल को एक बार इस पैर से, एक बार उस से, ढकेलती चली

गई और साइकिल जो आगे लपकी, तो लगा उसे पता ही नहीं रुकना किस चिड़िया का नाम है! पूरे एहाते में जमा पानी में साँप बनाती मैं तेज-तेज चक्कर काटने लगी। हवा मेरे कानों में साँय-साँय कर रही थी। ऐसी तेजी तो मैंने जानी ही नहीं थी। चाहूँ तो हाथ छोड़ के चलाने लगूँ! चाहूँ तो उड़ने लगूँ! साइकिल के पहिए थे कि जादू! अब धरती पर से उठे, अब उठे। चलते चले जा रहे हैं। और समय तो साइकिल से भी तेज भाग रहा था। घंटा दो घंटा जाने कितने घंटे। हो सकता है आधा घंटा ही हुआ हो।

पर चलो बहुत हुआ। अब उतरना चाहिए। मगर कैसे? उतरना तो आता ही नहीं। चढ़ते बखत तो बस चढ़ना ही था, उतरने की कौन सोचता है? अब लो, यह नई मुसीबत। अब क्या जीवन भर हम चक्कर ही काटते रहेंगे? एकदम से रास्ते में महुए का पेड़ खड़ा था। बिल्डिंग के बाएँ तरफ। हमरी दौड़ती साइकिल के रस्ते के बीचोबीच। एक ही ठियाँ पे खड़ा, नाक-भौंह सिकोड़े, राच्छस की तरह हाथ फैलाए, एकदम अटल। दौड़ना क्या, वह तो जिन्दगी में कभी चला भी न था। वहीं खड़े-खड़े पूरे माहौल पे अपनी धाक जमा ली थी। काश अब मैं रुक सकती। लालच से चुपचाप खड़े हुए महुए को देखा तो एक आइडिया आया। एक चक्कर और काट के महुए के पास पहुँची तो उसमें आ के जानबूझ के टकरा गई। फिर जैसे कि मेरे टकराने के साथ धरती मैया का खास तालमेल बैठा हुआ हो, वह जैसे उसी बखत ऊपर उठीं और प्यार से मुझे गोद में ले लिया! चोट भी नहीं लगी। कोहनी छिली जरूर मगर बाकी सब ठीक-ठाक, फिट-फाट।

चलो अच्छा हुआ किसी ने गिरते देखा तो नहीं। नहीं तो बड़ी हँसी होती। सब चिढ़ाते। बड़ा उपद्रो मचता। मगर मुसीबत की मार! देखा कैसे नहीं? भगवान नास करे उस लोचन को। कैसा फूटा भाग है अपना! लोचनवे को वहाँ से गुजरने के लिए और कोई बखत नहीं मिला था क्या? दिन-भर में चौबीस घंटे होते हैं, न जाने कितने मिनट और कितने सेकंड। मगर उसे गुजरना था वहाँ से, तो ठीक उसी बखत। उसने फौरन मुझे गिरते देख लिया और उसकी आँखें बदमाशी से चमकने लगीं। लोचन रात वाले भगेलू चौकीदार का दस-ग्यारह साल का बेटा था, मुझसे चार पाँच साल छोटा रहा होगा, जिसकी खास बात यही थी कि वह वहीं होता जहाँ उसे नहीं होना चाहिए था!

वह हवा में डेढ़-दो फुट उछल गया और ताली बजा-बजाकर उसने दुनिया भर में जोर-जोर से खबर पहुँचाना शुरू किया, "आय गुरु! मीनवा गिरल! मीनवा गिरल धड़ाम से!"

कैसे फिस्स से हँसता था। जैसे साइकिल के पहिए की हवा निकल रही हो। कूद-कूद के हँसता जाता था। कितना गोल सा सिर था उसका। टकला ऊपर से। नाक पकौड़ा, माथा चौड़ा, आँखें टिम्बकटूँ! और टाँगें तो देखो, जैसे दियासलाई!

मैंने उसे नफरत से देखा। साइकिल महुए पे टिका दी और पहुँची उसके पास। शरम और गुस्से से बेकाबू, मैं चिल्लाई,

"अरे टकलवा! लोचनवा का बच्चा! चुप होत हउवे की बताई... ?"

मगर इसके पहले कि वह तय करे कि चुप रहे या नहीं, और मैं कि मैं उसके साथ क्या करूँ, मेरी उँगलियों में अजीब सी कुलबुलाहट होने लगी। वह जैसे खुद-ब-खुद लपक के पहुँच गईं लोचनवे की खोपड़ी पर और उन्होंने उसपे दो-तीन तड़ियाँ रसीद कीं। आहा! क्या मजा आया! मारने में भी कितना सन्तोष मिलता है। बार-बार मैंने मार के यही पाया था। एकाध तड़ी और लगा दी घेलवे में। जहाँ तीन तड़ियाँ, वहाँ पाँच क्यों नहीं? रोता बिसूरता, भोंपा बजाता, माई का लाल भागा पिछवाड़े की तरफ।

आज का मैदान तो मैंने ही जीता! मुँह फाड़ के मुस्कुराती, झूमती हुई चाल के साथ पहुँची अन्दर। अन्दर पाया कि सब गुमसुम सन्न-मन्न। दोपहर की बेला थी। सन्नाटा भाँय-भाँय कर रहा था। जाने कहाँ जा के धरती में समा गए थे सब। सामने वाले कमरे में एक्को जना नहीं। कोने में बंगालन आया मुँह बाए सो रही थी। पूरी सूरत पे मक्खी भिनभिन। और कोई न चूहा न चूहे का बच्चा। अन्दर रसोईघर में सन्नो बर्तन घिसिर-घिसिर घिस रही थी।

"सब कोई कहाँ हैं सन्नो?" मैं पूछी।

उसने आँख से बगल वाले कमरे की तरफ इशारा किया, तो मैं देखी वहाँ बेंचिया पे बैठी नोबोनीता और शीलू मुड़िया जोड़े खुसुर-फुसुर कर रहीं थीं। सोमैया के जाने के बाद से इन दोनों में बड़ी गाढ़ी छन रही थी। मुझे देखते ही खुसुर-फुसुर बन्द हो गई।

"क्या भया नीता?" मैं पूछी।

"कुछ तो नहीं।"

"मगर आजकल तोहरी बड़ी परसंसा हो रही है!" शीलू तिरछी नजर का तीर मुझ पर फेंक के बोली। उसका चेहरा एकदम मासूम। जैसे बस कल ही तो पैदा भई हो! मगर ऐसा कि अन्दर की खिलखिलाहट हल्का सा हिलाने पर फट पड़ेगी। वैसे भी वह बात-बात पे खिलखिलाती थी, लोगों का मजाक उड़ाती थी। एकदम चिढ़ौनी एक्सपर्ट। बड़ी मुश्किल से अपने पे काबू पाई होगी।

"काहे को?" मैं उल्लू माफिक पूछी। "मैंने कौन हिमालय परबत पे झंडा गाड़ा था जो मेरी तारीफ होती!"

"चल जा। आप ही पता चल जाइल। दिद्दाजी आपन कमरा में बुलवाइन हैं।"

दिद्दाजी का कमरा! मेरा दिल धक से रह गया। वह तो कमरा कहाँ, शेर की माँद था! दिद्दाजी ने आज तक हम लोगों से आवाज ऊँची कर के बात तक नहीं

किया था, मगर उनके सामने जाने से हम सबन की सिट्टी-पिट्टी गुम हो जाती थी! बड़ा सा ढपोंगड़ कमरा, सामने वाली दोनों दीवारों से सटी काले रंग की अलमारियाँ, जिनकी भालू माफिक परछाईं दिद्दाजी की मेज के अगल-बगल पड़ती थी। जाने उस कमरे में क्या था, लगता था हर कोने से हाथ निकलते हों हमें धर दबोचने वास्ते! पैर के नीचे की जमीन पिघल के पानी हो जाती थी।

दिद्दाजी कभी डाँटती नहीं थीं, मगर इससे तो और लगता था कि जब डाँटेंगी तो इतने दिनों की जमा डाँट कितनी भयानक होगी! इसकी तो कल्पना करना भी मुश्किल था। अभी-अभी तो लोचनवे को मारा था और इतनी जल्दी, हवा की तेजी से उन्हें खबर हो गई! काश मुझे याद रहता कि आज तो उनका यहाँ आने का दिन है। लोचनवे को मारना क्या, मैं तो उसे मोरपंखी से भी नहीं छूती! मगर तड़ियाँ तो हाथ से निकल ही चुकी थीं। तो फिर धौंकनी माफिक दिल मुँह में लिए पहुँची अन्दर उनके कमरे में। गोरी-चिट्टी दिद्दाजी सफेद साड़ी, सफेद बिलाऊज पहने, ताज महल माफिक अपनी मेज के आगे बैठी थीं। साड़ी पे सफेद धागे से ही फूल पत्ता बना हुआ। बाल भी सफेद, बीच की माँग से दो हिस्सों में बँटे हुए, एक-एक बाल अपनी जगह पे चिपका, जैसे कि उनका कहना न मानने की हिम्मत न हो! बिल्कुल सफेदी का नमूना लगती थीं! कुछ पढ़ रही थीं। मेरे अन्दर आने की आहट तो पाई होंगी, मगर आँख ऊपर उठा के नहीं देखीं। मैं वहीं खड़ी रही, जान सूख के खंखड़! फिर उन्होंने किताब फट्ट की आवाज के साथ बन्द किया। आँख ऊपर उठा के मेरा मुँह ताकीं। चेहरे पे जाने क्या था। पर गुस्सा तो नहीं थीं। अचम्भा! क्या आँखें मुस्कुराती थीं?

फिर बोलीं, "मीनाक्षी! आज तुम्हारे लिए बड़ा खुशी का दिन है!"

मीनाक्षी! इस नाम से तो मुझे कोई पुकारता ही नहीं था! उसे सुन के तो मेरी मुड़िया और भी नीची हो गई। मुझे चुप देख के बोलीं, "जानती हो क्यों?"

आखिर मेरी आवाज जैसे कई कोस दूर से लौटी। मैं सूखे हुए गले से फुसफुसा के कही, "खुशी? नहीं तो। मैं कुछ तो नहीं करी, दिद्दाजी!"

"खुशी इसलिए कि तुमको यहाँ की सभी लड़कियों में से मैंने चुना है। अपना सामान बाँध लो। मैं तुम्हें यहाँ से भेज रही हूँ!"

भेज रही हैं? कहाँ? बात मेरी समझ में न आई। मैं तो डाँट खाने के लिए पूरी तरह से तैयार हो के आई थी। जिस डाँट के इन्तजार में थी, वह नहीं आई तो मैं एकदम बेवकूफ माफिक हो गई। हक्का-बक्का हो के उनका मुँह ताकने लगी। फिर मुँह से बोली निकली तो मैं कही, "ऐं?" और फिर जैसे चक्कू की तेजी के साथ दिमाग चला, "सिसु मन्दिर छोड़ के?" इसके बाद गधे की तरह सिर झुकाए फिर खड़ी हो गई, एकदम गूँगी।

मेरे चुप रहने की वजह से शायद वह समझीं कि मैं डर रही हूँ। क्योंकि फिर

कहने लगीं, ''इसमें डरने की कोई बात नहीं है! बहुत अच्छी जगह भेज रही हूँ। बोलो, जाओगी न? तुम समझती हो तुम्हारे भले-बुरे का मुझे ध्यान नहीं?''

मैं चुप। तो फिर कहीं, '' ...अच्छा बताओ, तुमने राय गोवर्धन दास का नाम सुना है? चीलवाली कोठी का?''

मैं बस मुड़िया हिला दी। तब बोलीं, ''मन भर का सिर हिला सकती हो और इतनी सी जबान नहीं हिलती! बताओ, सुना है?''

राय गोवर्धन दास का नाम कौन नहीं सुना होगा! हर बनारस वाला इस नाम को जानता था। शहर के इतने पुराने रहने वाले। मगर वह तो कब के मर बिला गए थे। अब तो उनके परिवार वाले ही बचे थे चीलवाली कोठी में, अपने दादा, परदादा की दौलत के बचे-खुचे से काम चलाते हुए। पुराने जमाने में कितनी कोठियों के तो राय गोवर्धन मालिक थे। दाल मंडी वाली कोठी, शिवाले वाली, औसानगंज की। सुना था यह बिल्डिंग जिसमें अनाथालय खुला था, यह भी कभी उन्हीं की थी। किसी केस में फँस गए थे, तो उसे सरकार को औने-पौने बेच दिया और उसमें अनाथालय खुल गया। हाँ, औसानगंज में चीलवाली कोठी के बारे में मैंने सुना था। बल्कि कोठी देखा भी था।

शिशु मन्दिर में हम लोग यह भी जानते थे कि दिद्दाजी का वहाँ आना-जाना था। चीलवाली कोठी एकदम गिरती पड़ती हालत में सही, फिर भी खड़ी हुई थी। कितनी बार तो मैं ही नसीरुन के साथ उसके सामने से गुजर चुकी थी। लोहटिया की लोहे वाली मंडी के बगल में पड़ती थी। शहर के बीचोबीच पसरा हुआ मकान, जिसकी दीवारों की सफेदी उड़ गई थी और लोना लगने से पूरे का रंग राख जैसा हो गया था। लम्बा-चौड़ा डम्पलाट-सा एहाता और ऊँचा फाटक। सुनसान। न कोई आगे न पीछे।

मगर उसमें अभी भी लोग रहते थे। मैं यह सब सोच ही रही थी कि दिद्दाजी जैसे मेरा दिमाग पढ़ लीं, बोलीं, ''अरे, अब क्या है चीलवाली कोठी...खँडहर हो के रह गई है। फिर भी, प्रणव भाई साहब बाप-दादा की कोठी को लिये बैठे हैं। पता नहीं बेच क्यों नहीं देते। और कीमती सामान तो अब भी घर में भरा पड़ा है...अरे हाथी हजार लटा, तो भी सवा लाख टके का! किराएदारों से कुछ न कुछ रकम मिलती होगी। पहले जैसी धन-दौलत न सही, कोई सड़क पे थोड़ी आ गए हैं!''

वह रुककर थोड़ी देर मेरा मुँह गौर से देखीं। फिर बोलीं, ''लीला चाहती हैं मैं यहाँ से एक लड़की उनके पास भेज दूँ। इतनी बड़ी कोठी और रहने वाले इतने कम लोग...एक जमाने में घर भरा रहता था। पर अब तो पूरा घर भाँय-भाँय करता होगा! और दो भाइयों के बीच उनकी बेटी उर्मी अकेली पड़ जाती है। सुना है एकदम चुप रहने लगी है। तुम उसके साथ हँसो बोलोगी तो उसका मन बहलेगा।''

"...फिर घर में मुनीमा हैं...बात-बात पे उनको जरूरत पड़ा करती है... अरे, पुकारें तो कोई बोले तो सही! लीला में भी पहले जैसा दम तो रहा नहीं। उस पुराने घर का सामान सँभालना कोई आसान काम है!...चीजें हटाने-बढ़ाने के लिए ही कई लोग होने चाहिए। छोटे-मोटे कामों का भला अन्त होता है?"

इतनी लम्बा भाषण दे के वह मेरा मुँह फिर ताकीं, जैसे कि परख रही हों कि मेरी बुद्धि में कुछ घुसा या नहीं! फिर बोलीं, "बताओ, जाओगी न, मीनाक्षी? तुम वहाँ खुश रहोगी...बड़े प्यार से रखेंगी...जरूर आगे पढ़ाएँगी भी, उनके यहाँ पढ़ने का बड़ा रिवाज है...और लीला हैं बड़ी दयालु इनसान..."

टकटकी बाँधे उन्हें देखती रह गई। मैं, और जाना न चाहूँगी। इस जगह से जहाँ की एक भी बात मुझे अच्छी नहीं लगती, जहाँ लड़ाई, झगड़े-फसाद के अलावा मुझे मिला क्या था? जहाँ बिस्कुट केला मिल जाए तो खुश हो लो, एक रात चैन से सो लो तो अपनी किस्मत को सराहो। न भी जाना चाहती तो भी दिद्दाजी मुझे वहाँ भेज सकती थीं। मगर वह कोई काम दूसरे की मर्जी जाने बगैर नहीं करती थीं। और यहाँ तो जैसे मैंने पुकारा हो "मुझे यहाँ से निकालो!" और उधर से किसी ने हाथ बढ़ाया कि, "लो बच्चा, तुम्हारी इच्छा पूरी हुई!"

दिद्दाजी से हुई मेरी बात और मेरे अनाथालय से चले जाने के दिन के बीच की कोई बात मुझे याद नहीं आती। मन में फुलझड़ी छूट रही थी। अनाथालय से इतनी जल्दी छुट्टी मिल जाने की कोई उम्मीद नहीं थी मुझे। मन में पंख लग गए थे और वह उड़ा जा रहा था आगे को। मगर वह एक हफ्ता—दिद्दाजी से हुई बातचीत और मेरे चले जाने के बीच का—जैसे मुँह में दाना लिए चूँटी की चाल से आगे रेंग रहा है।

फिर भी वे खुशी के दिन थे। किसी सपाट, फैली हुई जगह की तरह, जिसमें अब मुझे कोई ऊँचा खाला नहीं दिखता। न कोई चढ़ाई याद आती है, न ही ढलान।

जाते-जाते शीलू-नीता का यह जाने कैसा प्यार उमड़ा था। देखा तो कोने में बैठी, दुपट्टे में मुँह छुपाए भुकुर-भुकुर रो रही हैं! चटख लाल आँखें लिये बोलीं, "जा रही हो मीना?"

"जा तो रही हूँ, न!"

"हमेशा-हमेशा के लिए?"

"और नहीं तो क्या चार दिन के लिए? आखिर मेरे लिए यहाँ रखा क्या है!" मैं घमंड से बोली।

"हमसे मिलने कभी-कभी आओगी?"

"देखती हूँ कि टाइम मिलता है या नहीं। दिद्दाजी कहती हैं वे लोग मेरे जैसी ही लड़की को पालना चाहते हैं...हँसने बोलने वाली चंचल लड़की! वह बड़े लोग हैं... मेरा यहाँ, इस कूड़ेखाने में वापिस आना पसन्द थोड़ी करेंगे! फिर भी, कोशिश करूँगी।"

"सच्ची? आओगी? प्रौमिस?"

"अब प्रौमिस वौमिस मैं नहीं जानती!"

मेरे आगे भविष्य की कई-कई आवाजों की पुकार है। ये लोग यहीं के यहीं बैठी हैं, टुटरूँ टूँ! अपने न बदलने में पीछे छूटी जा रही हैं। मेरी जगह वे भी हो सकती थीं। मगर किस्मत ने मुझे चुना। मुझे चुना वहाँ से तैरकर निकल जाने के लिए, मछली की तरह!

नई प्यार करने वाली नीता के अन्दर छुपी पुरानी नीता बोली कि दिद्दाजी ने मुझे चुना है, किस्मत ने नहीं। और वह भी, किस लिए? मेरे झगड़ालू होने की वजह से! क्योंकि मैं वहाँ रह के हर बात पे हंगामा करती हूँ। मार-पीट, उठा-पटक करती हूँ। इसलिए वह मुझे यहाँ से हटाना चाहती हैं। कपटिन कहीं की! टेढ़ा-तिरछा बोलने की आदत इतनी जल्दी कैसे चली जाएगी, भला? मैं इतना मीठा भी तो बोलती हूँ, नहीं दिखता तुझे? वहाँ जा के देखना उन लोगों को कैसा खुश करती हूँ!

जो भी हो, अब तो जा ही रही हूँ। देखें आगे होता क्या है। बेचैनी ने मेरे पंख लगा दिए हैं। मगर करें क्या? यह हफ्ता तो अपनी स्पीड पे ही बीतेगा! इधर से उधर गुनगुनाती फिर रही हूँ, "मैं चली, मैं चली, देखो प्यार की गली, कोई रोके न मुझे, मैं चली मैं चली!"

इन्तजार। बस इन्तजार।

दो

चीलवाली कोठी

धन्य हों राय गोवर्धनदासजी!
सदा उनकी शोहरत बनी रहे
मूँछें घनी रहें!
बना रहे इतिहास में
उनकी पेशानी का रोब
उनके बाजुओं का जोर!
आनेवाली पुश्तें कभी न भूलें
कि उन दिनों में,
1857 के बाद के बीहड़ में
थी उन जैसों की कार्यकुशलता,
उनकी शीरींजबानी—
(जलने वाले जलेंगे
कहेंगे
घर की बेशकीमती वसीयत
से दी गई
अंग्रेजों को रिश्वत)
जो बनारस की कोठियों की
बनी रह गई लाज
उनके रीति-रिवाज
जब अगल-बगल के प्रदेश में
अंग्रेजों से क्लेश में
शहर हुआ या हुआ ग्राम
मच गया था कोहराम
कत्ल-ए-आम
फैल रही थी आग ही आग
भागम भाग
बची रह गई चीलवाली कोठी
की लाज

कोठी की लाज
और
राय गोवर्धन का राज
नहीं तो कहाँ जाते
उनके बेटे पुरुषोत्तम नारायण
पुरुषोत्तम के बेटे प्रह्लाद नारायण
और प्रह्लाद के प्रणव नारायण
फिर अगली पुश्त के
आदित्य नारायण और
त्रिविक्रम नारायण ?
जिनको विरासत में
मिले थे
हाथ नर्म
खून गर्म
दिल सच्चा
मगर इरादा कच्चा ?
यह तो थी राय गोवर्धन की आन
जो बची रह गई कोठी की शान!
मगर कोठी की औरतों का क्या ?
कोई नहीं लेता उनके नाम
क्या पूछिए उनके काम!
कौशल्या हो या अहल्या
कमला बिमला उर्मिला निर्मला
क्या रखा है नाम में
जब मिट जाना ही हो भाग्य में।
"औरतें ?" पूछते हैं वह,
आवाज में आश्चर्य
"मैं नहीं समझा आपका तात्पर्य!"
मगर ली वक्त ने अँगड़ाई
और बीसवीं सदी में
औरतों की भी बारी आई!
कई पुश्तों तक आबाद
बहुत बाद में हुई बर्बाद।
चलती रही यूँ तकदीर

राजा हुए रंक फकीर
किस्मत ने तब पलटा खाया
जब बनिया खून ने जोर लगाया
जमीन नहीं हो कपड़े की थान,
यूँ काटा, लगाया दाम
टुकड़े-टुकड़े बेचा मान
पुरुषोत्तम नारायण, प्रह्लाद नारायण
प्रह्लाद के बेटे प्रणव नारायण
बैठे रहे ठन ठन गोपाल
यह कैसा हो गया अपना हाल...

1

मैं, राय प्रणव नारायण दास वल्द राय प्रह्लाद नारायण दास वल्द राय पुरुषोत्तम नारायण दास उर्फ अब्बास हैदर वल्द राय गोवर्धनदास वल्द पटनीमल कहना चाहता हूँ कि मैं बनारस शहर के इस लम्बी वंशावली वाले पुराने, धनी, शिक्षित और शायस्ता बनिया परिवार का वंशज हूँ। मैं गर्व से कह सकता हूँ कि हमारे परिवार में जितनी हिन्दी और संस्कृत की परम्परा रही है, उतनी ही उर्दू फारसी और अंग्रेजी की भी। इस वजह से मैं अपने को इन सभ्यताओं के संगम का जीता-जागता नमूना समझता हूँ। अपने दादा-परदादा के वक्त से चलती चली आ रही इस कोठी, जिसे शहर वाले चीलवाली कोठी के नाम से जानते हैं, के सबसे अकेले, सबसे पीछे वाले कमरे में मैं रहता हूँ।

मेरा सूरज ढल चुका। अपना पुराना ड्रेसिंग गाउन पहने, बाल और दाढ़ी का सफेद झंकाड़ और सिगरेट के तम्बाकू से पीली होती हुई उँगलियाँ लिये, मैं दिन-भर इन खँडहर होती दीवारों को देखा करता हूँ। उनसे उतरते सायों को। सोचा करता हूँ। कानों में बराबर एक खुसुर-फुसुर हुआ करती है, जैसे कि कोई मुझसे सरगोशियों में कुछ कह रहा हो। क्या यह मौत है, मुझे अपने आने की इत्तिला देती हुई?

सत्तर साल मैंने इस कोठी में गुजार दिए। छत की पुरानी शहतीरों पे जंगली कबूतरों के हुजूम आज भी परवाज करते हुए उसी तरह उतरते हैं जैसे कि मेरे बाप-दादा के वक्त में उतरते रहे होंगे, और मैं उसी तरह उन्हें देखता हूँ, जैसे वह देखा करते होंगे। मेरा देखना उनके देखने की परछाईं है। वह न होते तो भला मैं क्योंकर होता, और क्यों होता मेरा यह वक्त, जो आखिर उनके वक्त का साया ही तो है। जिन्दगी भर के सोचने के बाद मैं इस नतीजे पर पहुँचा हूँ कि हर जीवित या अजीवित चीज का साया होता है।

सायों को समझने में मैंने उमर बिता दी। परछाइयों की लम्बान दिन-भर बदला करती है। इतना समझ में आया है कि परछाईं की लम्बान सूरज की ऊँचाई के ऊपर निर्भर है। जितना ऊँचा सूरज, उतनी लम्बी परछाईं। और कि अगर कोई

हिलती हुई चीज हो, तो उसकी परछाईं उससे ज्यादा तेजी से आगे बढ़ेगी। मगर यह पूरी बात नहीं है। उम्र के जिस मुकाम पे मैं पहुँच चुका हूँ, वहाँ से मुझे सब कुछ सफाई से दिखने लगा है। समुन्दर का दूसरा किनारा नजर आने लगा है। आँखों के अन्दर आँखें हो गई हैं।

इसलिए कभी-कभी मुझे ऐसे साये दिखते हैं, जिनके आगे-पीछे कोई चीज नहीं होती। कभी-कभी आँखें झपकाता हूँ तो उनके कोनों पर एक साया हिलता हुआ मालूम होता है। क्या यह बाबूजी का बेचैन साया है, जो आज तक शान्ति नहीं पा सका? वैसे इस घर में रहने का मतलब है बहुत से सायों के साथ रहना। इस घर में जी हुईं इतनी जिन्दगियाँ! कितने उतार-चढ़ाव, कितनी उड़ानें! मगर बूढ़ा बाज भी पर समेटता है और चार दिशा के जंगल के राजा शेर के दिन पूरे होते हैं।

मैंने जिन्दगी फिजूल के कामों में बिता दी। कभी कोई काम लग के नहीं किया। कभी इस घाट नहाया, कभी उस नदी में पैर डुबोए। बाबूजी के कहने से सरकारी महकमे में नौकरी मिल भी गई तो जी नहीं लगा। कभी साड़ी का व्यापार, कभी पंखों का और एक बार कला की वस्तुओं के व्यापार का खानदानी पेशा भी आजमा के देख लिया। मगर गाड़ी नहीं चलनी थी तो न चली। अपने आपको कभी शराब के नशे में, कभी धुँए में खर्च कर डाला। फिर भी, परदादा लकड़दादा मरहूम की दया से जिन्दगी तो कट ही गई। आखिर होती ही कितनी लम्बी है? एक नींद, जिससे अब जाग रहा हूँ। जब कहने के लिए वक्त नहीं बचा, तो कहने को मेरे पास बहुत कुछ हो गया है।

जो कहानी मैं कहना चाहता हूँ, उसका कोई अन्त नहीं है। वह मेरे अन्दर चल रही है और चलती रहेगी, जब मैं नहीं रहूँगा तब भी। इस विषय में मैं यह बताना चाहता हूँ कि इस कोठी में एक जमाने में एक सुरंग थी। सुरंग को वक्त ने ढक दिया है। यह सुरंग शिवाले पर निकलती थी। इस सिलसिले में अंग्रेज वाइसरॉय वॉरेन हेस्टिंग्स का जिक्र होता था। कि किसी फसाद के दौरान वह इस कोठी में छुपा था, और इसी सुरंग के जरिये उसे यहाँ से निकाला गया था।

यह सच है कि गढ़ी हुई कहानी, मैं कह नहीं सकता। आखिर कहाँ है वह सुरंग? किसने देखा है? इतनी लम्बी उम्र बीत गई इस कोठी में मगर मैंने तो सुरंग नहीं देखी। वह प्रयाग में सरस्वती नदी की तरह, कहीं पाताल में गुम हो गई है। इस घर की तारीख लम्बी है। इसके कई हिस्से हैं जो और हिस्सों से पुराने हैं। नए हिस्से कई बार इमारत में जोड़े गए हैं। हो सकता है सुरंग का सिरा कोठी की रददोबदल में किसी नए हिस्से के नीचे दब गया हो।

आज कोई नहीं है जिसने सुरंग देखी हो। फिर भी उसके होने का आभास लोगों को है। इसलिए सुरंग है। कुछ चीजें हैं जो गुम नहीं होतीं।

हमारे परिवार की कहानी भी उस सुरंग की तरह है।

मेरे अन्दर चल रही है और मेरे बाद विक्रम और उर्मी के अन्दर चलेगी। भगवान ने चाहा कि आदित्य ठीक-ठाक रहे, तो उसके अन्दर भी।

हमारे पूर्वजों का जिक्र गैजटीयर के बनारस शहर वाले पन्नों में आता है। कुछ उसमें से पढ़ के, कुछ खानदान में पीढ़ी-दर-पीढ़ी दोहराई हुई कहानियों को सुन के, कुछ उस वंशावली को देख के जो बड़े कमरे में बन्द है, मैंने अपने पूर्वजों के बारे में कुछ बातें जुटाई हैं। कभी सोचा था इस पुराने परिवार का इतिहास लिखूँगा। पर हो न सका। मगर वह बातें तो मौजूद हैं। वह इस तरह हैं—

हमारे लकड़दादा, टनीमल ने परछाइयों में खड़े होकर शहर को बिगड़ते-बनते, बनते-बिगड़ते देखा है। कि सत्रहवीं सदी में मुगल बादशाह औरंगजेब ने जब अपने परदादा अकबर के बनवाए मन्दिर ढहाए, तो ढाँचों के मिसमार होने की धमाकेदार आवाज उन्होंने सुनी थी। और फिर, जब फ्रांसीसी यायावर तावर्नियर और बर्नियर बनारस आए, तो भी वे बनारस में मौजूद थे। और जब औरंगजेब के बड़े भाई दारा शिकोह ने बनारस में रहकर उपनिषदों का फारसी अनुवाद किया, तो भी वे इसके गवाह थे। कि दुर्गा कुंड पे और कलश और मीनार और गुम्बद पे लटकते चार सौ साल पुराने बन्दर उन्होंने अपनी आँखों से देखे हैं।

यानी कि तीन-चार सदियों से किनारेदार धोती पहने, अँगोछा लपेटे, पटनीमल और राय गोवर्धन और राय पुरुषोत्तम वगैरह दसासुमेध, पंचगंगा और आदिकेशव घाट की सीढ़ियाँ उतरकर गंगा के पवित्र जल में अपने पाप धोते चले आए हैं। सैकड़ों साल से हमारे पूर्वजों की अन्त्येष्टि मणिकर्णिका घाट पर होती आई है...

सारी चुनर मोरी मइका मइल भई,
का ले के जइबु गवनवा हो रामा...
हे गंगा मैया तोहे पियरि चढ़इबु,
सैंया से कर दे मिलनवा...

मगर जरा सम्हलकर! परिवार में जबान से जबान उतरती आई कहानियों में नमक मिर्च की मात्रा कहीं ज्यादा तो नहीं ? चीलवाली कोठी में सहनची की दीवार में जड़ी भारी-भरकम लोहे की अलमारी में परिवार की वंशावली बन्द है। वंशावली पंखे की तरह खुलती है। रजत रंग के नन्हे मछलीनुमा कीड़ों के अनदेखे दाँतों से कुतरी हुई, जर्जर, छिदही, साबुत नहीं फिर भी बची हुई। और उसमें दो सौ साल का पता मिलता है।

तो फिर हमारे पूर्वजों ने मन्दिर गिरते तो नहीं देखा। मगर मराठों द्वारा बनते धर्मशाले, मन्दिर और महल जरूर देखे। अट्ठारहवीं सदी के अन्त में जब बनारस पर सिक्कों की वह झनकारदार बौछार हो रही थी जिसने उसे पूरे उपमहाद्वीप की आर्थिक राजधानी बना दिया था, तब उसी धारा में बहते हुए पटनीमल, उर्फ बड़के सरकार, ने भी बनारस में अपना डेरा जमाया था।

अन्दाज लगाया जाता है कि उनका नाम पटनीमल था, इसलिए वह पटना से आए होंगे। मगर उनके पटना से आने के कोई ठोस सुबूत नहीं मिलते। हाँ, परिवार में चलती दन्तकथाओं में उनके बंगाल से आने की बात बार-बार दोहराई जाती है। कि बंगाल से मराठवाड़ा के बीच व्यापार के रास्ते का पड़ाव था बनारस। लाखों की सम्पत्ति इधर से उधर यात्रा करती थी। और इसी यात्रा के दौरान, बनारस से फिर न हटने आ के पसर गए थे पटनीमल।

किमखाब और जरी। रेशम और अतलस। मखमल और शनील। ढाके का मलमल, दूध जैसा सफेद, और हवा जैसा हल्का— कपड़ा नहीं, कपड़े का वहम मालूम देता था! यह सब उन दिनों के पहले, जब बर्तानिया के लैंकास्टर शहर की मिलों से आए सस्ते कपड़े ने हिन्दुस्तानी कारोबारों की पीठ नहीं तोड़ी थी।

तो पटनीमल। पेशे से व्यापारी। जात से बनिया। उँगलियाँ सोने की थीं।

जिस चीज को छुआ सोने की हो गई। जहाँ पैसा लगाया वह दुगुना-चौगुना हो गया। उनके बारे में इतना तो पता है, शर्तिया। मगर उनकी और बातें वक्त के कोहरे में खो गई हैं। वह तो उनके बेटे थे राय गोवर्धनदास, जिनके बारे में ज्यादा विश्वास करने लायक जानकारी मौजूद है। हालाँकि तब भी यह पता न चल पाया कि पटनीमल के बेटे को 'राय' का खिताब कब और कैसे मिला। फिर भी उनके और उनके बाद आने वाली पीढ़ियों के नाम के आगे 'राय' लगा मिलता है।

राय गोवर्धनदास। होनहार बाप के लायक बेटे। बनारस और इलाहाबाद में कई-कई कोठियों के मालिक हुए। मिर्जा मुराद और मिर्जापुर में उनकी जमीनें थीं। लोग चले जाते हैं मगर जनकल्पना में उनकी सनक जिन्दा बची रह जाती है। उनकी सनक आज तक शहरवालों को याद है। कि जहाँ तक आँख पहुँचे, किसी और की सम्पत्ति नहीं दिखना चाहिए। इसलिए कोठी के अगल-बगल की सारी जमीन उन्होंने खरीद डाली। इस जमीन पर आज गवर्नमेंट इन्टर कालिज खड़ा है। महाजनी कब शुरू की, इसकी ठीक-ठीक जानकारी नहीं है। मगर उनका अचूक हिसाब मशहूर था।

उनकी तसवीर बड़े कमरे की पीछे वाली दीवार पे टँगी रहती थी। सीलन और फफूँदी से तसवीर का नीचे वाला हिस्सा मिट गया था, मगर चेहरा और ऊपर का धड़ अब भी साफ था। बंगाली स्टाइल का तिरछे गले वाला कुर्ता, गले में मोतियों का हार। छोटा-सा सिर। उसपे रंगीन साफा। जिस मुसव्विर ने तसवीर बनाई थी, उसने उनकी आँखों में एक कुछ डाल दिया था। वह तैरता हुआ भाव क्या था? गुस्सा? अकड़? ताज्जुब? भौंहें और मूँछ पतली, जैसे पैंसिल से तीन लकीरें खींची गई हों, दो आँखों के ऊपर, एक होंठों के। पतली सी लकीर जैसी मूँछ क्रूरता की लकीर मालूम देती थी। छोटे सिर और पतली मूँछ वाला क्रूर आदमी। जबकि उनके क्रूर होने के कोई याद रह जाने वाले किस्से मैंने नहीं सुने।

बस उनका अचूक हिसाब मशहूर था। हर दमड़ी पाई छिदाम का लेखा-जोखा उनके छोटे साइज के सिर के अन्दर बन्द था। वेटिंग हॉल के पीछे उनके छोटे दफ्तर में रखी बही में जो कुछ लिखा था, वह तो सिर्फ बैक अप था। और उसमें दर्जनों जानें गिरवी होने का रिकार्ड था। कितने लोगों को उन्होंने उधार में रकम दी थी। यह लोग ज्यादातर उनके नौकर और उनकी जमीनों पर काम करने वाले मजदूर थे। इन मजदूरों की हड्डियाँ राय गोवर्धन को गिरवी थीं। उनके लोहे के हाथ और उनके लोहे के मुँह (आग में झोंक दो, ससुरे जलते नहीं, कैसी भी गाली दो, चेहरे का रंग बदलता नहीं!) भी गिरवी थे। उनका हँसना-बोलना, उनके बच्चों की किलकारियाँ, उनकी औरतों की आँखें, सब गिरवी थे। और गिरवी की हुई इन सब चीजों का रिकार्ड गोवर्धन के सिर में हिफ़ाजत से था।

फिर भी, वह क्रूर नहीं थे। बस उनका हिसाब अच्छा था। उनके दिमाग में अंक ही अंक भरे थे। अंकों से हटकर वह छटपटाने लगते थे, जैसे नीर बिन मछली। जोड़ना, घटाना, गुणा और भाग—पुश्तों से उनका इन्हीं से वास्ता रहा था। उनकी रग-रग में हिसाब बसा हुआ था। यहाँ तक कि उनके बारे में लोगों का मानना था कि उनके शरीर में खून चौखानों में बँटकर बहता था। वैसे उनके बारे में इतनी भी ज्यादा मालूमात नहीं है। हो सकता है कुछ मनगढ़ंत भी हो। मगर यह तो साफ है ही कि पुश्तों से शुद्ध बनिया खून में मिलावट न थी। उँगलियों पे हिसाब रहता था, तो कई कारोबार के मालिक थे। जहाँ पैर से ठोकर मारी वहीं से रुपयों का सोता फूट पड़ा।

मगर गणित का हिसाब एक होता है, जिन्दगी का दूसरा। एक तो शुद्ध खून का मिलावट की तरफ बेपनाह खिंचाव, दूसरा औसत के कानून का तकाजा। जब दुनिया ही ढेरों चीजों की मिलावट से बनी हुई हो, तब यह इच्छा कि एक परिवार के खून की शुद्धता बनी रहे—यह तो किस्मत को और उन ताकतों को, जिन पर इनसान का कोई बस नहीं, प्रलोभन देने के बराबर ही था। केले के छिलके पे पैर कब तक न फिसलते? पुश्तों की होशियारी की मजबूत दीवार में कहीं-न-कहीं दरार तो पड़नी ही थी।

2

1853 में राय पुरुषोत्तम नारायण दास की पैदाइश से ही इसके आसार कुछ-कुछ नजर आने लगे थे। कहावत है कि पूत के पैर पालने में ही दिखाई दे जाते हैं। लड़का जाने कैसी साइत में पैदा हुआ था। दुनिया में चीखता-पुकारता बस दाखिल ही हुआ था, कि दाई ने उसके माथे पे तिलक देखा। आँखों के ऊपर भौंहों का तो बस इशारा भर था और बड़े गौर से देखने पर ही उनका आभास होता था। मगर उनके बीचोबीच, बिल्कुल साफ-साफ बना हुआ कुदरती तिलक के शेप का एक लाल लच्छन!

इस कुदरती तिलक का क्या मतलब था? उसको लेकर परिवार में बड़ी चर्चा रही। किसी ने कहा कि लच्छन में फन काढ़े हुए नागदेव साफ-साफ दिखाई दे रहे हैं। इसके भी दो मतलब हो सकते थे। एक कि वह बड़ा होकर नाग का पुजारी बनेगा। कुदरती तिलक होने का दूसरा मतलब हो सकता था कि वह पहुँचा हुआ साधु महात्मा बनेगा। गोवर्धन, जो कि हर बात के बारे में बहुत सोच-विचार करते थे और अपने को हर मुसीबत से बचाते रहते थे, इसके बारे में भी सोचने लगे। उनके मन में परेशान करने वाला ख्याल उठा, जिसे वह मुँह तक नहीं ला सके क्योंकि वह शुभ-शुभ बोलने में विश्वास करते थे, कि कहीं यह बच्चा आगे चलकर नाग की तरह डसने वाला तो नहीं...लेकिन दूसरे ही क्षण उस नन्ही-सी जान के बारे में ऐसे अनुचित विचार मन में लाने के लिए उन्होंने अपने को सौ बार कोसा। फिर पालने पर झुककर गौर से अपने कुलदीपक के चेहरे का मुआयना करने लगे।

बच्चे का रोना-चिल्लाना अब तक बन्द हो चुका था, और उसके चेहरे पर एक अलौकिक सी सँजीदगी उभर आई थी। वह कपड़ों का हिलता हुआ छोटा-सा बंडल—एक स्थिर गोल चेहरा जिसकी आँखें अभी कहीं ठहरती नहीं थीं—उस चेहरे पर ऐसी गम्भीरता थी जो इस लोक की नहीं मालूम देती थी। वह गम्भीरता जिसे अभी तक एक भी मुस्कुराहट ने नहीं तोड़ा था और जिसकी वजह से वह एक छोटा-सा बूढ़ा मालूम दे रहा था, एक पॉकेट साइज का ज्ञानी। जैसे कि पालने में अरस्तू या प्लेटो का नन्हा नमूना लेटा हो।

राय गोवर्धन ने बेटे पर नजर डाली तो ऐसे सूफियाने बच्चे को देखकर उनकी

आँखों में गर्व के बादल उमड़ आए। यह लड़का तो बड़ा होकर जरूर फिलासफर बनेगा या कोई पीर, संन्यासी। वह चेहरे की गम्भीरता तो देखो, वह माथे पे तिलक! कुदरत ने जरूर ही उसके लिए कोई ऐसी किस्मत तजवीजी होगी। तभी से उनके मन में बात आ गई थी कि लड़के को खूब पढ़ाएँगे। फलसफा, कानून और विज्ञान। धन-दौलत की क्या कमी थी कि वह बही खाते में माथापच्ची करे और अंकों में फँसकर अपनी जिन्दगी लुटा दे। कुदरत ने लड़के को एक महानात्मा के रूप में इस घर में भेजा था, ऐसा उनको इल्हाम होता था।

लड़का, यानी पुरुषोत्तम, बड़ा होने लगा तो एक घटना हुई जिससे उनके मन का यह शक और भी मजबूत हो गया। इस शक के बारे में उन्होंने किसी से जिक्र नहीं किया, अपनी पत्नी कौशल्या से भी नहीं, क्योंकि वह मानते थे कि उसमें इन बातों को समझने की सलाहियत नहीं थी; वह तो दिन-भर आटा, लकड़ी, दाल और नौकरों की फटकार तम्बीह में लगी रहती थी। जबकि ऐसा बराबर होता रहा था कि उनके कारोबार से मतलब रखने वाले या किसी निजी मामले की मुश्किलों को वह दोटूक जुमले से सुलझा देती थी। फिर भी उन्होंने अपने इस विचार के बारे में उसे नहीं बताया था।

एक दिन सुबह से तीन साल का पुरुषोत्तम घर में नहीं मिल रहा था। उसने दूध भी नहीं पिया था। दाई अम्मा कई बार दूध गर्म करके उसे ढूँढ़ चुकी थी, मगर लड़के का अता-पता नहीं था। जब एकाध घंटा निकल गया और लड़का कहीं नहीं दिखा तो घर में खासी अफरा-तफरी मच गई। इतनी सी जान, आखिर जा ही कहाँ सकता था? सड़क की तरफ वाला दरवाजा तो वैसे भी बन्द रखा जाता था। उसकी अम्मा घबराहट के मारे आँखें फाड़े, झोंटा फटकारे सारे घर में फिर रही थी।

पता नहीं क्या करने गोवर्धन अपने दफ्तर में गए। वहाँ देखते क्या हैं कि बेटा हिसाब की बही के आगे बैठा है। उसमें से पन्ने फाड़ के उसने इधर-उधर डाल दिए हैं और बाप की सुनहरी ऐनक नाक पे जमाए, हाथ में कलम लिये, बच्चा बही में जाने क्या चील बकाऊँ बना रहा है! गोवर्धन, जिन्हें हर घटना में आगे के लक्षण ढूँढ़ने की आदत थी, जैसे कि आगम कोई पहेली हो जिसे बूझ पाने के सुराग आज में छुपे हों, ने इस दृश्य के दो मतलब निकाले।

क्योंकि बच्चा बही में लिख रहा था, इसका मतलब हो सकता था कि आगे चल के वह महाजनी का पुश्तैनी कारोबार ही चलाएगा और उसमें अपनी होशियारी की वजह से बाप के कान काटेगा। मगर दूसरी तरफ से देखा जाए, तो बच्चे ने बही के पन्ने तो फाड़ के अलग फेंक दिए थे। क्या इसका मतलब नहीं था कि बाप के कारोबार को ठुकरा के, वह फिलासफर या लेखक विद्वान बनेगा? पल भर के लिए उनके मन को ठेस पहुँची और ईर्ष्या से मिलती-जुलती कोई भावना उत्पन्न हुई मगर, जल्दी ही, यह सोच के कि इत्ते से बच्चे से क्या जलना, उन्होंने बात का अच्छा मतलब लगा लिया। यह तो बड़ी खुशकिस्मती के लक्षण थे कि बेटा बाप से बढ़ के निकलेगा।

3

बेटा बाप से बढ़ के निकला या नहीं, इसका फैसला तो बाद में। अभी तो बाद के पहले का समय बीतना बचा था और गोवर्धन की किस्मत का सितारा चमक रहा था। गोवर्धन के खानदान में ऐसा होता आया था कि लड़कों की तालीम (लड़कियाँ बेचारी कहाँ पढ़ने की बुद्धि रखती थीं!) घर पर ही होती थी। घर का यही रिवाज था और गोवर्धन खुद भी घर पर ही पढ़-लिख के पहलवान हुए थे। शुरू-शुरू में पुरुषोत्तम की पढ़ाई भी घर पर ही हुई। फिर जब वह कॉलेज में पढ़ने लायक हुआ, तब तक अंग्रेजी तालीम के लिए बनारस कॉलेज का बोलबाला हो गया था।

बीस साल का होते-होते लड़का वहाँ पढ़ने जाने लगा। बाप का यकीन सही निकला। पुरुषोत्तम ने न सिर्फ अंग्रेजी तालीम हासिल की, उसकी हिन्दी, उर्दू, फारसी और संस्कृत पर भी महारत होती गई। उसको पढ़ने से ऐसा प्रेम हुआ कि जिन्दगी भर वह अध्ययन करता रहा और एक अदद किताब भी लिख डाली। पढ़ाई के साथ-साथ उसका संगीत-प्रेम भी चलता रहा और उसने भोजपुरी में कई गीत, चैती, कजली वगैरा लिख डाले। अलबत्ता उसका नाम इन गीतों के लिए मशहूर नहीं हुआ। अक्सर जब गोवर्धन उसके कमरे के सामने से गुजरे थे, तो उसके गुनगुनाने की आवाज उन्हें सुनाई दी थी। एक बार उन्होंने उसे गाते सुना,

''ए रामा चढ़ले चइतवा, जीव मोरे चंचल हो रामा।
घरे घरे बाजेला अनन बधइया हो रामा।''

गोवर्धन चलते-चलते वहीं ठिठक गए और सुनने लगे। इसमें कोई शक नहीं कि लड़का सुरीला था। उनको सुर ताल का ज्यादा ज्ञान तो नहीं था, फिर भी कानों में जो पड़ रहा था, वह भला लग रह था। मगर अपने दिमाग से वह यह बात नहीं निकाल पा रहे थे कि गाना तो औरतें ही गाती हैं। पुरुषोत्तम ने उसी वक्त वह गाना खतम किया। थोड़ी देर रुका और फिर गला साफ करके दोबारा शुरू हुआ,

''जेहि दिन छाड़ि गइले बेनी माधो;
तेहि दिन आगी लागल तन में...''

ओफ्फो! सचमुच यह लड़का औरतों की तरह गाना क्यों गाया करता था? फिर भी राय गोवर्धन की नजर में चलो, यहाँ तक भी सब ठीक-ठाक ही था। सब शुभ-शुभ। मगर मन में कहीं कसक जरूर थी, कि औलाद होते हुए भी उनके बाद कारोबार का भार सँभालने वाला कोई नहीं है। उनके तालीमयाफ्ता बेटे ने तो इस लाइन में, यानी पैसे कौड़ी के हिसाब-किताब में, अपना हुनर पहले ही दिखा दिया था। उन दिनों घर की खुशहाली का यह आलम था, कि चीलवाली कोठी की छत पर सोने-चाँदी की गिन्नियाँ तराजू पर तौली जाती थीं। हुआ यूँ था कि एक बार गोवर्धन ने यह सोचकर कि बेटे के जिम्मेदारी के अहसास में बढ़ोतरी होनी चाहिए, गिन्नियों की तौलाई के वक्त बेटे को उसकी निगरानी का काम सुपुर्द किया।

उस दिन तौल में गिन्नियाँ कम उतरीं। पुरुषोत्तम ने जब मुलाजिम से इसकी वजह जानना चाहा, तो तमीजदार नौकर ने हाथ जोड़ के जवाब दिया कि "सरकार, रतिया में सब गिनियवा बरसात में भीग के भारी होय गयल हौ। सुखले पे तनी हल्लुक तो होबे करी!"

मजे की बात तो यह थी कि एक बार भी पुरुषोत्तम के दिमाग में किसी घपले या घालमेल का ख्याल नहीं आया। अजब ही था उसका हर आदमी पर इस तरह विश्वास कर लेना। जहाँ पढ़ने-लिखने में इतना होशियार, वहाँ इस मामले में इतना बेवकूफ! मगर यहाँ भी कुदरत के न्याय की बात हो। एक ही इनसान में हर खूबी तो नहीं हो सकती।

खैर, जो हुआ सो हुआ। मगर रुपए-पैसे के बारे में जानकारी या दिलचस्पी न रखना एक बात है, और उसे दोनों हाथों से लुटाना दूसरी। उन दिनों गोवर्धन के खानदान का सितारा उरूज पर था। महाराजा बनारस के यहाँ भी उनका उठने-बैठने, लेन देन का सिलसिला था। मगर यह सब कब तक चलता? हाल में पुरुषोत्तम में एक परेशान करने वाला अन्देशा दिखाई देने लगा था। साहित्यिक गोष्ठियों और संगीत की महफिलों पर तो वह धन बहाता ही था। लेकिन अब सुनने में आया था कि उसकी मुलाकात एक मुसलमान मोहतरमा से हो गई थी, जिस पर वह अन्धाधुन्ध सम्पत्ति लुटा रहा था...

यह साफ नहीं है कि उस औरत से उसकी मुलाकात कैसे और कहाँ हुई। मगर कुछ ही दिनों में पुरुषोत्तम उसके इश्क में दीवाना, चाक गरीबान, फटेहाल मजनू की सी सूरत बनाए फिरने लगा। गोवर्धन को खुफिया सूत्रों से पता चला कि मोहतरमा का नाम सुम्बुलबानो है, और वह बिन बाप की बेटी अपनी माँ के साथ शिवाले पर एक दोमंजिले में रहती है।

गोवर्धन का अन्दाज था कि वह जरूर कोई हसीना होगी, ऐसी सुन्दर कि उसने लड़के का यह दीवानों जैसा हाल बना दिया था। मगर तहकीकात करने वाले ने बताया कि सुन्दरी और शहजादी क्या, वह तो बेहद मामूली शक्ल सूरत, सादे

लिबास और बिना रंग-रौगन वाली शायस्ता, मगर निहायत ही घरेलू किस्म की औरत थी। उसके बारे में कोई भी ऐसी बात न थी जो कि गौरतलब हो। हाँ, चेहरे पर एक कसक जरूर थी।

"कसक?" गोवर्धन ने हैरत से पूछा। यह किस बला का नाम था? या तो औरत खूबसूरत थी या नहीं थी। यह कसक क्या चीज होती है?

फिर बताने वाला एक कदम और आगे बढ़ा। उसने कहा कि उसे मालूमात हासिल हुई है कि राय पुरुषोत्तम उस औरत के पान की गिलौरी लगाने और उसे पेश करने के नफीस अन्दाज पे फिदा हो गए हैं। वह बार-बार पान की फर्माइश करते हैं, और वह बार-बार वही जादू की गिलौरियाँ चाँदी की सीनी में रख के उनके आगे पेश करती है। उसी अपनी खास अदा से। और इस पूरी क्रिया के समय उनकी आँखें उसके सलोने चेहरे पे टिकी रहती हैं। आखिर हद होती है! पान खिलाने के अन्दाज में ऐसी क्या खासियत हो सकती है जो आदमी को दीवाना बना दे? एक अदना सी गिलौरी में ऐसा जादू?

उन कहानियों में, जो परिवार के इतिहास में किंवदन्ती बन गई हैं, राय गोवर्धन ने साल के अन्दर ही अन्दर बेटे की शादी एक अच्छे बनिया घराने की सुशील लड़की से कर डाली। कि लड़के ने इस पर जरा भी अगर मगर ना नुकुर नहीं किया, कोई ताज्जुब की बात नहीं है। वह जमाना ही फरमाबरदारी और आदेश पालन का था। बाप से बहस करना क्या, आँख में आँख डाल के बात करना ही बदतमीजी थी।

लड़के ने शादी तो कर ली। मगर सुम्बुलबानो से मुलाकातें भी जारी रहीं। यहाँ तक कि आगे चल के उसने सुम्बुलबानो से निकाह कर लिया। निकाह सम्पन्न करने के लिए उसने अपना मुसलमान नाम रखा, अब्बास हैदर। हालाँकि उसने मुसलमान धर्म पूरी तरह से कुबूल नहीं किया और जिन्दगी भर पुरुषोत्तम नारायण के नाम से ही जाना गया। फिर औसानगंज वाली कोठी का पीला कमरा खाली करवा के, उसने प्यारी सुम्बुल का उसमें रहने का इन्तजाम कर दिया। बाप के दिल को सदमा पहुँचा, मगर अपनी औलाद को उन्होंने घर से बेघर नहीं किया। बल्कि पहली बीवी निर्मला पे इन वारदात का जाने क्या असर पड़ा, कि वह अन्दर ही अन्दर घुलते हुए एक दिन चल बसी।

उस समय उसके दो छोटे बच्चे थे, प्रह्लाद और रानी, जिनकी परवरिश सुम्बुलबानो की निगरानी में होने लगी। उनके खाने-पीने, रहन-सहन, नहाने-धोने, बीमार पड़ने पर दवा, मल्हम-पट्टी, सबका जिम्मा सुम्बुलबानो बखूबी निभाती रही। घर में तरह-तरह के लजीज खाने पकते, जिसमें कभी इक्यावन, कभी एक सौ एक अंडों की जर्दी से बना हलुआ प्रह्लाद को इतना पसन्द आया कि बार-बार वह सुम्बुल अम्मा से उसी की फर्माइश करता। पूछा जा सकता है कि भला रानी ने

भी किसी चीज की फर्माइश की? दुर्भाग्य से यह भी उन्हीं बातों में से है जो किसी को याद नहीं रहीं।

मगर इन घरेलू मामलों के साथ-साथ बच्चों की तालीम तरबियत, तमीज तहजीब पर भी सुम्बुल ने पूरी तरह से तवज्जो दी। उर्दू, फारसी, संस्कृत, अंग्रेजी पढ़ाने के लिए अलग-अलग वक्त पे उस्ताद आते रहे, और इस सब का नतीजा यह हुआ कि बच्चे अपनी मिलनसारी और दानिशमन्दी के लिए पहचाने जाने लगे। उन दोनों की शायस्ता जबान नई सुबह की तरह साफ और चमकीली थी। रानी इन मामलों में भाई से ज्यादा जहीन थी। उर्दू या फारसी के किसी शेर पर एक बार नजर भर डालती, कि उसकी याददाश्त पर वह पूरी तरह से नक्श हो जाता था। हालाँकि इस सिलसिले में बात जब भी होती थी, तो प्रह्लाद का ही नाम आगे-आगे रहता था।

राय पुरुषोत्तम के एक मुसलमान परिवार के समानान्तर परछाईं की तरह से बढ़ने की बात कई बार होती है, मगर यह साफ नहीं है कि सुम्बुलबानो के अपने बच्चे थे या नहीं। इतिहास ने उन्हें याद नहीं रखा। उसने याद रखा तो सुम्बुल के हाथ से बनी उस पान की नफीस गिलौरी को। बाद में भी, बहुत बाद में, जब न राय पुरुषोत्तम रहे न उनकी दो बेगमें, वह गिलौरी सितम ढाती हुई पुश्त-दर-पुश्त खानदान में कारगर रही। ऐसी गिलौरी जो परिवार की नींव हिला दे! बार-बार वह नाजुक अदा के साथ सन्दली हाथों से उठकर, बेचैन लबों तक का सफर तय करती रही। उसकी दिलकश, वश में कर लेने वाली खुशबू परिवार की वंशावली पर छाई रही। और नई पीढ़ी की माएँ अपने जवान होते हुए बेटों को उसके खतरों से खबरदार करती रहीं।

सुम्बुलबानो की औलादें अगर थीं, तो वह गुमनाम हैं। दुनिया के कायदे कोई पुरुषोत्तम या सुम्बुल या तू या मैं या फलाने ने नहीं बनाए। जाने कब से वह सीधी और तेज धार वाली लकीर आगे को बढ़ती रही है, किसी का नाम काटती, किसी का तहरीर में सम्हालती! कौन मिटेगा और किसका नाम लिखा रह जाएगा, यह सब कौन तय करता है, आज तक पता चल पाया है?

तो बड़े कमरे की पीछे वाली दीवार पर तसवीरों की कतार में से जो आदमी तिरछी आँखों से देखता है, उसका सीना चौड़ा है। बन्द गले के कुर्ते पे सोने के बुताम, सिर पे बूटीदार रेशमी साफा। नाक लम्बी और खड़ी है। मँछों के अरण्य के नीचे होंठों का पता नहीं चलता। राय प्रह्लाद दास। उनकी तीर जैसी नजर से आँख मिला के देखनेवाला ऐसा चौंधिया जाता है कि उसकी नजर अगल-बगल की परछाइयों पर नहीं पड़ती, जिनमें से ताक रहे होते शायद शाहिद और अमजद, और मुमताज, और फरीदा और...

इस सारे उलझेरे के बावजूद, प्रह्लाद दास ही जीवित हैं। यहाँ तक कि उनकी जहीन और शिक्षित बहन, रानी भी विस्मृति के कोहरे में कहीं बिला गई है। महज

एक औरत, और वह भी ऐसी, जो अपने समय की चाल-ढाल से विपरीत, पढ़-लिख गई हो...आखिर उस समय की माँग औरतों से शिक्षा की तो थी नहीं...अमर होने की इच्छा कैसे रख सकती है?

खैर, तो राय प्रह्लाद दास। उनके बारे में बहुत सी बातें लोगों को याद हैं। इसमें ज्यादा ताज्जुब की बात भी नहीं क्योंकि उनको गए हुए अभी उतना भी वक्त नहीं हुआ है। उनके मामूली से कहीं ज्यादा ताकतवर होने की कहानियाँ आम हैं। वह इक्यावन अंडों की जर्दी के हलुए को रंग तो लाना ही था! किस तरह अपनी जवानी के दिनों में उन्होंने दो घोड़ों से खिंचने वाली बग्घी को पीछे से थाम लिया था और वह टस से मस न हो सकी। पत्थर की शहतीर जिसे उन्होंने दोनों हाथों के बीच दबाकर चकनाचूर कर दिया। लोहे की जंजीर जिसे...खैर, उनकी ताकत के किस्से तो बहुत हैं। यह किस्से लोगों को याद तो हैं, पर कुल मिलाकर वह इतने याद रखने योग्य भी नहीं हैं। वह तो कुछ और बातें हैं, जिनके लिए वह आज तक याद किए जाते हैं। उन बातों की फेहरिस्त कुछ यूँ है...

1. किसी भी काम को अंजाम देने की उनकी अद्भुत क्षमता।
2. उनकी ठंडी-ठंडी लच्छेदार बातें, जिनमें सुनने वाला फँस जाता था, जैसे मकड़े के जाल में।
3. कोठी के पच्छिमी हिस्से में बना उनका वेटिंग हॉल, जिसमें अक्सर वह विलायती साहबों के साथ उठते-बैठते और शराब पीते थे। इन बैठकों में मेमें भी शामिल होती थीं।
4. उनके घर की नौरतन चटनी और नायाब आँवले का मुरब्बा। शहर के अंग्रेज मैजिस्ट्रेट रिचर्ड व्हीलर को इस मुरब्बे के बार-बार तोहफे में दिए जाने से उसका दिमाग ठंडा रहता था। नहीं तो वह बहुत गुस्सैल था और न जाने क्या अत्याचार करता।
5. राय प्रह्लाद की फिटन गाड़ी। उसमें वह शाम को निकलते थे, तो रास्ते भर लोग झुक-झुककर उन्हें सलाम करते थे। फिटन के अलावा भी उनके पास विलायती क्राइसलर गाड़ी थी, जो रोज साबुन से धोई जाती थी, और धुलने के बाद पॉलिश से चमकाई जाती। आईने जैसी चमकती गाड़ी में अपनी शक्ल देख के राय प्रह्लाद मूँछों पर ताव देते थे। राय प्रह्लाद को गाड़ियों का बेइंतिहा शौक था, और उनके दिमाग में बहुत सी बड़ी-बड़ी चमकीली गाड़ियाँ एक-दूसरे का रास्ता काटती हुई हमेशा गुजरती रहती थीं।
6. एक बार उन्होंने हिन्दू-मुस्लिम दंगा होने से बचा लिया था। कोई उपाय नहीं था कि मोहर्रम के दौरान अदमपुरा के गोला हनुमान फाटक से गुजरता ऊँचा अलम मन्दिर के परिसर में उगे पीपल के पेड़ की डाल को

बिना छुए निकल जाए। और अलम पीपल से छुआ नहीं कि दंगा शुरू। अलम झुक नहीं सकता, और पीपल तो जहाँ था, वहाँ था। और भीड़ में ऐसे खुराफातियों की क्या कमी थी, जो इसी तरह की नोक-झोंक पे जिन्दा रहते थे। वह तो राय प्रह्लाद की सूझ-बूझ थी, जो उन्होंने वहाँ की सड़क खुदवा के नीची करवा दी। तो अलम बिना पेड़ से टकराए वहाँ से निकल गया। दंगा नहीं हुआ।

7. राय प्रह्लाद की जमीन जो उन्होंने गवर्नमेंट कालिज बनने के लिए सरकार को दे दी थी। उसके लिए उन्होंने कोई मुआवजा नहीं स्वीकार किया था।

यह बातें सब गौरतलब थीं। मगर उनके बारे में एक बात और थी जो जनता की याद से कभी मिटी नहीं। कि अंग्रेजों के सामने उन्होंने अपनी मीठी बोली और जनहित के लिए काम के मिश्रण से बनी ठंडाई इस तरह से पेश की, कि वह ऑनरेरी मैजिस्ट्रेट बना दिए गए।

4

दीया तले अँधियारा! मैं बिल्कुल निरपेक्ष हो, अपने से बाहर निकलकर, अपने किए-अनकिए, नफे-नुकसान से अलग हटकर, तकदीर की इन परछाइयों को उतरते फिसलते दूर से देखूँ, तो आज की तारीख में क्या मैं, प्रणव नारायण यह कह सकता हूँ कि अगर मैंने जिन्दगी भर कुछ नहीं किया, मैं एक सिफर से ज्यादा कुछ नहीं बना, तो यह मेरी गलती नहीं? बाप की मायूसी और माँ की परेशानी का सबब बनने की जिम्मेदारी से क्या मैं बरी हो सकता हूँ?

यह कोई गैरमामूली बात तो नहीं की ऐसी भारी-भरकम शख्सियत वाले बाप का इतना मामूली सा बेटा हो। जिसने किसी भी काम में बाप का नाम रोशन, और माँ का दिल खुश नहीं किया। इतने पुराने, उज्ज्वल परिवार की काबिलीयत की फेहरिस्त में इजाफा नहीं किया। जो मैं नहीं बन पाया, उसका मलाल मुझे क्यों हो? यही क्या कम है, कि अपने अन्दर दहकती नकारात्मक आग की लपटों में मैं भस्म नहीं हो गया।

सब लिखा था। यह तो सब लिखा था। तभी से, जब मैं दस साल का बच्चा, अपनी गणित की कापी के पन्ने फाड़ के, बाबूजी के पाइप के तम्बाकू को उसमें लपेट, इमली की छाँव में छुपकर कश लगाया करता था। हाय, उस निकम्मे तम्बाकू की दिलो दिमाग बहका देने वाली खुशबू! क्या इतना छोटा बच्चा नशेड़ी हो सकता है? और फिर बाबूजी, आप ही ने तो इसका रास्ता दिखाया। क्या आपके वेटिंग हॉल की अलमारी में हीरे की तरह चमकते कटग्लास की बोतलों में जन्नत का अम्बरीन पानी बन्द नहीं रहता था? चमकता, नाचता, अपनी गहराइयों में उतरने का नेवता देता? और वेटिंग हॉल से उठते उन कहकहों और ठहाकों का तिलिस्म! कमरे को रोशन करता हुआ वह फरेबी वेनिशियन ग्लास का झाड़-फानूस! चमक-दमक, चमक-दमक।

मेरे ऊपर जैसे किसी ने मंत्र पढ़ दिया हो। अपने आप ही खिंचता हुआ चला आता था, दरवाजे तक। रोशनी की चकाचौंध में आँखें झपकाता, वेटिंग हॉल के ऊँचे दरवाजे के पीछे छुपा, उस कमरे का मंजर निहारा करता था। पर नहीं, अन्दर

आने की हिम्मत कभी नहीं हुई। वह तो आपकी दुनिया थी, जिसमें मेरा प्रवेश निषेध था। यही समझिए कि आज भी बाहर खड़ा हूँ। फर्क बस इतना है, अब आप भी कमरे के अन्दर नहीं हैं।

आज जो मैं हूँ क्या आप सचमुच कह सकते हैं कि इसमें आपका कोई हाथ नहीं? सच है कि आपने मेरी परवरिश में कोई कमी न छोड़ी। शहजादे की तरह मैं बड़ा हुआ। मेरे लिए दुनिया की किसी भी नेमत का दाम आपको ज्यादा नहीं लगा। मैंने कहा चाँद, आपने कहा यह रहा। मैंने कहा सितारे, आपने कहा, दामन फैलाओ उँडेले देता हूँ। रुपया तो आपकी हर ठोकर से बरसता था। आपने कहा बेटा, पूरा आसमान तुम्हारा है। जहाँ चाहो उड़ो। मेरे सामने दूर दिगन्त तक फैला असीम, और उड़ने के लिए पंख नहीं! जब सब कुछ पहले से हाथ में हो, तो उड़ान कैसी?

आप बैठे रहे मेरी दुनिया पे, पहाड़ की तरह। पहाड़ के नीचे तो वादी ही हो सकती है। और वादी में परछाइयाँ। कि मैं छाया का जीव बना, इसमें ताज्जुब क्यों हो? और मेरा आसमान अब यह जमीन है। यह जमीनें, जो हमारी खानदानी मिल्कियत हैं। सच है कि यह कम हो गई हैं। सिकुड़ के अब हमारे पास चीलवाली कोठी ही बची है। पर मैंने अगर इसे नाप-नाप के दाम लगाया, तो माफ कीजिएगा, क्या मैं याद दिला सकता हूँ कि इन जमीनों में हाथ तो दादाजी पुरुषोत्तम के वक्त से ही लग गया था?

आप तो चले गए। पर क्या आप समझते हैं कि उस चिट्ठी को, जो आपने बरसों पहले मुझे लिखी थी, मैं कभी भूल पाया हूँ? वह मुझे लफ़्ज-ब-लफ़्ज याद है। जैसे बर्फ में जमी हुई हो। हमेशा के लिए महफ़ूज। और आपके जाने के बाद भी उसने मुझे चैन नहीं लेने दिया है। आपने लिखा था :

प्रणव बेटे!

यह खत मैं बड़ी बेदिली से लिख रहा हूँ। इसे मैं लिखना नहीं चाहता था। बल्कि लिखने के दौरान भी मैंने इसे कई बार फाड़ के फेंका है। मगर इसका लिख जाना ही बेहतर है। यह मैं नाराजगी में नहीं कह रहा हूँ। बेहद गमगीन दिल ले के लिखने बैठा हूँ। मुझे शिकस्त की आदत नहीं। न ही मैं उसे शाइस्तगी से कुबूल कर पाता हूँ। मेरी जिन्दगी में जद्दोजहद ज्यादा न रही हो, पर मैं भी मुश्किल रास्तों पर चला हूँ। और यह भी कह दूँ, कि चोटी तक पहुँचा हूँ। मगर मैंने जो भी रास्ते तय किए, मेरे इरादे तुम्हारे इर्द-गिर्द ही चलते रहे। तुम्हारा चेहरा हर चीज के पीछे झलकता था। तुम मेरे इकलौते बेटे हो।

कि मैं तुम्हें एक अच्छा, सफल इनसान बनाने में नाकामयाब रहा, यह ऊपरवाले की मुझ पर लानत है। मैं कब और कैसे गुमराह हुआ? गुमराह हो के भटकता रहा, और इसी भटकन के दौरान मैंने, और तुम्हारी माँ ने, एक ऐसे लड़के को पाल के बड़ा कर दिया, जिसने मेरे दिन का चैन और रात की नींद हराम कर दी। जो अपनी

माँ की ढलती उम्र के लिए सहारा बनने के बजाय उसके लिए एक बोझ बन के रह गया।

इस सबकी वजह, मुझे लगता है, शराब के लिए तुम्हारी कमजोरी है। वह तुम्हारे मुँह से ऐसी लगी है कि लाख छुड़ाए नहीं छुटती और उसने तुम्हें दिमागी, जज्बाती और रूहानी तौर पर बर्बाद कर दिया है।

अगर तुम्हें दुनियावी कामयाबी मिल भी जाती, तो भी शराब पर अपने को कुर्बान करने के बाद उसकी कोई कीमत बची न रहती।

जरूर यह सब मेरे ही पापों का फल है। इन पापों को, वह जो भी हों, धो डालने की उम्मीद मुझमें अभी बाकी है। मैं जानता हूँ कि कभी-कभी अपने को बचाने के लिए उसी चीज को अपने से दूर करना पड़ता है जो हमें सबसे अजीज होती है। इसलिए मैं तुम्हें अब अपने पास नहीं रखूँगा। मैं तुम्हें बनारस से बहुत दूर, कलकत्ता भेज रहा हूँ जहाँ मैंने तुम्हारी नौकरी की बात कर ली है। भगवान तुम्हें यह बेइंतिहा जरूरी कदम उठाने के लिए हौसला दे। इस हौसले का पता पाने के लिए तुम समझ लो कि तुम्हारा बाप मर गया है। अब तुम्हें जिन्दगी अपने बलबूते पर चलानी होगी। इस ख्याल से शायद तुममें अपने आप पर वह भरोसा पैदा हो जाए, जिसे तुम खो चुके हो। मेरी शुभकामनाएँ तुम्हारे साथ हैं।

तुम्हारा बाप,
प्रह्लाद नारायण

बाबूजी! क्या इतना आसान है कामनाओं का सफल हो जाना? ऐसा ही होता तो मैं चाँद के पार न होता? मेरी जंग, अगर मैं इतने भारी-भरकम शब्द का इस्तेमाल कर सकता हूँ, तो आपसे नहीं, अपने मन के साथ रही है। यह मन जो किसी भी एक चीज पर ठहरता नहीं। इस नकारे में ठहराव आ जाता तो जिन्दगी सँभल जाती। मगर वह तो हमेशा का मुसाफिर! हर वक्त भागा ही करता था। कहीं जा के रुकता था, तो बोतल में डूब जाने के लिए!

तो लीजिए, आपकी आँख बन्द होते ही मैं घूम-फिरकर वापिस आ गया चीलवाली कोठी! कोई हवा में उछलेगा तो धरती पर ही तो वापिस आ के गिरेगा? और जहाँ तक हौसले और भरोसे का सवाल है, वह मेरे लिए अभी तक बड़े-बड़े शब्द ही हैं। अगले सितम्बर, भगवान की मर्जी हुई तो सत्तर बरस का पूरा हो जाऊँगा, मगर इरादे अब भी वैसे ही डगमग, कमतरी का वही अहसास जो सोलह साल की कच्ची उम्र पे था! जैसे मेरे अन्दर कोई कुआँ हो जो कभी पटता नहीं।

जब मेरा मन खुद ही स्थिर नहीं, तो मैं बच्चों से क्या उम्मीद रख सकता हूँ? वे तीनों बड़े हो गए हैं। अपने को सँभाल पाने, अपना भला-बुरा समझ पाने की उम्र पर। मगर दो और एक मिला के हमेशा तीन तो नहीं बनते! कभी-कभी वह चार बन जाते हैं, और कभी ढाई ही रह जाते हैं। मेरे विक्षिप्त मन का जाने कौन सा बीज

उड़ के पहुँच गया है आदित्य के अन्दर! इकत्तीस साल पूरे कर चुका, बत्तीसवें में लग गया, फिर भी अँधेरे में कोई चिराग नहीं दिखता!

बल्कि उस के जैसा तो मैं भी नहीं था। वह ठिसियाई हुई हँसी जो उसके चेहरे पर हमेशा एक दूसरी खाल की तरह चिपकी रहती है। ठीक रहता है, तो एकदम ठीक। लगता है कोई बात ही नहीं। मगर जिन दिनों तबीयत खराब होती है, हँसता है, तो हँसता चला जाता है। और उसका बोलना! डॉक्टर बैनर्जी कहते हैं यह रोग है जिसका अंग्रेजी नाम 'बाईपोलर डिसार्डर' है। जब आदित्य बोलने के मूड में रहता है तो कोई उसे चुप नहीं करा सकता। जाने कहाँ-कहाँ की बातें उसे याद आती रहती हैं, बिल्कुल बिना सिर-पैर की। और इतना तेज बोलता है जैसे तूफान मेल हो! कभी-कभी अपने को भगवान समझने लगता है, कि सूरज चाँद सब उसी के कहने पर उगते ढलते हैं! उसी दिन, जब भयानक गर्मी थी और मैंने खिड़कियाँ खोलनी शुरू कीं, तो आ के मुझसे कहता है, "पापा! बहुत गर्मी है, न? आप घबराइए नहीं, मैं अभी सूरज को बुझाए देता हूँ!"

फिर एकदम से खुद ही बुझ जाता है। तरह-तरह के खतरे उसे घेरने लगते हैं, कि वह किसी गिरोह की नजर में आ गया है, कि एक सफेद कमीज पहने आदमी उसका पीछा कर रहा है, कि उसकी जान खतरे में है!

कल तो उसने हद ही कर दी। मेरे पास आया, चेहरा वहशत और घबराहट से बदहवास। पहले तो होंठ पे उँगली रखे बोला, "श्श...श..." फिर झुक के मेरे कान में कहा... "सी बी आई ने मेरी आँखों में कैमरा फिट कर दिया है, पापा! अब क्या करूँ? कहाँ छिपूँ?" इतनी देर तक उसे बहलाना समझाना पड़ा कि मैं खुद थक के चूर हो गया। ऐसी अजीब-अजीब बातें करता है, और कैसी भयावह कल्पनाएँ होती हैं उसकी! फिर कई महीनों के लिए चुप हो जाता है। अपने अन्दर ही किसी कमरे में लापता। बाहर नहीं निकलता है। और उसके पास कोई नहीं पहुँच सकता, उन दिनों। लीला तक नहीं। जैसे उसके मन के दो हिस्से हों, जो एक-दूसरे तक पहुँचने का ही रास्ता भूल गए हों। मगर जब ठीक रहता है तो कोई नहीं कह सकता कि यह रोगी है।

एक तरफ यह है तो दूसरी तरफ विक्रम। मुझे उसमें अपनी छवि दिखाई देती है तो मैं काँप जाता हूँ। नशे की तरफ उसका भी वही खिंचाव! इतना हसीन और तन्दुरुस्त लड़का। पढ़ने-लिखने में भी इतनी बुद्धि वाला। कहीं इसी लत पे वह भी शहीद न हो जाए। भगवान ऐसा अन्याय न करना! और मेरे पास इसका कोई इलाज भी नहीं। जब अपने ऊपर ही कोई भरोसा नहीं, तो मैं उसे किस मुँह से रोकूँ? हाँ, लीला में मुझसे कहीं ज्यादा काबिलीयत है इन बातों को सँभाल लेने की और विक्रम, शुक्र है, माँ की बात सुनता भी है, जैसे कि मैंने अपनी माँ की कभी नहीं सुनी।

इनमें से कोई अगर ठीक है तो वह है उर्मी। कुछ ज्यादा ही ठीक! होशियार, सुशील, शालीन, उसके अन्दर गुणों का भंडार है। मगर ऐसी बर्फीली! उसकी कुछ ढूँढ़ती हुई सी आँखें पर्वत के हिम जैसी साफ हैं, पर पिघलने में उतनी तेज नहीं! उसे जब गुस्सा आता है तो वह भी ठंडा। एक ठंडी, सफेद आग। अपने गुणों के प्याले को वह सधे हुए हाथ से, बड़े धीरज के साथ पकड़े रहती है कि वह छलकने न पाए!

उसकी बनावट में कहीं तो कुछ होगा, कोई दरार? कभी-कभी मेरी आँखें उसमें कोई खोट ढूँढ़ने लगती हैं! मुझ जैसे बाप की ऐसी बेटी! जैसे किसी विकृत शरीर पर एक सुन्दर अंग हो। यह मेरे अन्दर की ही कमी है जो उसमें भी कोई न कोई कमी ढूँढ़ता रहता हूँ। मगर वह पूरी तरह से अपने काबू में है। वह मुस्कुराती भी है तो मुस्कुराहट सतह के नीचे कभी नहीं उतरती। मुँह कभी जोरदार ठहाके में नहीं खुलता!

जिन्दगी की मार सबको सबक सिखला देती है, आप कहा करते थे। मुझे अब तक जीवन का काफी अनुभव हो गया है। इतने साल लग गए मुझ को, मगर धीमे-धीमे मुझको ले के आपकी मायूसी कुछ समझ में आने लगी है। और हाँ, आपकी सख्ती भी। काश मैं भी अपने में आप जैसी ताकत ढूँढ़ पाता! किस दबाव में आकर आपने मुझे वह चिट्ठी लिखी होगी, आज मुझे दिख रहा है। मन का घाव अभी नहीं भरा, पर आपके साथ हमदर्दी होने लगी है।

क्या इसी को प्रारब्ध कहते हैं? पहिया घूमकर उसी जगह फिर आ गया है। एक जगह पर आ के अटका, गोल-गोल नाचता हुआ।

5

मेंह बरस रहा है। कई साल बाद ऐसी बारिश हुई है। जमीन से आसमान तक तनी हुई पानी की एक समूची चादर। मैं तो समझा था हवाओं ने रुख बदल लिया है। अब वैसी बारिश न होगी। कई साल से यूँ ही था। बस थोड़ी सी बूँदाबाँदी, फिर वही खामोश आसमान और तरसती हुई जमीन। मगर चलो, कहर तो टूटा। और बारिश का कैसा स्वर है! जैसे धीमी आवाज में कोई बात कर रहा हो।

कोठी के पीछे वाले हिस्से में अपने कमरे में बैठा हूँ। जिसमें दाखिल होने के लिए उस गलियारे से गुजरना पड़ता है जिसके एक तरफ बाबूजी का वेटिंग हॉल हुआ करता था। कमरे में अब भी वही पत्थर की फर्श और ऊँचे दरवाजे हैं। मगर झाड़-फानूस धूल से लद गया है, और अलमारी से लीला ने कटग्लास की बोतलें हटाकर दूसरा सामान सजवा दिया है। तामचीनी के बर्तन, सुर में बजने वाली घड़ियाँ, ताम्बे के मेडल, शीशे का ताजमहल, एक अदद स्कॉटलैंड के खूबसूरत पहाड़ों की तसवीर! वह नहीं चाहती कि कोई भी ऐसे निशानात बाकी रहें जिनसे मुझे अपनी पुरानी इल्लत याद आ जाए। मेरी फिक्र करने, चाहने वाली बीवी।

मेरी फिक्र करने, चाहने वाली बीवी अभी-अभी कमरे के अन्दर दाखिल हुई है। कहती है, ''यह कंचनजंगा पर्वत की तरह हर वक्त एक जगह बैठे क्यों रहते हैं? कहीं यह गौरैयाँ बालों में घोंसला न बना लें! अब जरा उठिए, हाथ-पैर हिला के देखिए, जम तो नहीं गए!''

वाह रे लीला! इस तरह से मुझे आड़े लेती है कि मैं सकपका जाता हूँ! जवाब नहीं सूझता। मगर वह बात आसानी से जाने नहीं देती। दूसरे शब्दों में फिर दोहराती है, ''उस बेचारे सोफे ने क्या गुनाह किया है जो उसका बदन तोड़ रहे हैं?''

''उठता हूँ भाई!'' मैंने काठ जैसा एक पैर सीधा करके, उठने का अपना गम्भीर इरादा जताया।

''जरा लालबिहारी के यहाँ हो आइए। पूछिए अब घर पे क्यों नहीं आता? पहले तो जब देखो सिर पे सवार रहता था, मगर अब तो लगता है अगले जनम में

ही दर्शन देगा! उसे मूँगे का हार पिरोने को दिया था। पट्ठा उसे जाने कब से दबाए बैठा है! जा के देखिए तो?''

''यही काम हीरा भी तो कर सकता है!''

''अरे, बचे-खुचे तो जेवर हैं। हीरा की नीयत पर मुझे भरोसा नहीं। आखिर तो बेचारा गरीब है...कई बार मुझे शक हुआ है कि मेरी सन्दूकची से...''

''कैसी बात करती हो, लीला...इतना पुराना वफादार नौकर कहाँ मिलेगा?''

''मैं कोई उसपे इल्जाम थोड़ी लगा रही हूँ...मगर जमाना बुरा है...क्यों किसी को लालच का कारण दें...यह तो उसे बहकावे में डालना हुआ कि नहीं? और फिर आप थोड़ा हिल-डुल लेंगे तो घिस तो न जाएँगे!''

''अच्छा, अभी जाता हूँ।'' उसके तर्क के आगे मेरी कब चली है?

कितना चाहती है लीला मुझे! उसने बढ़ के मेरी कमीज की जेब में एक कागज का पुर्जा डाल दिया। बिना देखे मुझे मालूम है उस कागज पे क्या लिखा है। मेरा नाम और यहाँ का पूरा पता—'चीलवाली कोठी, 1886 औसानगंज।' लीला सोचती है मैं दूध पीता बच्चा हूँ, जहाँ जाऊँगा वहीं खो जाऊँगा! उसे मेरी अक्ल पे शक है। इतना बेवकूफ हूँ कि अपना पता भूल जाऊँगा, या कोई और मुसीबत आ के मुझे आड़े लेगी। कहीं सड़क पे बेहोश हो के गिर ही गया तो? अपने पतिदेव पर इतना भरोसा! वाह रे लीला, तुम्हारा भी जवाब नहीं!

वह गई तो मैं फिर सोफे पे पसर गया। लीला के आगे मेरी एक नहीं चलती। वह अगर मुझसे कहती कि कान पकड़ के उट्ठक-बैठक करो, तो मैं वह भी करने लगता! मगर चली गई तो कुछ देर साँस लेने में तो कोई हर्ज नहीं?

मेरा कमरा एक लम्बी सी बैठक है। इसके एक कोने पर लोहे के फ्रेम में गढ़ा मेरा ऊँचा सा पलंग है। पलंग के पास पीतल के पैरों वाली मेज खड़ी है। मेज का ऊपरी हिस्सा भी पीतल की एक गहरी सी सीनी का बना हुआ है। सीनी में मढ़ा हुआ बारीक फूलों का गुत्थमगुत्था, और फूलों पर मँडराती नामुमकिन पंखों वाली तितलियाँ। ''नहीं! ऐसी तितलियाँ तो हो ही नहीं सकतीं!'' मैं अपने आप से कहता हूँ। यह भी बुढ़ापे का मेवा है! मैं पूरे वक्त अपने आप से बातें किया करता हूँ। साथ-साथ हाथ भी मटकाता हूँ और आँखें नचाता हूँ! बात करने की ऐसी जरूरत पहले कभी महसूस न हुई।

एकदम से दरवाजे के पीछे कोई आहट महसूस हो रही है। आँख उठाता हूँ, पर कोई नहीं दिखता। सिर्फ कानों को सुनाई देता है। जल्दी-जल्दी चलते, लगभग भागते हुए हल्के कदम। वही लड़की होगी जो लीला ने अनाथालय से बुलवाकर यहाँ रख ली है। मीना। वह यूँ ही लुका-छिपी किया करती है। लीला को भी एक न एक नई हिमाकत सूझा करती है। कहती है मुन्ना के पास बैठने के लिए बुलवाया है। मुन्ना कब से किसी अनजान लड़की को अपने पास बर्दाश्त करने लगी है? मुझे

तो लगता है उर्मी की चुप्पी से परेशान होकर उसने अन्नपूर्णा शिशु मन्दिर से यह लड़की बुलवा के घर में रख ली है। आखिर लड़की कुछ तो बोलेगी और उसके चलते शायद उर्मी के उस बिन झरोखे वाले कमरे में भी हवा का झोंका पहुँच जाए!

जहाँ तक मुन्ना का सवाल है, वह अपनी मर्जी के खिलाफ किसी को पास फटकने नहीं देती। और छुआछूत अलग मानती है। मजाल है कि उसकी थाली में कोई खा ले या उसके प्याले में चाय पी ले? हाथ बार-बार धोने की आदत तो खैर बचपन से थी। दिन-भर में पचासों बार तो हाथ धोती थी। और अब यह आदत और भी ज्यादा हो गई है। घंटों नल खोले खड़ी हाथ रगड़ा करती है। और पीले कमरे वाले बाथरूम का नल खोल दो तो इधर के बाथरूम में पानी नहीं आता। पीला कमरा और कमरों से नीचा जो है।

ऊपर से अब नया खब्त यह है कि सिर में बालू भरा है। जब से आँख का आपरेशन हुआ है, तभी से कह रही है कि डॉक्टर ने सिर में बालू भर दिया है! हाथ तो धोया ही करती थी, अब तो जब देखो, दालान वाले नल के नीचे उकड़ूँ बैठी बाल रगड़ा करती है। कभी पानी नहीं आता तो नौकरों की आ जाती है शामत! बस वहीं जी-हुजूरी में खड़े रहो। एक जना सिर पर पानी डाले, तो दूसरा साबुन लिये हाजिर रहे। मगर खबरदार जो किसी का हाथ उसके किसी अंग से छू जाए! साबुन मलते-मलते हाथ बदन के दूसरे हिस्सों से ज्यादा सफेद हो गए हैं! भला बताओ, ऐसे शक्की मिजाज का क्या किया जाए! तभी तो ससुराल वालों से नहीं बनी। बच्चे उलट के पूछते नहीं। बड़ा भाई आखिर किस दिन काम आता? चलो, पड़ी रहे मेरे यहाँ, जब तक चाहे। मुझसे बेहतर उसे कोई नहीं जानता। आखिर तो मेरी छोटी बहन है।

नहीं, इस लड़की को यहाँ बुलवाने में लीला की और मसलहत है। मुझे मालूम है लीला को खुद बात करने की कितनी जरूरत है।

खामोश रहने में उसे न जाने कैसी छटपटाहट होती है! उसका दिल चहल-पहल के लिए तरसता है।

लड़के तो अपनी दुनिया में रहते हैं। और मैं बातचीत करने के मकसद से लीला के किसी काम का न रहा। एक लीला ही है जिससे मैं कुछ भी कह सकता हूँ, मगर जब सब कुछ कहा जा सकता है, तब शायद कहने के लिए कुछ नहीं बचता। जबकि मैं अपने आप से दिन-भर बातें किया करता हूँ! जो लोग चहल-पहल की दुनिया में रहते हैं, उनके अन्दर आवाज की कैसी भूख होती है, मैं जानता हूँ।

चलो जो भी हो, यह लड़की आ गई तो अच्छा ही है। इस भूतों के डेरे में वह बहार की ताजी हवा के झोंके की तरह है। सहन से उसके गुनगुनाने की आवाज आया करती है। कल गा रही थी,

"आयो सावन, अधिक सुहावन, बन में बोलन लागे मोर!"

वहीं, शिशु मन्दिर में सीखा होगा। नहीं जी, कोई फिल्मी गाना नहीं! शुक्र है कानों पर कंकड़ नहीं पड़ते। मगर सामने चले जाओ तो चुप हो जाती है। ऐसा नहीं कि वह शर्मीली हो। अभी यहाँ नई है, इसलिए शायद सहमी रहती है। मगर उसकी आँखों से निरी शरारत टपका करती है।

उसने इतनी जल्दी मेरी आदतों का हिसाब लगा लिया है। कि मैं चाय कब कब पीता हूँ। कि मैं नाश्ते में बस रौगनी रोटी खाता हूँ, मक्खन के साथ। और कि बिना दूसरों को खिलाए मेरा जी नहीं मानता। खुद भी नहीं खा पाता हूँ। यह मेरी जाने कैसी मजबूरी है, या इसे सनक कह लो! कोई सामने से गुजरता है तो मैं पुकारता हूँ, "बेटा, जरा इधर तो आना!" फिर अपनी रोटी का एक निवाला तोड़ के आने वाले के मुँह में डालता हूँ, अपने हिलते हुए हाथ से। हाँ, नशे की लत का यह भी एक फल है, कि हाथ कोई भी चीज उठाने में हिलता है। एक दिन उसके मुँह में निवाला दिया, तो जल्दी से खा के कहती है, "एक और!" अब मुझसे काफी खुल गई है।

और होशियार है लड़की। चटपट उसने घर के सभी रहने वालों की आदतों को समझ लिया है। सबको खुश करने में लगी रहती है। उसने यह भी देख लिया है कि हर खाने से पहले मैं पानी पीता हूँ। पहले, बाद में नहीं। उसके आने से पहले पानी माँगना पड़ता था। पर अब मेरी प्लेट के बगल में गिलास और पानी का जग रखा रहता है। और उसे मेरी इन बातों का ख्याल क्यों न हो। आखिर तो, चाहे मुझे ही इस बात को कहना पड़े, घर का स्वामी तो मैं ही हूँ? उसने मुझे पानदान के कत्थे से रंगे चिथड़े में लिपटे पान निकाल के खाते हुए देखा है। खाता हूँ, थूकता हूँ। खाता हूँ, थूकता हूँ। जाने कितनी बार। एक दिन पर्दे के पीछे से मैंने दबी हुई खिलखिलाहट सुनी थी! मगर तब वह सामने नहीं आई।

पलंग से उठकर, मैं बैठक से लगे हुए बरामदे में इस सोफे पर बैठ जाता हूँ। ऊँघा करता हूँ। और करने को है भी क्या? हरे रंग का थका हुआ, बुजुर्ग सोफा है। मेरी तरह उसका भी रंग उड़ गया है। स्प्रिंग ढीली पड़ गई है। जाड़ा गर्मी बरसात सोफा यहीं बरामदे में रखा रहता है। बारिश में बरामदे की छत टपकती है तो सोफे की जगह बदल दी जाती है। वहाँ रख दिया जाता है जहाँ की छत अभी सलामत है। वहाँ की टपकने लगती है, तो तीसरी जगह।

कल तो मीना आ के मुझसे खिलवाड़ करने लगी! बोली,

"मेशो, यह तो आपका सोफा नहीं, रेल का इंजन है! कभी इधर भागता है, कभी उधर!"

जिस चीज को एक जगह रहना चाहिए वह तो चलती फिरती रहती है, और जिसे चलना चाहिए वह एक ही जगह पर तैनात! बिना हिले-डुले मैं इस सोफे पर बैठा रहता हूँ। सोफे पर मेरे बदन की नाप का गड्ढा बन गया है। चलो, किसी चीज

पर तो अपना निशान छोड़ा! जब मैं नहीं रहूँगा, तब भी यह सोफा मेरे होने की गवाही देता रहेगा। उस पर बैठ के बाहर देखा करता हूँ।

बाहर क्या है देखने को? पीछे वाले बगीचे का उजाड़ वीराना फैला हुआ है। इस वीराने में से हरहराता हुआ धरती गान उठता है, जो कि मेढकों की ढपली और झींगुरों की सामूहिक सारंगी का बना होता है। ऐसी गुनगुनाहट! मैं इसे सुना करता हूँ, और मेरे दिल पर, मैं क्या बताऊँ, यह मलहम का काम करती है। बरसात में बगीचा जंगल हो गया है। जंगल का रंग चटकीला हरा है। इतना चटख कि आँखों में चुभता है। मगर यह जंगल कोई मामूली जंगल नहीं।

गाँजे के पेड़ हैं। आदमकद के। उनकी नशीली, उनींदी खुशबू में जरूर मिला हुआ है कोई असर सड़ती, गली हुई जड़ों का, उमस और फफूँद का। इन पेड़ों में से उठती महक का अपना वजन है। मैं गहरी साँस लेता हूँ, अन्दर तक। वह मुझे दिलासा देती है। उचटे तौर पर गाँजे के फायदों पर दिमाग जाता है; उसकी दर्द कम करने की शक्ति, सुकून देने के उसके गुण। पेड़ अपने नशे में झूमते हैं। जब पेड़ों में फूल लगते हैं तो कैसा गमकते हैं! फिर बीजों का गिरना और नए पौधों की इफरात! एक दिन तो एक पुलिसवाला सूँघता-सूँघता आ गया अन्दर। कहता है कि यह भाँग के पेड़ घर पर उगाना कानून के खिलाफ है। अब मुझे यह कानून सिखाएगा! जानता नहीं कि मैं कौन हूँ, कि बनारस में इस कोठी की क्या हैसियत है? मेरी एक झिड़की पे दफा हुआ यहाँ से, नामुराद!

हर साल लीला एक बार यह जंगल साफ करवा दिया करती थी। मगर मेरे नसीब से, सहदेव माली आजकल कम आता है। कभी-कभी हाथ इतना तंग रहता है कि हम उसकी तनख्वाह नहीं जुटा पाते। शर्म आनी चाहिए, पर मैं शुक्रगुजार हूँ! तो बरसात में यह जंगल लहलहा उठता है। पहला पेड़ सहदेव ने ही लगाया था, अपने चोरी छिप्पा इस्तेमाल के लिए। फिर मतवाली हवाओं ने मेरी चिलम भी भर दी! हजार चूहे खा के बिल्ली अब हज करने तो जा नहीं सकती! मगर जब से दिल का दौरा पड़ा है, मैं सतर्क रहता हूँ। बस कभी-कभार ही पीता हूँ, और तब भी इस बात का पूरा ख्याल रखता हूँ कि लीला रँगे हाथों न पकड़ ले! तब तो शामत ही आ जाएगी! लेकिन इसका नशा शराब के नशे जैसा नहीं है। मुझे अन्तर्मुखी बना देता है। बिल्कुल गौतम बुद्ध। दुनिया की गुत्थी सुलझाने में लगा रहता हूँ, पर सुलझती कहाँ है?

एक शाम यहीं बैठा सोच रहा था। यहाँ बैठ के बाहरी दुनिया कितनी दूर मालूम देती है। बाबूजी के वक्त से कितनी बदल गई है दुनिया। अखबार पढ़ो तो मारकाट, झगड़ा-फसाद के अलावा उसमें कुछ रहता ही नहीं है। कहीं साम्प्रदायिक दंगे, तो कहीं आतंकवादी हमले, कहीं भूचाल तो कहीं किसानों की आत्महत्या! यह क्या होता जा रहा है? यहाँ तो इसका कुछ भी पता नहीं चलता, फिर भी मैं

अपने सीने में पूरी दुनिया का दर्द भरे बैठा रहता हूँ! मगर दुनिया का दर्द मिटाने में रत्ती भर मदद नहीं करता! वह तो बाबूजी का काम था।

धीमे-धीमे बारिश हो रही है। पानी की वही फुसफुसाती हुई आवाज! बरसात की शाम की महक भी कुछ अलग तरह की होती है! शायद इस पुराने शहर के पुराने घर में बरसात सोई हुई हस्तियों को जगा देती है। और फिर वह कीड़ा है, या चिड़िया जो 'च्यूइट च्यूइट' अपनी ही भाषा में बोलता है। तभी मीना आ के पास में खड़ी हो गई। कहती है,

"मेशो! एक बात पूछूँ?" उसने मुझसे यह रिश्ता कैसे जोड़ लिया है? जरूर इसमें भी लीला की कोई कारगुजारी है!

"कौन सी बात?" मैंने कहा।

"आप यहाँ बैठ के क्या किया करते हैं?"

"चिन्तन करता हूँ, बेटा!"

"चिन्तन! वह क्या होता है?"

"सोचा करता हूँ!" मैंने कहा, जैसे कि यह कोई बड़ा भारी काम हो!

"क्या सोचते हैं?"

"दुनिया के बारे में!"

"दुनिया?" उसने आँखें बड़ी-बड़ी कर के पूछा, "दुनिया के बारे में सोचने से क्या होगा?"

मैंने कहा, "अच्छा चल! तू बहुत सवाल करती है..."

उस वक्त मुझे लगा जैसे वह एकदम से गुमसुम हो गई। जैसे वह खुद भी कुछ सोच रही हो। उसकी आँखें अद्भुत हैं...बड़ी-बड़ी और मछली के शेप की...उस वक्त लगा उसकी आँखों में छोटी-छोटी मछलियाँ तैर भी रही हैं। वह जैसे कोई और दृश्य देखने लगी, कहीं और पहुँच गई! शिशु मन्दिर की सुमिरन मट्टू ने कहा था इसे मिर्गी का हल्का असर है? लीला भी अपने सिर क्या-क्या मुसीबत मोल लेती है। जैसे कि अपने बच्चों की उलझनें कोई कम हैं! मगर चलो, लड़की जल्दी ही सामान्य हो गई। नहीं तो मेरी समझ में न आता मैं उसके साथ क्या करूँ!

वह अपनी तेज-तेज चाल से, पानी की परवाह किए बगैर, सहन पार करके सामने चली गई। लीला ने तो कहा था यह अभी सत्रह-अट्ठारह साल की ही है, मगर आँखों में कभी-कभी जाने क्या बात रहती है, कि यह अस्सी बरस की बुढ़िया मालूम देती है!

6

कभी-कभी मैं उसे चुपचाप देखा करता हूँ। वह आँगन में ताड़ के नीचे लगी पत्थर की बेंच पर बैठी, ऊपर आसमान में उड़ती चीलों को देखती रहती है। जब वह यूँ खामोश, शान्त रहती है, तब भी लगता है उसके अन्दर कोई आवेग भरा हुआ है। जैसे कि वह लबालब किसी चलती, बदलती हुई चीज से भरी है, जिसके साथ छेड़छाड़ नहीं की जा सकती। कहीं वह छलक के बाहर न बहने लगे, पारे की तरह।

यह वह नहीं है जो मालूम देती है...एक सीधी सादी, अनाथालय से आई बेसहारा लड़की। जब से वह मेरी नजर के दायरे में आई है, मैं उसकी छोटी-छोटी बातों पर गौर कर रहा हूँ।

उसमें घर में रहने वालों के प्रति संवेदनशीलता, एक तरह की भावनात्मक अक्लमन्दी है, जो अगर उसकी परिस्थितियों से उपजी है, तो मैं यह भी कह सकता हूँ, कि उसकी तरह की हर लड़की में यह नहीं होगी। मगर कभी-कभी उसके चेहरे पर एक भाव आता है, पल भर का तिरछा, मुस्कुराता हुआ भाव, जिसमें मुझे एक-दूसरे ही व्यक्ति की झलक मिलती है। तटस्थ, अपनी मौजूदा हालत से दूर, ऊपर खड़ी, जैसे वह हर छोटी-बड़ी घटना को देख रही है, अनुमान लगा रही है, शायद अन्दर ही अन्दर हम पर हँस भी रही है?

वह मुझे विस्मित करती है; मुझे यह मानने में कोई आपत्ति नहीं। मैं उसे समझने में नाकाम हूँ।

या तो वह सचमुच एक अच्छी अभिनेत्री है। कभी तो वह हँसती, गाती, फुर्ती के साथ दौड़-दौड़ के घर के काम किया करती है। मगर तब भी, मैं इस ख्याल को परे झटक नहीं पाता कि यह इसकी असली जिन्दगी नहीं; वह किन्हीं दूसरी, इस स्तर-से ऊँची चीजों के लिए बनी है। बहुत बार वह अपना दूसरा ही नक्शा पेश करती है, एक अनमना, नाराज मुखौटा चढ़ा लेती है। जैसे उसके अन्दर कुछ खौल रहा हो। क्या यह सिर्फ मूड के बदलने की ही बात है?

और इसकी यह रहस्यमयी बीमारी क्या है? अगर यह वाकई मिर्गी है, तो वह अचेत हो के कभी गिरती क्यों नहीं, हाथ-पैर पटकती क्यों नहीं, मुँह से झाग क्यों

नहीं निकलता? बस पल भर का लापता होना, यह कैसी मिर्गी है? कहीं यह भी कोई नाटक का हिस्सा न हो! लेकिन मैं यह नहीं मान पाता उसके बारे में। ऐसे मौकों पर सचमुच उसकी आँखें किसी गहरे ताल में डूब जाती हैं, उनमें काली मछलियाँ कूदने लगती हैं।

उसके आने के कुछ ही महीनों के अन्दर, लगता है हमारे विक्रम बाबू उसके आकर्षण के आगे धराशायी हो गए हैं! कल सहनची के अन्दर धीमी हँसी और खुसफुसाहट सुन के दरवाजे के पीछे से जो झाँका, तो क्या देखता हूँ, कि साहबजादे उसे लाल गुलाब पेश कर रहे हैं! हमारे गम्भीर, सौम्य विक्रम! लड़के की तो खोपड़ी ही फिर गई है। नीचे तबके के लोगों के साथ अपने उलझाव को इस हद तक ले जाना! लीला को पता चल गया तो आफत ही आ जाएगी। लेकिन इसमें लड़के की क्या गलती है। यह भी तो आखिर उसके खून में है। यही तो हम सभी ने अपने वक्त में किया है! उसके परदादा पुरुषोत्तम ने क्या ऐसी हरकत नहीं की थी? और मैं भी अपनी जवानी के दिनों में कौन कम रंगीले शाह था! लड़की कम-से-कम चंचल, चुलबुली तो है। मठूसा की तरह एक जगह बैठी तो नहीं रहती!

कल आँगन पार करके जा रहा था तो रास्ते में घुमावदार सीढ़ी पड़ी, जिसके बगल में मीना का रहने का कोना बनाया गया है। नजर उधर फेरी तो स्तब्ध रह गया। दीवार में जड़े आईने के आगे, हाथ में कैंची लिए मीना खड़ी थी। कैंची को बड़े-बड़े झटके देकर वह अपने सिर के सारे बाल काटे दे रही थी! जमीन पर, उसके चारों तरफ काले बालों के घने गुच्छे पड़े थे। कटे हुए बालों का लगभग टोकरा भर! कटने पर भी बाल विचित्र ढंग से मचलते हुए से लगे। जैसे शिकारी के हाथों मारा गया कोई जानवर, जो अभी पूरी तरह से मरा नहीं। जाने क्यों मुझे यह किसी हिंसा का दृश्य मालूम दिया! मैं हैरान, देखता रह गया। बाल तो सभी के कटते हैं, पर इस तरह? मीना के तेजी से चलते हाथों में गुस्सा था। तैश। बालों पर जरूर कोई और गुस्सा उतार रही थी।

यह किस ज्वलन्त द्वीप की निवासी है?

तभी वह पीछे मुड़ी और मुझसे पूछती है, ''मैं कैसी दिखती हूँ?'' अब मैं क्या बताऊँ!

तीन

सपना

चूल्हा चकला
चलनी चिमटा
पिंजरा पालना
फड़वा फरसा
कड़ाही कलछुल
बेलन बटकुल
खरल खुरपा
हँसली हँसुआ
डेगची ढक्कन
झाँझ झज्झर
पीपा कनिस्तर
जस्ता जंजीर
कील कड़ी
धुरमुस छड़ी
नाँद नकेल
कोई ऐसा सामान
जो न मिलता हो ?

1

बनारस शहर का भीड़-भड़क्के वाला पुराना इलाका, लोहटिया। यानी लोहे की मंडी। सड़क पे बिछी काली ईंटें सैकड़ों साल के इस्तेमाल से चिकनी और चमकदार। वह भी बिल्कुल लोहे की बनी मालूम देती हैं। इसी सड़क पे चलते चले जाओ तो पहुँचा देती थी टाउनहाल। मैदागिन। चौक। मगर उसके बहुत पहले ही, बाईं तरफ शुरू हो जाती थीं लोहे की दुकानें। एक में से एक पनपती हुई, जैसे बात के अन्दर से बात निकलती आती है। कोई ऐसा लोहे का सामान था, जो यहाँ न मिलता हो? कितनी बार नसीरुन का हाथ पकड़े-पकड़े वहाँ से गुजरी हूँ!

लोहा पिटते देखा है। कीलों को ठुँकते। टीन की चादरें काटी जाती थीं। शोर से हवा चकनाचूर हुई जाती थी। नसीरुन की ऊँची आवाज, मुझे चलती हुई सड़क से आगाह करती हुई, शोर के नीचे दब के वर्क सी पतली हो, आज सुनाई दे रही है मुझे इतने बरसों बाद भी, इस हाउसिंग सोसायटी की तीसरी मंजिल के कमरे में।

"अरे, हाथ पकड़े रहो, मीना!"

और फिर, आते-जाते किसी भी साइकिल, रिक्शेवाले से, आँखें तरेरती हुई कहती है, "तई रुक के! का मुड़िया पे चढ़ाई के मनबा का?"

लोहे की दुकानों से बस जरा सा आगे बढ़कर भोंदू हलवाई की छोटी-सी दुकान, जिसके आगे जलेबी-समोसा खाने वालों की भीड़ कभी कम नहीं होती थी। लल्लन की पर्चून की दुकान, उसके बगल में राही पतंग घर, पतंगबाजों के लिए खजाना, जहाँ हर रंग, हर आकार, हर नाम की पतंग मिल जाती थी। बुड्ढा तारा, काली डग्गा, तीन पट्टा, अँखियन, छुरियल, दो बाज, चाँदतारा, तिरंगा! जैसे सब अलग-अलग इनसान हों, अपनी-अपनी पहचान लिये! परेता, मंझा वगैरह भी वहाँ बिकता था। राही पतंग के आगे चल के भानमती का पिटारा—लिपिस्टिक पाउडर किरीम, रिबन जैसी चीजों का भंडार। बाँकेलाल टेलर्स, मसूरियादीन अत्तार। आगे से गुजर जाओ। कचौरी वाली गली पीछे छोड़ते चलो। वहीं से एक और पतली सी चालाक गली बाईं तरफ अन्दर को घूम जाती थी।

सामने ऊँची चहारदीवारी। बुलन्द फाटक। फाटक पर भारी पंजों वाली पत्थर की चीलें। तभी तो उसका नाम चीलवाली कोठी था। शोर-शराबे के दिल में बसी, खामोशी का लिबास पहने, अपनी परछाइयों में छुपाए समय की बड़ी-बड़ी फाँकें। 1857, 1947, 1965, 1971, सब आए और गए। कोठी अपनी जगह खड़ी रही। उन चीलों की आँखों देखी, कानों सुनी क्या-क्या बातें होंगी। अगर बता सकतीं तो! मैंने बड़ा फाटक अक्सर बन्द ही देखा। आम रास्ता पीछे से। लकड़ी के किवाड़ों वाले दरवाजे से, जिसकी लोहे की साँकल अपने मोटे से कीले पे मनमौजी जैसी झूल रही है।

दरवाजे से अन्दर घुसते ही मुर्गी के दरबे। मासीमा की मुर्गियाँ। मासीमा का जानवर पालने का शौक पुराना था। कुत्ता, बिल्ली, बकरी, हिरन, बत्तख, मोर, समय-समय पर सब पाल चुकी थीं। एक बार नील गाय भी! मगर यह सब तो मुझे बाद में पता चला। उन दिनों मुर्गियाँ थीं, और हाँ, एक बत्तख, हंसा! हंस जैसी ही सफेद। किसी दिन हीरा उसे रोटी देना भूल जाए तो कैं-कैं करती मासीमा के दरबार में शिकायत करने पहुँच जाती थी! मगर वह मुर्गियाँ तो हर वक्त शोर मचाया करती थीं। कोई भी दरवाजे से अन्दर आता तो उनके बीच खलबली मच जाती—इतनी तेज कुड़कुड़ाहट! आए हुए आदमी के अन्दर चले जाने के बाद भी वह 'कटकटकटकटाक!' देर तक चलती रहती। कोई सामने से बस गुजर जाए, तो वही पंखों की फड़फड़ाहट और मुर्गी भाषा में कहा-सुनी, ताने-मेने!

अन्दर चले आओ तो संकरा सा रास्ता फैल के आँगन में बदल जाता था। आँगन के चारों तरफ कमरे, जैसे कि घर पूरी दुनिया की तरफ पीठ करके अपने ही अन्दर देखता हो। कमरे दो मंजिलों पर बने हुए थे। तीसरी मंजिल पे छत थी। कैसे भूल सकती हूँ मैं, वह लोहे की गढ़ी बालकनियाँ! वह लम्बी हरी झिलमिली वाली खिड़कियाँ! नक्काशीदार झरोखे और ताक। वह चमेली की बेल से सजे सायेदार दर जो अन्दर के कमरों के ठंडा होने का आभास देते!

बनारस शहर ने ली थी अँगड़ाई और खड़ा था इक्कीसवीं सदी के दरवाजे पे। सड़कों पर अब बहुत कुछ दिख रहा था, जो अपने न बदलने में भी बदलता जा रहा था। कहाँ से आया था यह नया समय, किधर को भागा जा रहा था? जहाँ ढलुआँ सीट वाले एक-एक रिक्शे पर चार-चार, छह-छह लोग लदे बैठते, उसी के बगल से आधी गली छेकती, खरोंच खाई मोटरकारें सिकुड़ती ऐंठती, बच-बच के निकलती थीं। नए जमाने के फुलझड़ी पटाके इस पुराने शहर की आत्मा को क्या रंगीन करेंगे! यहाँ तो पहले से चहल-पहल है, ठहाके हैं, फक्कड़पन है। मगर साथ-साथ, नए जमाने के शोर-शराबे के बीच, बेबसी और निराशा भी सिर लटकाए घूमा करती हैं।

चौमुहानी पे बैठे कूबड़वाले पुराने साँड़ दादा चाहें तो सब बता सकते हैं। उनके पुरखों की हठीली आँखों से कोई बच के नहीं निकला आज तक। उन्होंने सब देखा

है। घर-गिरस्त को और साधू-सन्त को भी, सदा सुहागिन को और राँड़ बेवा को भी। दुनिया में दाखिल होते हुए असंख्य बच्चों की पहली पुकार उनके कानों में गूँजी है। मनिकंका को जाती अनगिनत अर्थियों की कतार उन्होंने देखी है! सारे उतार-चढ़ाव, सारे दाँव-पेंच जो इस शहर के हैं। चीलवाली कोठी की तरफ वह मुँह करके बैठते हैं। वह देखते आए हैं इस कोठी को, जो इक्कीसवीं सदी की तरफ पैर बढ़ाए, अट्ठारहवीं सदी में खड़ी मालूम देती है। कोठी अब ढल चुकी, मगर एक जमाने में सपने जैसी सुन्दर दिखती होगी!

सपना। सपने से सपना याद आया। मेरा बार-बार देखा हुआ वह सपना। सुबह-सुबह का। सपने में सपने सी भटकती, मैं आँगन पार करके कोठी के अन्दर वाले कमरों तक पहुँचती हूँ। सामने उगते सूरज की दिशा में गोल कमरा। पत्थर की सिल्लियों से जड़ी हुई फर्श पर परबतिया के ताड़ के पत्ते की झाड़ू की खुरच-खुरच कानों में गूँजती है। सागवान के फ्रेम में जड़े शीशों का पुराने ढंग का दरवाजा। दरवाजे पे हल्का सा धक्का देती हूँ। दरवाजा बन्द है। जाने क्यों बन्द है? उसे हमेशा खुला ही देखा है।

शीशे से अन्दर झाँकती हूँ। शीशे पर धूल की मोटी परत है। अन्दर धुँधलका है। धुँधलके में एक आकार दिखता है। साफ नहीं, पर मैं जानती हूँ वही हैं, मासीमा। मैं शीशे पर उँगली से खट-खट करती हूँ। वह ऊपर नहीं देखतीं। सिर कागज पे झुका है। कुछ लिख रही हैं। शायद चिट्ठी है। अन्तर्देशीय पत्र का नीला सा कागज धुँधलके में झलक रहा है। फिर एक बार बाईं तरफ गर्दन घुमा के देखती हैं, मेरी तरफ नहीं। दूर कमरे के पीछे वाले हिस्से की परछाइयों में, जैसे कुछ सुनती हों। फिर वापस घूम जाती हैं।

उनका ध्यान अपनी तरफ आकर्षित न कर पाने पर आगे बढ़ती हूँ। बगल वाली सहनची की तरफ। जिसकी गुलदार टाइलें राय गोवर्धनदास के समय में इटली से मँगवाई गई थीं। कमरे के अन्दर 'वेनिशियन ग्लास' का भारी झाड़-फानूस जगमगा उठा है। मगर आश्चर्य! यह भी दरवाजा बन्द। शीशे से अन्दर देख सन्न रह जाती हूँ। मासीमा को अभी-अभी गोल कमरे में छोड़ के आई हूँ, मगर वह तो यहाँ भी मौजूद हैं!

खाँ साहब आए हुए हैं। मासीमा तानपुरा लिये गाने वाले तख्त पे बैठी हैं। टूटे हुए शीशे से उनके गाने की आवाज आ रही है। बिलासखानी तोड़ी की वही बंदिश जो खेल-खेल में उन्होंने मुझे भी सिखाई थी। मगर अभी तो शाम है—और वह, जो इन बातों पे इतना ध्यान देती हैं, सुबह का राग कैसे गा रही हैं? खाँ साहब, जो उन्हें सिखाने कम, रियाज कराने ज्यादा, आते हैं, बेवकूफी से मुस्कुरा रहे हैं। सामने के दाँत टूटे हैं। शायद उनके गाने पे दाद दे रहे हैं। वह भी मुझे नहीं देखते!

तीसरा खाने का कमरा। मासीमा की तन्नाकड़ी आवाज, हीरा को कुछ बताती हुई सुनाई देती है। हीरा पीतल के बर्तन नीबू से चमका रहा है। मुझे सपने में सपने के देखने पर यकीन नहीं। आँखें कस के बन्द करती हूँ, फिर खोलती हूँ। पीछे मुड़ के देखती हूँ, तो आँगन है। आँगन में पुरानी चमेली की बेल में चहचहाती हजारों गौरैयों को वह ताली बजा-बजा के उड़ा रही हैं। यह कैसा जागता सपना है? हर जगह मासीमा एक ही वक्त पर मौजूद!

फिर मैं आँगन से लगी चोर सीढ़ी से ऊपर चढ़ रही हूँ। पतली संकरी सीढ़ी। अँधेरा घुप्प। सीढ़ी के किनारे-किनारे रस्सी बँधी है। उसे थामे चढ़ती जाती हूँ, हाँफती जाती हूँ। सीढ़ियाँ खतम होने को नहीं आतीं। एक घुमावदार मोड़ के बाद दूसरा खुल जाता है। आखिर छत। सीने से हवा का झोंका टकराता है। छत पर दोनों वक्त मिल रहे हैं। आसमान में रंग-बिरंगी पतंगें दिख रही हैं। तेजी से गुल होती हुई रोशनी में हवा के झोंके पे पतंग सड़ाक से गोता खाती है।

अब कि मुझे ताज्जुब नहीं होता। वह छत की फसील से लगी खड़ी हैं। वही ऊँचा माथा। सोचती हुई आँखें। दुनिया की सबसे खूबसूरत नाक। आज फिर वह हरे रंग का ब्लाउज पहने हैं, जिसे रज्जन मास्टर ने घर पे आ के सिया था। उनके पास आ के खड़ी होती हूँ। उनकी कलफ की हुई साड़ी फुसफुसा के कुछ कहती है। उनके इर्द-गिर्द खस के इत्र की खुशबू। खुशबू का इशारा भर।

वह एक हाथ में परेता पकड़े हैं। दूसरा हाथ पतंग का मंझा सँभाले है। इस बार उन्होंने मुझे देखा है। मैं हक्का-बक्का उन्हें ताक रही हूँ। उनके चेहरे से आँखें हटती नहीं।

"ऐसे घूर-घूर के क्या देख रही हो?" —उनकी वही हीरे की तरह तिरछी तराशी हुई, चमकीली आवाज! "क्या मेरे चेहरे पे नौटंकी हो रही है?"

"जी...जी नहीं, मासीमा!"

"तब फिर दीदे क्यों फाड़ रही हो?"

"जी...बस...!"

"अच्छा चलो, इधर आओ। लो पकड़ो यह परेता।"

"मगर...मगर मुझे तो पतंग उड़ाना आता नहीं..."

"तो सीखो, न! जब मैं कहूँ तब ढील देना।"

मैं बढ़कर हाथ में परेता पकड़ती हूँ, उँगलियाँ एकदम से फूहड़।

"कस के पकड़ रे, नहीं तो हाथ से छूट जाएगा।"

इसके पहले कि मैं कुछ बोलूँ, उनकी आवाज जोर से आती है—

"अरे, ढील दो! जल्दी से ढील दो, नहीं तो गई हाथ से पतंग!"

परेता मेरे हाथों में बेढंगेपन से नाच जाता है। दूर आसमान के समुन्दर में पतंग तेजी से डुबकी लगाती है। एकदम नीचे चली आती है। छुरियल! मासीमा का बताया नाम कहीं याददाश्त से उठता है।

"सँभालो, सँभालो उसे, नहीं तो गई तुम्हारी पतंग!" वह फिर जोर दे के कहती हैं। वह परेता मेरे हाथों से लगभग छीन लेती हैं। मंझे पर दो-तीन जोरदार झटके देती हैं। मैं देखती हूँ आसमान में तेजी से गिरता लाल चौकोर फिर नुक्ता बन जाता है।

"हवा से लड़ना सीखो, लड़की!" वह कहती हैं। "नहीं तो वह तुम्हें उड़ा ले जाएगी!"

मैं पतंग को देखती हूँ जो आसमान में फिर आसानी से तैर रही है, हवा को सफाई से काटती लाल छुरी।

एकदम से मैं हवा पे तैर गई हूँ। अमरूद का बाग पार कर लिया, जंगली केले के झुरमुट के पीछे पहुँच गई हूँ। हौज पर। हौज के पानी की सतह पर हरी-हरी काई। उसके किनारे पत्थर का चबूतरा है। चबूतरे के एक तरफ कुआँ है। कुएँ की पत्थर की जगत। किस जमाने में खुदा था यह कुआँ? किन जिन्दगियों ने अपने अँधेरे की गहराई तक खोदा था इसे? कौन-सी हवाएँ चलती थीं तब? कौन से हाथ उससे पानी खींचा करते थे? कुएँ का इतिहास खो गया है। कुआँ बचा है, गहरा और गुपचुप।

कुएँ की जगत पत्थर में ढाली हुई, थोड़ी ऊँची करके बनी हुई है। कुएँ के दो तरफ खम्बे हैं, वह भी एक ही पत्थर में से ढाले हुए। खम्बों के बीच लोहे की मोटी बल्ली, जिस पर पानी खींचने के लिए गरारी है। जगत की ढाई फुट ऊँची दीवार में एक चौकोर छेद है। छेद जाने किस तरह से बना है, उसका चढ़ते सूरज के साथ जाने क्या समझौता है, कि बारह बजे जब सूरज ऊँचाई पर होता है तब पानी पर, छेद में से होती हुई उसकी किरणें परछाइयाँ पैदा करती हैं। उस वक्त कुएँ में झाँकने पर झाँकने वाले की परछाईं साफ नजर आती है। जिसकी परछाईं न दिखे वह...अन्धविश्वास पुरानी चीजों के आसपास न जाने कैसे इकट्ठा हो जाते हैं। काल का अन्धा कुआँ।

परछाईं में उसकी आँख।

सपने में मैं कुएँ के अन्दर झाँकती हूँ। उसके किनारों की लखौरी ईंटों पर भी वही हरी-हरी काई। दूर पर पानी काली रोशनाई की तरह चमक रहा है। मैं कुएँ के अन्दर झाँक रही हूँ। अन्दर, अन्दर, अन्दर।

एक ठिकरा उठा के कुएँ में डालती हूँ। वह गया, गया, गया।

कुछ देर बाद, युगों बाद, पानी में उसके गिरने की छपाक। उसके गिरने के समय की गहराई पर पानी है।

मैं जगत पे टिकी कुएँ में झाँक रही हूँ। पानी का कैसा सम्मोहन है! सपने में मैं वहाँ नहीं। कहीं और हूँ।

पानी बुला रहा है। बुला रहा है। उसकी गहराइयों में से ऊपर देखती हुई, मैं

अपने आपको बुला रही हूँ।

सपने में कोई मेरे पास है। विक्रम। कुएँ में झाँकता हुआ। फिर मेरी तरफ मुड़ के देखता है। थोड़े आश्चर्य, थोड़ी घबराहट के साथ।

''मीना! मेरी तो परछाईं ही नहीं है! '' वह कहता है।

बार-बार देखा हुआ वही सपना।

सपने के बाहर, ''खतरनाक कुआँ है।'' लोग कहते थे, ''इसे ढक देना चाहिए।''

ढका गया। बाद में।

2

सपने के बाहर चीलवाली कोठी तक का वही रास्ता। कैसी धक्का-मुक्की है! बारिश किसी आफत की तरह शहर पर सुबह से टूटी हुई थी, शाम होते-होते कुछ देर को पानी थमा तो लगता है पूरा शहर ही सड़क पर उमड़ा हुआ है। और पानी से बचने के लिए दुकानों में लोगों की रेलम-पेल। किसी का सिर है, तो किसी की लात। कोई घुटना कोई आँख, कहीं कोहनी कहीं कन्धा! सब एक के ऊपर एक साँस ले रहे हैं। चौमुहानी पर सीमेंट की छतरी के नीचे एक ट्रैफिक पुलिस का सिपाही भीड़ को मार्गदर्शन देने की कोशिश कर रहा है। बेवकूफ कहीं का! हाथ किधर उठाता है और भीड़ किधर को बढ़ती है। बिल्कुल उलटी गंगा बह रही है!

एक रिक्शे पर किसी की अर्थी लदी है। मरने के लिए भी तो यहीं आना है! एक ठेला है जिस पर कम-से-कम छह तख्त लदे हैं। आठ जन बिठाने वाले टैम्पू में अट्ठारह लोग। काला चश्मा पहने, उलझी हुई जटा कन्धे पर लटकी, एक साधू बाबा मोटरसाइकिल पर! कबीर चौरा पहुँचते-पहुँचते सब वहीं ठप्प। पीछे से कोई चिल्लाया,

"इ का तमासा बनउले हउव? इ चौकिया कहाँ ले जात हउव? एही सड़किया मिलल हौ? देखत नाहीं कैसन जाम लागल हउव! मरे के कउनो और जगह ना मिलल का। जा कहीं अउर जा के मरा, सरऊ!"

मगर कोई कहूँ अउर जाए तो कैसे? जाम लागल हउव!

फिर देखते ही देखते जैसे किसी ने, शायद ट्रैफिक पुलिस ने ही, जादू की छड़ी घुमा दिया हो। जाम खतम! तख्त वाला ठेला जाने कब, किस गली में अन्दर घूम गया। अर्थी बिना मनिकंका जाए, शायद सीधे स्वर्ग ही पहुँच गई! और रिक्शे की नीचे को ढली हुई सीट पर बैठी, उसके हत्थे कस के थामे, अपने टीन के सन्दूक पे पैर टिकाए, मैं अपने भविष्य की तरफ बढ़ी जा रही थी। मेरी बगल में नसीरुन गठरी बनी बैठी थी। अपनी आवाज को भी शायद गठरी में बाँध लिया था। कुछ बोलती नहीं।

फिर चीलवाली कोठी का लकड़ी के मोटे पटरों वाला दरवाजा, जिसे बाद में मैंने पीछे वाला दरवाजा जाना। नसीरुन ने लोहे की साँकल पीटा। बहुत देर तक

अन्दर से कोई आहट नहीं हुई। आखिर दरवाजा खुला। दरवाजा खोलनेवाली भारी बदन और उनींदी आँखों वाली अधेड़ उम्र की औरत थी। वह हमें पत्थर की एक लम्बी सी नाँद के बगल से ले गई। नाँद में पुराना पानी जमा हुआ था, जिसमें से काई और गलती हुई घासों की महक उठ रही थी।

सामने लम्बा सा बरामदा। बरामदे की जमीन पत्थर की थी, और उसके किनारे सफेद खम्बों पर टिके कितने दर! दस या बारह रहे होंगे। और दरों को फलाँगती, एक से दूसरे से तीसरे से ले के, बरामदे के अन्त तक मधुमालती की पुरानी लता फैली हुई। इस मौसम में वह गुलाबी फूलों से लदी हुई थी। तभी मुझे कानों में घुसती एक ऊँची सी चहचहाहट का आभास हुआ और मैंने देखा कि मधुमालती में हजारों गौरैयाँ थीं। उनका एक साथ बोलना जैसे कैंची से हवा के टुकड़े-टुकड़े करके उसकी कतरनें चारों तरफ बिखेर रहा था।

दरों के बाहर खुलेपन का अहसास! मेरी निगाह पंछी की तरह उड़ गई इस खुलेपन में। बाहर की तंग गली से अन्दर घुसते ही इतने पेड़! नीम और महुआ और दूर खड़े छतनार इमली का साया। इमली के नीचे लोच खाया हुआ टीन का शेड, जिसमें एक पुरानी लम्बी-सी मोटर धूल से लदी खड़ी थी। किसी जमाने में चलती रही होगी, पर अभी तो लगता था वह वहीं जमीन में गड़ी हुई है। एकदम सन्नाटा था। गली और उसका शोर कहाँ गायब हो गए थे? अन्दर आ के तो वह सब एक भरम मालूम देता था। यहाँ तो बस चिड़ियों की चहचहाहट थी!

बरामदे में सामने ही एक तख्त बिछा हुआ। उसपे सफेद चादर और गावतकिया। मगर कोई आगे-पीछे दिखा नहीं। लम्बे बरामदे के एकदम आखिर में नहानघर बना हुआ था, जिसमें की बड़ी काली टंकी में से पानी टप-टप टपक रहा था। एक बूढ़ी नौकरानी, सफेद बाल और मटमैली सी धोती पहने, एकदम से टंकी के पीछे से निकल के, सामने से चुपचाप चली गई। बरामदा जहाँ खतम हुआ, वहाँ बाईं तरफ घूम के एक चबूतरा दिखाई दिया।

चबूतरा था कि नाटक का मंच! उस पर अजीब सीन चल रहा था। एक नौजवान था, अट्ठाइस तीस साल का पूरा आदमी लगभग। हट्टा-कट्टा, गोरा-चिट्टा। कुर्सी पे बैठा हुआ। मगर उसके बारे में कुछ था, कह नहीं सकती क्या, कि लगता था कोई बात है, सब कुछ ठीक नहीं। जाने कैसे पता चलता है कि उसके साथ सब ठीक नहीं? चेहरे पर से कुछ गायब है, कोई चीज जो उस पर नहीं है। बस एक अजीब सी हँसी बराबर उसके चेहरे पर है।

उसके सामने कई लोग, शायद घर की मालकिन, जिन्हें बाद में मैंने मासीमा जाना, और करीब मेरी ही उम्र की एक लड़की, उनकी बेटी होगी। एक दूसरा लड़का जिसकी शक्ल लड़की से बहुत मिलती थी, और बाद में पता चला उसका भाई विक्रम है। सब चबूतरे पे आगे-पीछे दौड़-दौड़ के "हट! हट!

भाग! हुश! हुश!'' चिल्ला रहे थे। वे सब मिल के किस चीज को भगा रहे थे, दिखा तो नहीं।

सामने खेले जाते सीन पर आँखें ऐसी चिपकीं कि जमीन को ताक के चलना ही भूल गई।

''अरे जरा देख के चलो, बिटिया!'' वह औरत जो हमें यहाँ तक ले के आई थी, बोली।

''आज सुबह-सुबह उर्मी बिटिया बनउलिन हैं और देखो तुमने क्या किया! उसमें पैर धर दिया न?''

तब मैंने चौंक के नीचे देखा। पंख फैलाए हुए मोर की डिजाइन में जमीन पर सुन्दर अल्पना बनी हुई थी। और लो, आते ही साथ मैंने अपना हाथी पाँव उसमें धर दिया! मुझे लगा मोर की मरी हुई आँख में शिकायत है। ''उर्मी?'' मैंने उस लड़की की तरफ उँगली दिखाते हुए पूछा, ''क्या वही है उर्मी?'' औरत ने सिर हिलाकर हामी भरी, फिर होंठ भींच लिए और आगे कुछ न बोली।

बोलने की जरूरत भी नहीं थी, क्योंकि इतने में अल्पना की कलाकार खुद आ के मेरे सामने खड़ी हो गई। उर्मी। तो यही है उर्मी। चिकन का कलफ किया हुआ पीला सलवार कुर्ता, अच्छी-खासी मोटी, भूरे-भूरे से घुंघराले बाल माथे से पीछे ले जाकर सफेद रिबन से बँधे हुए। कंजी आँखें, जो अब मेरे चेहरे पे टिकी एकटक मुझे निहार रही थीं। एक ठंडी सी परखती हुई निगाह, जिसके अन्दर जा के मैंने अपने आपको देखा...अनाथालय से आई यह फटीचर लड़की; फीका नीले रंग का कुर्ता, सफेद दुपट्टा और सलवार, टहनी जैसे हाथ-पैर और बड़ी-बड़ी जंगली आँखें!

फिर बोली, तो उसकी सँभली हुई आवाज के पीछे गुस्सा था, ''न हड़बड़ा के चलो न भहरा के गिरो! पूरा दिन लग गया था मुझे, इसको बनाने में! सारी मेहनत पे पानी फेर दिया! अँधी हो, क्या?'' इसके पहले कि मैं कुछ बोलती, वह औरत जो हमें अन्दर ले के आई थी बोली,

''सरकार, यह लोग गोदौलिया से आए हैं।''

तब 'सरकार' ने हमारी तरफ घूम के, मुझे ऊपर से नीचे तक देखा। जैसे उन्होंने मुझे देखा, वैसे ही मैंने भी उन्हें देखा। अधेड़, चेहरे से रोब छलकता हुआ! यह थीं लीला नारायण, जिन्हें नौकर-चाकर रानी बीबी कहते थे या फिर सरकार। मगर शुरू से ही उन्होंने मुझसे कहा कि मैं उन्हें मासीमा कहूँ। और उनके पति, यानी राय प्रणव नारायण को मेशो, क्योंकि अपनी जवानी के दिन कलकत्ता में बिताने के कारण वह 'आधे बंगाली' हो गए थे। बाद में पता चला कि घर में मासीमा का ही हुकुम चलता है। जो कह दें वही होगा।

अभी वह उर्मी से बोलीं, ''अरे, अरे उर्मी! कैसे बात कर रही हो? देखा नहीं बेचारी ने! घर में आए महमान से ऐसे पेश आते हैं?''

फिर मुझे ठीक से देख लीं तो बोलीं, ''तुम तो बिल्कुल हड्डी चमड़ा हो! चेहरे पर आँख ही आँख तो बस दिखती है! तुम डायेट तो नहीं कर रहीं? क्या नाम है, बेटा?''

''जी नहीं...मेरा मतलब है...जी मीनाक्षी!''

''मीनाक्षी! अच्छा, बताओ अपने नाम का मतलब भी जानती हो?''

मेरे बोलने का इन्तजार किए बगैर वह बोलीं, ''मीनाक्षी माने मछली जैसी आँखों वाली! बताओ, वहाँ कुछ पढ़ाया भी जाता था?''

''जी, हाई स्कूल की परीक्षा पास कर चुकी हूँ।''

''हाई स्कूल, बस? तुम्हारी उम्र तो ज्यादा है! अट्ठारह की तो होगी? बोलो, इंग्लिश पढ़ा है?''

मैंने कहा, ''समझ तो लेती हूँ थोड़ा-थोड़ा, मगर बोलना नहीं आता!''

''अच्छा? शक्ल से तो बड़ी फर्राटा लगती हो! चलो, मैं ही तुम्हें इंग्लिश सिखाने की कोशिश करूँगी। अगर ज्यादा मूर्ख नहीं निकलीं तो जल्दी आ जाएगी। आज की दुनिया में भला इसके बगैर गुजारा होगा?''

''वहाँ हम लोग को कपड़े सीना सिखाया जाता था। संगीत मास्टर साहब आते थे, गाना सिखाने...''

''अच्छा? काफी तेज तर्रार मालूम देती हो!''

तब मैंने देखा कि कुर्सी पे बैठा नौजवान मुझे ही घूरे जा रहा है।

उन्होंने भी देखा कि वह मुझे ताक रहा है। उससे बोलीं, ''आदित्य, तुम अन्दर चलो, मैं अभी आई।''

दूसरा भाई, जो कुछ देर पहले तक वहीं खड़ा सारी बातें सुन रहा था, न जाने कब वहाँ से गायब हो गया था।

फिर अपनी बेटी से बोलीं, ''उर्मी, यही है वह अन्नपूर्णा शिशु मन्दिर वाली लड़की जिसके बारे में मैंने तुम्हें बताया था!'' उर्मी ने इसका कोई जवाब नहीं दिया। गर्दन टेढ़ी किए एक चिड़चिड़ी सी खामोशी में वहीं खड़ी रही। फिर पलट के अन्दर चली गई। उसकी अल्पना पर पैर रखने के लिए शायद उसने मुझे माफ नहीं किया था। मेरा बहुत मन किया कि पूछूँ आप लोग अभी-अभी क्या कर रहे थे, किस चीज को भगा रहे थे! पर मुँह तक बात न आ सकी।

अच्छा ही हुआ क्योंकि बाद में पता चला कि आदित्य को तरह-तरह के वहम हुआ करते हैं। इन वहमों के बारे में कोई भी सवाल करना कतई मना था। पता चला कि उन्हें कभी लगता है चाकू ले के कोई उनका पीछा कर रहा है, तो कभी वह किसी गिरोह की नजर में आ गए हैं, तो कभी कोई खतरनाक जानवर उन पर घात लगाए है। जिस दिन मैं आई थी उस वक्त भी उन्हें लग रहा था कि कई बिल्लियाँ उनके चारों तरफ घेरा बाँध रही हैं। यहाँ कोई बिल्ली-विल्ली नहीं है!

बहुत समझाने पर भी उनका डर दूर नहीं हुआ।

यह एक मानसिक बीमारी थी और उसके लिए इलाज जारी था। मगर दुलारी (जो हमें अन्दर ले के आई थी) पच्चीस साल से इस घर में काम करती आई थी और उन तीनों जन को पाल चुकी थी, हर चीज पर अपनी राय रखती थी।

''हुँह!'' उसने नथुनों से साँस छोड़ी, ''अरे कौउनो बीमारी उमारी न हो, हर बखत टी.वी. के आगे पसरल रहियन त का होई। परदा पर त न जाने कौउन-कौउन नौटंकी देखावेला!''

मगर यह तो बाद में, जब वह मुझसे ज्यादा बोलने लगी थी, तब। उस दिन तो थोड़ी देर बाद दुलारी ने पूछा कि ''रानी बीबी, हमार काम न हो त हम जाई? धोवे खातिर मुनीमा की धोतीया भिगौले हई!''

''नहीं, ठहरो, इसे भी लेती जाओ। यह लड़की अब से यहीं रहेगी!''

दुलारी ने मुझे ऊपर से नीचे तक ताका और थोड़ा नाक सिकोड़कर बोली, ''अच्छा? तो इसका का करे का हई?''

''इसे रसोई में ले जा के नाश्ता पानी करवाओ। यह बहुत भूखी लगती है! सामान गोल सीढ़ी के नीचे रखवा दो। अभी इसके रहने का कुछ इन्तजाम करवाती हूँ।''

फिर नसीरुन को वह विदा करने लगीं। नसीरुन सलाम करके जाने लगी तो वह उसकी पीठ से चिल्ला के बोलीं,

''जा के सुमिरन मैडम से कह देना लड़की ठीक से पहुँच गई, मैं बाद में फोन करूँगी!''

3

कोठी में आने के काफी दिनों बाद तक मैं जगह की आदी नहीं हो पाई। रात को जल्दी ही सोने चली जाती। एक तो जगह का अजनबीपन, फिर बरसात के दिन भी यूँ ही हुआ करते थे, उनींदे से। शाम से ही, रसोई के सामने वाले बरामदे में जहाँ टिमटिमाता हुआ पीला बल्ब जलता था, ढेरों पतिंगे रोशनी की तरफ खिंचते हुए चले आते थे। देर तक बत्ती जलाए रखना मुश्किल हो जाता था। मेरी समझ में नहीं आता कि मैं क्या करूँ। इतना बड़ा घर। इधर से उधर चलना ही कुछ करने जैसा लगता। जाने कब मेरे पैर जैसे अपनी मर्जी से, मसहरी की तरफ घूम जाते।

ऐसा तो नहीं रहा होगा कि मुझे शिशु मन्दिर की याद एक बार भी सताई होगी। वहाँ मेरे पास सुखों का कोई खजाना तो था नहीं! पर मैं यह कह सकती हूँ कि कई-कई बार अपनी मसहरी के अन्दर, अकेली रातों में मेरी आँखों के सामने कभी नीता, कभी शीलू, फिर मरी हुई सोमैया का चेहरा जरूर घूमा। अन्नपूर्णा शिशु मन्दिर में रहते हुए हममें जितनी भी खींचातानी रही हो, फिर भी हम एक-दूसरे के साथ भूख और गन्दगी और अँधेरी रातों के मजबूत धागों से बँधे थे।

''चली जाओगी तो हमसे मिलने आया करोगी न?''

''हाँ।''

''प्रौमिस?''

''प्रौमिस!''

गोल घूमने वाली सीढ़ी के नीचे एक बहुत बड़ी-सी अलमारी थी, लगभग एक छोटे कमरे के बराबर। उसके एक कोने में मेरा थोड़ा सा सामान अजनबी जगह में खोये हुए छोटे बच्चे की सी हैरानी लिए पड़ा रहता। उसी के बगल में गर्मी और बरसात की रातों में मेरा बिस्तर लगता था। मेरे पलंग के ठीक ऊपर छत में पंखा लटका था, सिन्नी पंखा जो फुल स्पीड में ही चलता था; उसे धीमा करना चाहो तो रुक जाता था। चलता तो चूँ-खचर चूँ-खचर की आवाज आती। दुलारी दाई (जिसे मासीमा दुलरिया कहती थीं) कुछ दूर पर सोती थी। और सोती भी थी, तो क्या घोड़े बेच के! उसके गगनभेदी खर्राटे माहौल को हिला के रख देते।

"वाह!" मासीमा ने छूटते ही, आँखों में शरारत भर के कहा, "जरूर यह सपने में मोटरसाईकिल पे सवार है!"

और यह तब, जब उसकी खटिया के ऊपर पंखा नहीं था। वह आँगन में खुलते हुए दर के पास रहती थी।

दर के बगल में हाथी कान वाली बेल थी। लता कितनी तेजी से बढ़ती थी! लगता था जैसे पल भर को उसपे से आँख हटाई, कि बाहर को ढकेलते उसके हाथ-पैर एकाध फुट और लम्बे हो गए! रात वह मेरे सपनों में आती थी, मुझे लपेटती, दम घोंटती और मैं दबी हुई चीख के साथ उठ जाती। बाद में मासीमा ने बताया वह अफ्रीका के घने जंगल से आई है और उसका नाम ऐल्जीरिया है। तो इतनी तेजी से आगे को फलाँगती क्यों वह अफ्रीका वापिस पहुँचना चाहती थी? ऐसी डरावनी बेल का इतना सुन्दर नाम!

जाने क्या बात थी, शायद वहाँ की सभी चीज का मेरे लिए नयापन, कि अक्सर मैं रात के दो-ढाई बजे जग जाती और अपने बिस्तर पर चुपचाप आँखें खोले पड़ी सवेरा होने का इन्तजार करती रहती। दोबारा नींद नहीं आती थी। सारा घर सोता रहता था। एक मैं जागती हुई।

मुझे रात के सन्नाटे में दरवाजे खुलते बन्द होते सुनाई देते। लगता जैसे घर की रोजमर्रा की जिन्दगी के नीचे-नीचे कुछ हो रहा है, कोई खेल खेला जा रहा है, जिसका पता बाद में चलेगा। कभी लगता फाटक पे आ के कोई गाड़ी रुकी है। फिर बातचीत की आवाज। इतनी रात गए कौन बात करेगा? एक बार हिम्मत जुटा के बिस्तर से उठी और आवाज की दिशा में चलती हुई बड़े फाटक पे पहुँची। फाटक बन्द था, फिर भी उनके नीचे से और दोनों पल्लों के बीच से रोशनी की एक पतली सी धार अन्दर आ रही थी।

मेरे कानों ने झूठ नहीं सुना था। एक गाड़ी सचमुच फाटक पे आ के रुकी थी। फिर जंग खाए फाटक के खुलने की किरकिराती हुई आवाज आई और फाटक के बाहर धीमी आवाजों में बातें। खुले हुए फाटक में से एक परछाईं अन्दर दाखिल हुई। फाटक से अन्दर आती हुई रोशनी में उसने अपने पैर डुबोये, जैसे पानी के तालाब में। वह रोशनी के घेर में इतनी देर रुकी कि मैंने उन्हें पहचान लिया। आदित्य! इतनी रात गए वह कहाँ से हो के लौट रहे थे?

कुछ दिनों से उनकी तबीयत ठीक चल रही थी। वह दवाएँ जो उनकी घबराहट और डर को दबाने के लिए दी जाती थीं अब बन्द कर दी गई थीं। उनमें फर्क आया था। मासीमा ने कहा कि नए डॉक्टर का हाथ अच्छा है। आजकल वह ठीक ठाक ही दिखते थे। फिर भी, मैंने उन्हें बाहर जाते कम देखा था। अब बाहर गाड़ी स्टार्ट होने की आवाज आई और सन्नाटा दोबारा पसर गया। फिर वह फाटक से घर को जाती सड़क के किनारे पर पहुँचे। तभी किनारे लगी झाड़ी के पीछे से कोई

निकला और उनके साथ-साथ चलने लगा। दोनों पास आ गए तो देखा कि यह तो हीरा है।

आदित्य की बाँह पकड़कर वह धीमे-धीमे चलने लगा, और भोर की खामोशी में उसकी आवाज मुझे साफ सुनाई दी,

"भैया, आप फिर अकेले रात में निकल गए! रानी बीबी ने मना किया है, न? मैंने कहा था मुझे साथ ले लिया कीजिए!" फिर आदित्य की गुर्राहट, "हाँ, हाँ, मुझे पागल कुत्ते ने तो काटा है, जो तुम्हें साथ ले जाऊँ...जिसमें कि तुम माँ से जा के जासूसी करो और पूरी दास्तान उगल दो!"

"अरे भैया, कैसी बात करते हैं! आपके सिर की कसम, मैं चूँ नहीं करूँगा! मगर हम गरीबन का भी तो खियाल करें, सरकार!"

"देखो, मेरे सिर की कसम तो तुम खाओ मत! झूठ तुम बोलो, और आए मेरे सिर पे!"

"अरे सरकार! आपको मेरी कसम, मैं कुछ नहीं कहूँगा, बस यह पापी पेट सारी बातें उगलवा न दे!"

"अच्छा, अच्छा, अब ज्यादा मत बको! उतना ही पैर फैलाओ जितनी लम्बी चादर है। जानते नहीं मैं कौन हूँ?"

"जानता काहे नहीं, सरकार! आप ही तो हमारे माईबाप हैं। तभी तो कहता हूँ कि पूरा हफ्ता सूखा निकल गया। आप की किरपा हो तो...और फिर उसी दिन तो मालकिन पूछ रही थीं कि बड़के सरकार के वक्त का वह मीनाकारी वाला हुक्का कहाँ रखवाया गया है। फिर उसी के चलते उन्हें वह नक्काशी वाला पानदान भी याद आ गया जिसे आपने सामन्त को बेचा था...कहने लगीं, इसी वक्त ला के दिखाओ! मैंने बात आँय-बाँय कर दी! मगर अगली बार कहीं फिर पूछ बैठीं तो...आखिर कब तक उनकी बात टालूँगा?"

आदित्य बोले, "अच्छा ठीक है, ठीक है, यह लो! तुम भी क्या याद करोगे! आज हुक्के के लिए अच्छा दाम मिल गया। मगर ध्यान रखना, माँ को कुछ न पता चले।"

"आपकी कोठी बनी रहे सरकार! उन्हें कानोकान खबर न होने दूँगा।"

कोठी के सिरे से मुर्गे ने बाँग दी। पौ फट रही थी। मैंने पूरब की तरफ आँखें उठाईं तो देखा आसमान पर फैले हुए अँधेरे में माचिस की तीली सी सुलग रही है। कोठी के सामने के खुले मैदान में उजियारा धीमे-धीमे उतर रहा था। हीरा आदित्य के साथ आहिस्ता-आहिस्ता चला आ रहा था। अब दोनों खामोश थे।

एकदम करीब आ गए तो हीरा मुझे देख के जरा चौंका और उसने हाथ के इशारे से मुझसे वहाँ से हट जाने के लिए कहा। पर इसके पहले कि मैं वहाँ से

हटती, आदित्य की आँखें मुझ पर पड़ीं। उनकी आँखों में महीन से लाल डोरे थे। उन्होंने एक लम्बी नजर मुझ पर डाली और उस वक्त उनकी आँखों में जाने क्या था, कि मुझे लगा दुलारी ठीक ही कहती है। इन्हें कोई बीमारी नहीं। इनकी आँखों में तो चालाकी भरी हुई है।

उन रातों में आवाज़ें बहुत जोर से सुनाई देती थीं। चबूतरे के बगल में खड़े आँवले के पेड़ पर अजीब-सी चिड़िया चीखती थी। और बरसाती रात में मेढक अपनी पूरी ताकत से टर्राते थे; रात उन्हीं के शोर से भर जाती।

गोल सीढ़ी के बगल से जाते गलियारे की दीवारों के पीछे चूहों ने सुरंगों का जाल बिछा रखा था। मेरी अलमारी की बगल से, पत्थर की फर्श पर सरपट भागते, वह मेरे पलंग के अगल-बगल से बड़े आराम से निकल जाते। पीछे वाली दीवार गली से लगी हुई थी। उसमें से चौड़े नाबदे गली में खुलते थे जो कि चूहों के लिए हाइवे बने हुए थे। वहीं से उनके आने-जाने का सिलसिला कायम रहता था। दीवारों के पीछे बसी यह दुनिया रात के वक्त जाग जाती थी। इशारों और खुसफुसाहट की लय पर चलती, वह मेरी निगाह से दूर रहती थी पर कुलबुलाने, फुदकने और कुतरने की अलग-अलग आवाजों से माहौल भर जाता था। आँगन के किनारे खड़े ताड़ के पत्ते खड़खड़ाते। हर तरफ साये हिलते हुए मालूम देते और हर आहट के पीछे लगता कोई राज छुपा है! जैसे-जैसे सुबह होती, दीवारों के पीछे की कुलबुलाती-कसमसाती दुनिया पर खामोशी छा जाती। मुझे लगता कि सारे चूहे (या चूहे की जान में छुपे भूत!) रात भर कूद-फाँद मचाने के बाद नींद से बेहाल हो चले हैं, और सब एक साथ सो गए हैं। एक के ऊपर एक सिर रखे, दुम को गोले की शक्ल में समेटे!

इस दुनिया का सोना इनसानों की दुनिया के जागने का इशारा होता।

4

जैतपुरा की मस्जिद से सुबह की अजान हवा पर लड़खड़ाती कोठी के अन्दर दाखिल होती। फिर बकराबाद में जुलाहों की बस्ती से मीलाद की आवाज, *'या हबीब सलाम अलयका, या रसूल सलाम अलयका!'* उसके बाद जैसे वह सुर कबीर चौरा के मन्दिर के सोते हुए सुरों को जगा देते, और वहाँ से मजीरे की आवाज के साथ-साथ *'माँ तुम्हीं वैष्णवी, तुम्हीं रुद्रानी, तुम्हीं शारदा और ब्रह्माणी...!'* शुरू होता। कचौरी गली खाँसती-खँखारती जग जाती। फेरीवाला जामुन बेचता हुआ आठ बजे गली से गुजरता था। उसकी सुरीली आवाज चहारदीवारी फलाँगती हुई, रसोई के सामने चबूतरे पर आ के चमकदार रिबन की तरह लहराती, *'काली है कल्लो है, हमसे भी काली है तुमसे भी काली है, जामुन निराली है!'*

तब मासीमा दुलारी को भेजतीं कि जाए जामुन वाले को बुला लाए। और फिर दुलरिया की मठर-मठर चाल देख के कहने से नहीं चूकतीं, "अरे जल्दी चल, मेरी माँ! बेचारी डरती है पेट का पानी कहीं छलक न जाए! जब तक पहुँचोगी, वह आगे निकल जाएगा!"

फिर नमक के साथ बड़े से प्याले में उछाली हुई फूल के कुप्पा जामुन नाश्ते में मिलती! घर में नाश्ते का कोई समय बँधा हुआ नहीं था, जैसा कि दिन के खाने का दोपहर एक बजे और रात का नौ बजे तय था। सब वहीं ढककर मेज पर रख दिया जाता कि जो जब चाहे खा ले। मेशो का नाश्ता मासीमा अक्सर मेरे हाथ उनके पीछे वाले कमरे में भिजवातीं।

मुनीमा का तख्त आँगन में, दर के पास रोज लगाया जाता था। उसपे झकाझक सफेद चादर, सफेद ही गावतकिया भी। मुनीमा को सफाई की सनक थी। उनकी हर चीज कई-कई बार धुलती थी। धोबी के धोए हुए कपड़े में उन्हें बकरी की मेंगनी की बू आती। वह घर पे दोबारा डुबकी लगाते थे। पहले वह कपड़े खुद भिगो दिया करती थीं, फिर आँख के ऑपरेशन के बाद, जब आगे झुकना मना हो गया तो दुलारी डिटॉल के पानी में कपड़ों को धोने लगी।

अपने आने के पहले ही दिन से पता चल गया कि मुनीमा छुआछूत मानती हैं!

मगर इसमें मुझे बुरा मानने की कोई जरूरत नहीं। क्योंकि वह हर चीज से ही अपने को दूर रखती थीं। दिन में दसियों बार तो हाथ धोती थीं और फिर उन्हें सुखाने के लिए कोई तौलिया, कपड़ा कुछ नहीं। उन्हें हवा में हिला-हिला के सुखाती थीं। मगर उनको छुए बगैर अगर मैं कोई काम कर सकती थी, तो मुझसे अपना काम करवाने में उन्हें कोई परेशानी नहीं।

मुझसे बोलीं, ''ए लड़की, जरा सिर पे पानी तो डाल! देख कितना बालू बालों में फँसा हुआ है!''

मुनीमा के चाँदी जैसे चमकते सफेद बालों में पानी की धार चाँदी सी चमकी। वह बालों को रगड़ती जाती हैं, घिसती जाती हैं, बालू साफ होने को नहीं आता। वह तो आँखवाला काँइया डॉक्टर था, जिसने सिर में मन भर बालू भर दिया है!

ऐसा नहीं था कि घर में कम लोग हों। मुनीमा को मिला के, परिवार के सात लोग तो घर में थे ही। शिशु मन्दिर से मैं आ गई, तो मेरी भी गिनती घर में रहने वालों में होने लगी थी। दुलारी घर के अन्दर का काम करती थी, हीरा बाजार हाट का। एकाध लड़के, जो घर के पुराने नौकरों के बच्चे थे, घर में मौजूद रहा करते थे। कभी-कभी वह पुराने नौकर खुद आ जाते थे। जैसे कि सम्पत, जो पांडेपुर में अपने घर से सत्तू और बताशा लेकर हर बरसात में जरूर आता था। फिर छटंकी था, जिसका बचपन का यह नाम अब तक चल रहा था जब वह ढपोंगड़ आदमी बन चुका था।

छटंकी के बारे में ऐसा था, न जाने कितना सच कितना झूठ, कि उसके दूर बचपन के दिनों में, उसे कोठी में रखा गया था उसके करीब-करीब एकदम गोल सिर की वजह से। उसका सिर एक इस्तेमाल की चीज था, जिस पर आते-जाते में कोठी के मालिकों को तड़ी लगाने का मजा मिलता था। उसका बचपन पीछे दूर छूट चुका था, और न ही अब उसे कोई तड़ी लगाता था, मगर शिकार बन जाने की फिकर उस पर अब भी किसी चील की तरह मँडराया करती थी। दिन-भर वह कोठी में उन कभी भी पड़ जाने वाली तड़ियों से बचने के लिए लट्टू की तरह नाचा करता था। बात-बात पे घबराहट से उछल जाता। न जाने कोठी छोड़ के कभी गया क्यों नहीं।

इन नौकरों के अलावा, परबतिया की अम्मा घर में झाड़ू देने आती थी। अन्दर कमरों में परबतिया की माँ, और बाहर के एहाते में रजुआ, उसका बेटा। एक तैरती हुई आबादी घर के अन्दर-बाहर अलग-अलग समय पर बहती रहती थी, जिसका कभी न कभी कोठी से वास्ता रहा था। उस पुरानी डोर से बँधे हुए यह लोग अब भी जब-तब आ जाते थे। अच्छी-खासी चहल-पहल रहती थी। घर में जितने लोग दिखते थे, उनकी गिनती तो थी ही, मगर उनके अलावा बहुत से लोग वहाँ टहला करते थे जो कभी दिखते नहीं थे, मगर थे।

मुनीमा के पास बैठती हूँ तो वह इन लोगों के बारे में बताती हैं जो बाबा आदम के जमाने से यहाँ रहते चले आ रहे हैं। मुनीमा कहती हैं, बाबा आदम के जमाने की इस कोठी की औरतें बिना आवाज की थीं। वह बिना शोर किए, बड़े से परात में मिले हुए दाल और चावल में से दाल अलग करती थीं, चावल अलग। दाल अलग, चावल अलग। जब वह दाल और चावल अलग-अलग कर चुकती थीं, तो वह फिर मिला दिया जाता था। कभी-कभी चावल में कई तरह की दालें मिला दी जाती थीं। औरतें फिर चुपचाप, बड़े जतन से उन्हें अलग-अलग करने में जुट जाती थीं। उड़द अलग, अरहर अलग, मूँग अलग, चावल अलग।

मुझे तो अलग-अलग दाल पहचानना भी नहीं आता! मगर मुनीमा कहती हैं कि इसमें दाल और चावल का सवाल नहीं था। बहुत सी बड़ी-बड़ी बातों का था। भारी-भरकम बातें। जैसे अनुशासन। धीरज। ध्यान। अनुशासन और धीरज ले के कोई पैदा थोड़ी होता है। उसे सीखना पड़ता है। मुनीमा ने कहा कि औरतें धीरज और अनुशासन खो बैठें, तो घर तहस-नहस नहीं हो जाएगा? दुनिया अपनी धुरी पे घूमना भूल जाएगी! सब कुछ धरा का धरा रह जाएगा। सारा कारोबार ठप्प।

ओफ्फो! इधर यह औरतें चुनिया बिनिया करने में लगी रहीं, उधर चिड़ियन चुग गईं खेत! न पढ़ना न लिखना, न इतनी बड़ी दुनिया को चखना, न मटरगश्ती न तमाशा न कुछ, बस इन औरतों के जीवन में दाल चावल, दाल चावल! बच के रहना मीना, इस फसावड़े से!

"बाबा आदम के जमाने की औरतें और क्या करती थीं, मुनीमा?" मैंने उन्हें फिर छेड़ा।

बाप रे बाप, उनके पास तो इन औरतों की करतूतों की पूरी लिस्ट थी! वह हाथ धोती थीं तो धोती चली जाती थीं। इक्यावन बार। बावन बार। सत्तावन बार। मुनीमा क्या उन्हीं से सीखी थीं, हाथ धोना? हाथ धो के वे पूजा की अगरबत्ती जलाती थीं, फिर फूँक मार के उसे बुझाती थीं। जलाती थीं, फूँकती थीं, बुझाती थीं। बार-बार। जैसे वह दुनिया में यही करने को आई हों। जैसे बस दुनिया में एक ही काम हो जो किया जा सकता हो, और वह यही!

जब वह धूप बत्ती बुझा चुकती थीं, तो वह रसोई के चाकू उठा लेती थीं। उन्हें उलट-पलट के देखती थीं। सोच में पड़ जाती थीं। फिर उन्हें इधर-उधर रख देतीं और भूल जातीं। दिन-भर अपने जागे हुए दिमाग के पीछे वाले दिमाग से उन चाकुओं को खोजा करती थीं। कंघी बालों में अटकी तो अटकी रह जाती थी। वह उसे निकालते-निकालते सोच में फिर डूब जाती थीं। ये औरतें अपनी आवाज खुद ही नहीं पहचानती थीं। जब बोलती ही नहीं थीं, तो अपनी आवाज कैसे जानतीं?

चीलवाली कोठी में अपने शुरू के दिनों में, जब मुझे हर चीज से डर लगता था, मैंने उन्हें सुना है। उन औरतों को। रात के तीसरे पहर वह गुपचुप औरतें

चीलवाली कोठी लौटती हैं। वह कोठी के इर्द-गिर्द कुछ ढूँढ़ा करती हैं। कभी चाकू, कभी कंघी, कभी आवाज, जो यहीं कहीं खोई हुई है। कोठी पर बेचैन नजर गड़ाए रखती हैं। लम्बा विलाप करती हैं। विलाप करने में उन्हें अपनी आवाज मिल जाती है।

उनकी आवाज सुन के चिड़ियाँ अनकुस महसूस करने लगती हैं। पंख फड़फड़ाती हैं। फिर औरतें अजीब-अजीब आवाजों में बोलना शुरू करती हैं। चिड़ियों की आवाज में। मेढक की आवाज में। उनकी आवाज तीसरे पहर के मेरे जागते हुए कानों में इनसानी बोली में बदल के सुनाई देती है। मुझे लगता है आँवले के पेड़ पर से आवाज आई, ''कहाँ है?..कहाँ है?'' फिर आवाज एहाते की दूसरी तरफ, टीन के सायबान के नीचे से दोहराई जाती है, ''कहाँ है?..कहाँ है?''

''दुलारी!'' मैं जोर से फुसफुसाई, ''दुलारी!'' मगर दिन-भर की थकी दुलारी बेहोशी की नींद में औंधी पड़ी थी। वह भला काहे को जगती! कहीं मर तो नहीं गई! मेरे पास क्या चारा बचता, सिवाय इसके कि चादर आँख तक तान के, मुँह ढाके, दम साधे, अंजोर होने के इन्तजार में पड़ी रहूँ।

5

चटोरों का स्वर्ग! मनमोहक लहरिया हरी धारी वाली खुशबूदार राधाप्रिय बर्फी। उसके साथ जीभ पर राज करने के लिए होड़ लगाती तिरंगी। सोंधा लाल पेड़ा और रस में डूबा हुआ रस कदम। लालच के देवता पर भोग लगाने लायक मोहन भोग। नाजुक स्वाद वाली लवंग लता और अपने पोर-पोर में शीरा बसाए, अपने ही अन्दर गोल-गोल लच्छे बनाता थाली के बराबर जलेबा! चीनी के कणों से चमाचम चमकता चमचम! और किसिम किसिम के नमकीन पकवान!

चीलवाली कोठी में बिताए शुरू के दिनों की याद में खाने की याद दूसरी यादों के ऊपर चढ़ के बैठी है। इतना खाना तो मैंने जीवन में कभी नहीं देखा था! खाती जाती थी, मुँह थक जाता, पेट भर जाता, पर मन भरने को नहीं आता। आज इतने बरसों बाद भी कहीं मोहन भोग या रस कदम मिल जाए, या हलवाई की दुकान पे परात में सजा जलेबा दिख जाए, तो सीधे चीलवाली कोठी पहुँच जाती हूँ। आज जब मुझे वहाँ से हटे इतने साल बीत गए, वह जगह अब भी मेरे अन्दर किसी ठोस सच्चाई की तरह बनी हुई है।

तब कोठी की शान के दिन तो जा चुके थे। तो कहाँ से आता था यह तरह-तरह का खाना, यह मिठाइयाँ?

बहुत बाद में, लगभग पन्द्रह साल बाद, जब मैं चीलवाली कोठी लौटी, तब वहाँ कम लोग थे जो मुझे पहचानते थे। मेशो इस बीच गुजर चुके थे, और पता चला आदित्य लखनऊ में मानसिक रोगों के अस्पताल में कई साल से भर्ती हैं। पुराने नौकरों का अता-पता नहीं था। बस छटंकी अभी तक मौजूद था, जो मुझ पर एक सहमी हुई निगाह डाल के वहाँ से हट गया। कोठी उजाड़ पड़ी थी। भूतों का डेरा मालूम देती थी। घर के एक हिस्से में विनी भाभी अभी तक रह रही थीं। उनकी देखरेख करने के बहाने उनके मायके से एक बूढ़ी और बदमिजाज नौकरानी सुरसती, अपने लड़के को ले के कोठी में रहने लगी थी, और अब उसी का हुकुम वहाँ चलता था।

जो जिएगा वह अगली फस्ल के आम खाएगा, मुनीमा कहा करती थीं। विनी कोठी में अकेली बची थीं, और फल फूल रही थीं। जीवन में बहुत कुछ हार के,

कोठी में बहुत कुछ पा गई थीं। मेशो की पीढ़ी-दर-पीढ़ी चलती चली आ रही कोठी पर टाइल की दुकान वाले की बेटी ने अपने डैने फैला लिए थे। घर के सामने वाले लॉन की जमीन टूटी हुई मोटरकारों की मरम्मत के कारखाने को दे दी गई थी। दिन-भर वहाँ से ठक-ठक ठुक-ठुक की आवाजें आया करती थीं। पुराने पर नया हावी होता है। यह कोई अनहोनी बात तो नहीं।

विनी के पहले से ही भारी शरीर पर और चर्बी चढ़ गई थी, और वह पहचान में नहीं आती थीं। हम दोनों ने अपने जीवन के निर्जन फैलाव के पार एक-दूसरे को देखा। समय की चाल से उनके गुस्से की आग मन्द पड़ गई थी, और उन्होंने अब मेरे ऊपर एक परखती सी नजर डाली, मानो जानना चाह रही हों, कि क्या था इस उम्र की ढलान पर उतरती औरत में, जिसने उनकी जिन्दगी को यूँ ऊसर बना दिया था।

"बैठो।" उन्होंने मुझसे कहा, "कैसे आना हुआ?"

मैं कैसे उनसे बताती कि कितनी बार मैं अपने आप से पूछ चुकी हूँ, कि मैं चीलवाली कोठी को एक बार फिर से क्यों देखना चाहती हूँ। उनके इसी सवाल का जवाब ढूँढ़ती हुई तो इतने बरसों बाद मैं यहाँ लौटी हूँ!

घर का जो टुकड़ा नए मालिकों के हाथ में नहीं गया था, उसके भी कई-कई हिस्से हो गए थे। मुर्गी के दरबे जैसे छोटे-छोटे कमरे, जिनमें किरायेदार रहते थे। पता चला उनमें से कोई-कोई तो महीनों किराया नहीं देते थे। यहाँ तो लगता था, भगवान भरोसे सब कुछ चल रहा था। शायद विनी के नैहर से रकम आती होगी, काम चलाने भर की। या कौन जाने, और ज्यादा।

मगर रोशनी गार्डन का काम अभी तक चल रहा था। फलता-फूलता, चारों दिशा में रंगीनियाँ और रोशनियाँ बिखेरता। कभी 'लक्की बैंड' की, कभी 'डेजी बैंड' की चौबीस भोंपू वाली बैंड गाड़ी तब भी रोशनी गार्डन के दरवाजे पर, गली में खड़ी चारों दिशा में अलग-अलग फिल्मी गाना फैला रही थी, और सिर पर तार की लड़ी से एक में एक जुड़ी बत्तियों की झालर टिकाए, भाड़े के मजदूर इनसानी लालटैन बने तब भी बारात के आगे-आगे चल के आते थे। जब-जब वहाँ शादी होती थी, घर पे खाना जरूर भेजा जाता था। और शादियाँ तो आए दिन हुआ ही करती थीं।

जीवन का संगम। पुराने में से नया पनपता है। यह होता आया है और होता रहेगा। जहाँ एक तरफ बर्बाद कोठी खड़ी थी, दूसरी तरफ उसकी ही जमीन पर से नए जीवन के सुगबुगाने की तैयारी जारी थी। वहाँ बिताए तीन दिनों में दो शादियाँ पड़ गईं, तो विनी को मेरे खाने का इन्तजाम करने में दिक्कत नहीं हुई।

मगर उस दूर दोपहर में, जब मैं चीलवाली कोठी अपनी चकर-पकर आँखें हर चीज पर नचाती हुई पहली बार पहुँची थी, तब मुझे रोशनी गार्डन के बारे में नहीं पता था। मैंने दुलारी से बेवकूफों की तरह पूछा, "यह सब खाना तुम बनाई हो?"

पहले तो वह कुछ बोली नहीं, गऊ की तरह पान चबाती रही। फिर पान की पीक गटक के अँगूठे से कोठी के बाईं तरफ इशारा करते हुए बोली, ''कलिहां रतिया के सादी रहल न!''

रोशनी गार्डन कोठी की ही जमीन पर था मगर उसका प्रवेश बगल की गली, कचौरी वाली गली से था। तभी आते में मुझे उसका दरवाजा नहीं दिखा। उसकी शुरुआत किसी पड़ोसी की बेटी के ब्याह के लिए किनारे वाली जमीन पर कनात और शामियाना गड़ने से हुई थी। तब शायद मासीमा को भी यह नहीं पता रहा होगा, कि आगे चल के यह शादी घर ही बन जाएगा। मगर वक्त के बीतने के साथ-साथ, परिवार की कम होती हुई आमदनी बढ़ाने का यह एक अच्छा उपाय लगा होगा।

जहाँ बाहर सड़क पर पड़ने वाली कोठरियाँ दुकानों के लिए और लम्बा वाला गोदाम गैराज के लिए किराये पर दिया जाता था, वहीं किनारे वाली जमीन शादी ब्याह के लिए दी जाने लगी। फिर जब किराया वसूलने का काम उलझने लगा तो सामन्त को वह ठेके पे दे दी गई। तम्बू कनात, बर्तन भाड़ा, बत्ती भोंपू, सब का जिम्मा उसी का था। चटपट सामन्त ने बोर्ड पर 'रोशनी गार्डन' लिखवा के, कोठी की चहारदीवारी पर टाँग दिया, और लगा जैसे रातोरात वहाँ से सपनों की बारात निकलने लगी। शुरू-शुरू में अपना हिस्सा काट के, पूरी रकम मासीमा के हाथ में दे जाया करता था। फिर बीच-बीच में वह नागे करने लगा। कभी देता कभी नहीं। कभी कई बारातों का हिसाब एक साथ मिला के कुछ समझा देता। मगर खाना, वहाँ से झौआ भर खाना, नौकर ला के आए दिन पटक जाता था।

6

इसका मतलब यह नहीं था कि घर का सारा खाना रोशनी गार्डन से आता था। यह तो मासीमा के वहाँ होते हुए हो ही नहीं सकता था। रोज-रोज का खाना, दाल, रोटी, सब्जी, चावल वगैरह तो दुलारी ही बनाती थी मगर खास-खास चीजें मासीमा का हाथ लगे बगैर बन नहीं पाती थीं। मेशो को जब से दिल का दौरा पड़ा था, उन्हें मीट खाना मना हो गया था। डॉक्टर ने बार-बार मछली खाने के फायदे गिनवाए थे। मेशो को मछली का शौक भी था, तभी, अपनी जवानी के दिनों से, जब उन्होंने कलकत्ते में कई साल बिताए थे। मेशो के लिए मछली करीब-करीब रोज ही पकती थी। मासीमा उसे अलग-अलग ढंग से पकाती थीं, मगर वह मछली का सिर एक खास तरह से पकाती थीं, जो मेशो को सबसे ज्यादा पसन्द था।

मेरे कोठी में आने के कुछ ही दिनों बाद की बात है कि एक दिन मैं मेशो के कमरे के सामने से जा रही थी। देखा छटंकी मेशो के पास खड़ा है। मेशो को उससे पूछते सुना, "आज खाने में क्या है?"

फिर छटंकी का जवाब, "जी, शीरा!"

"शीरा? खाने में आज शीरा पका है?"

"जी शीरा नहीं, शीरा!"

फिर मेशो की हैरान बड़बड़ाहट, "जब मैं कहता हूँ शीरा, तो तुम कहते हो शीरा नहीं, शीरा!"

"वही तो मैंने कहा सरकार, शीरा, शीरा...मछरी का मूड़ा!"

"तो फिर ऐसा बोलो न!"

कोठी के जीवन पर मासीमा का पूरा राज था, उनका कहा कानून। फिर भी उन्हें तानाशाह कोई नहीं कह सकता था। क्योंकि अगर वह और लोगों से मेहनत की उम्मीद रखती थीं, तो खुद भी उतनी ही मेहनत से हर काम में जुट जातीं। चाहे खाना पकाना हो, चहे घर बगीचे की सफाई-सुथराई, चाहे एहाते भर के बच्चों की पढ़ाई हो या अपनी लिखाई (वह बदलते मौसम के फल, फूल, सब्जी पर लेख लिखा करती थीं, जो अखबार में छपते भी थे), और गाना तो खैर उनका मनपसन्द

शौक ही था, वह हर चीज उसी तरह मन लगा के करतीं और इस तरह से एक ऊँचा आदर्श सामने रखती थीं।

जाने किस मिट्टी की बनी थीं, मैंने उन्हें थकते या किसी चीज से हार मानते नहीं देखा। अब भी, जब मैं उनकी उस वक्त की उम्र पर नहीं पहुँची हूँ, और छोटे-मोटे कामों से अपने को थका और पस्त पाती हूँ, तो सो:चकर ताज्जुब होता है कि इतनी आसानी से इतना बहुत-सा करने का वह हौसला कहाँ से लाती थीं। कभी घर में, कभी रसोई, कभी गाने के कमरे, कभी बगीचे में कुछ न कुछ करती हुई ही दिखती थीं। किरायेदारों की फेहरिस्त भी वही सँभालती थीं। किसने किराया दिया, किसने नहीं। मेशो को रुपयों की जरूरत होती तो उन्हीं से माँगते। जैसे वह धुरी थीं जिसके चारों ओर गोल-गोल पूरा घर घूमा करता था।

नौकर-चाकर उनकी एक आवाज पर दौड़े आते थे। उनका गुस्सा मशहूर था, मगर उतनी ही जल्दी गायब भी हो जाता था। बस पता चल जाए कि किसी को बुखार आ रहा है, या पेट में दर्द है या खाँसी हो गई है, तो फौरन उसके दवा इलाज के इन्तजाम में लग जातीं।

चीलवाली कोठी में मौसम तो बदलते ही थे, मगर आज याद करने पर बारिश की रिमझिम-रिमझिम ही सुनाई पड़ रही है। ऐसे ही मौसम में एक शाम मासीमा ने अपनी जोरदार आवाज में पुकारा, "हीरा!"

"जी आया, हुजूर!"

"तुमने देखा, बड़े कमरे की छत टपक रही है? सारी धरनों में पानी भर गया है?"

"जी देखा, हुजूर!"

"तो फिर? कोई इलाज सोचा तुमने?"

"जी...जी...उसके नीचे रखने को चिलमची ढूँढ़ रहा था, मगर जी, जी..."

"ओफ्फो! जी...जी..जी...!" मासीमा ने उसे मुँह चिढ़ाया। "जी खाना अपनी जोरू का! और यह अगर मगर क्या कर रहे हो? जा के फौरन छत का इन्तजाम करो!"

"मैं वही कह रहा था सरकार, कि चिलमची ढूँढ़ रहा था, तो एकदम से चक्कर आ गया! मैं वहीं बैठ गया।"

मासीमा की नाक पे गुस्सा बैठा रहता था। मगर जितनी जल्दी उनका पारा चढ़ता है, उतनी ही जल्दी उतर भी जाता है। हीरा के चक्कर का हाल सुनते ही उनकी चढ़ी हुई त्योरी सीधी हो गई। बोलीं, "अरे भले मानस! तो पहले बताया क्यों नहीं? क्या मुँह में दही जमा रखा था? पता नहीं, बुखार न आ गया हो।" उन्होंने हीरा के माथे पे हाथ रख के बुखार का अन्दाज लगाया। "हाँ, है तो। अच्छी-खासी हरारत है। जाओ फौरन जा के आराम करो!"

''जी अच्छा, सरकार।'' और हीरा मुस्कुराता हुआ, पलक झपकते में वहाँ से चम्पत हो गया!

दिन-भर तो मासीमा के पैरों में जैसे पहिए लगे रहते थे, मगर साँझ घिरते ही वह सहनची में दराजों वाली बड़ी मेज के आगे आ के बैठतीं और दराज खोल के, उसमें से अपनी 'फोर स्क्वेयर' सिगरेट निकाल के जलाते हुए लम्बा कश खींचतीं और 'अहाहा!' की ठंडी साँस भरतीं। दोनों वक्त मिलते कोई काम नहीं करना चाहिए, वह कहती थीं, और दिन-भर में जो एक सिगरेट वह पीती थीं, वह इसी समय के लिए थी। यही वक्त होता था जब वह कहानी सुनाने के मूड में आ जातीं और जो कहानी सुनना चाहो, उस वक्त वह सुनाने को राजी रहती थीं। कितनी ऐसी शामें आ के ढल चुकीं जिसमें हम लोग, यानी आदित्य, उर्मी, मैं और इधर-उधर से आए छोटे-बड़े बच्चे, और हाँ, कभी-कभी विक्रम भी, उनके सामने गोल सा घेरा बनाए, उनके चेहरे पे आँखें टिकाए रहते थे।

यह कहानी की शामें लोकतांत्रिक होती थीं और सबकी फरमाईश बारी-बारी से वह सुनाती थीं। और लोगों की भी कहानी सुनाने की बारी आती थी, पर उनकी कहानी के आगे सबकी कहानियाँ फीकी मालूम देतीं, और बात लौटकर उन्हीं पर आ जाती। उनकी बस एक शर्त थी, कि कहानी सुनते वक्त बीच-बीच में 'हूँ!' करते रहो, कि कहानी सचमुच सुन रहे हो, दिमाग कहीं और तो नहीं, या सो तो नहीं गए। कभी मैं 'हूँ' कहना भूल जाती तो उर्मी अपनी नुकीली कोहनी (कोहनी थी कि चक्कू!) मेरी पसलियों में गड़ाकर कस के घूरती, कि 'हूँ!' बोलो!

वह कहानियाँ किसी भी वक्त ऊँघ जाने वाले अफीमची के बारे में होतीं, विक्रम बेताल की कहानियाँ और तोता मैंना की, अँगूठे राम और अल्ले बल्ले फत्ते के किस्से। मगर अक्सर वह मामूली लोगों के बारे में ही कहानियाँ सुनातीं, बहुत सी उनकी अपनी मनगढ़न्त, जिनको वह उसी वक्त एक चमकीले जाल की तरह से बुनती चली जाती थीं। धार्मिक कहानियाँ उनके मुँह से मैंने नहीं सुनीं।

उनकी आवाज संगीत की तरह उठती गिरती शाम के बैगनी रंग में जा के मिल जाती, और हवा में जैसे फड़फड़ाते पंख ही पंख भर जाते। वहाँ बैठे-बैठे हमारे भी पंख लग जाते, जो हमें दूर के नजारे दिखाने उड़ा ले जाते। कभी कोई मजाकिया किस्सा सुनाते हुए वह खुद ही हँसी से लोट-पोट हो जातीं, और यह कहकहे देर तक चलते रहते। फिर आखिर वह कहतीं, ''चलो भई, अब हम नहीं सुनाते! खेल खतम, पैसा हजम! सब कोई जाओ अपने-अपने बिछौने पे!''

7

मेरे कोठी में आने के दो-तीन महीने बाद की बात होगी। दोपहर के साढ़े तीन-चार बजे। पत्थर वाले बरामदे में बाहर आई तो देखा दूर पर, अमरूद के पेड़ों के पास अच्छा खासा जमघट है। हीरा, छटंकी, दुलारी और पिछवाड़े से एकाध नौकर और। सब झुंड बना के ऐसे खड़े थे जैसे किसी बड़ी भारी समस्या का हल खोज रहे हों। पास गई, तो किसी को कहते सुना,

"मगर यह अन्दर आ कैसे गया?"

"बड़ा फाटक तो बन्द ही रहता है!"

"कहीं घूम के उधर, पीछे वाले फाटक से तो नहीं... ?"

"इसे देख के तो लगता है चल ही नहीं पाएगा, इतना लम्बा घूम के कैसे आया होगा?"

"अरे बड़ी कोठी देख के किसी ने अन्दर कर दिया होगा इसे!"

"इससे कहो खिस के यहाँ से...अपने बाप की कोठी समझ रखा है?"

जमीन पर निगाह गई, तो देखा वहाँ हड्डियों की एक गठरी सी पड़ी थी। पहली नजर में मुझको ऐसा ही लगा। फिर झटके के साथ दिमाग में रोशनी कौंधी कि यह तो आदमी है! वह घुटनों पे सिर टेके बैठा था। मैली-कुचैली धोती ऊपर चढ़ गई थी। आधी जाँघ खुली थी। चमड़े जैसी खाल, मांस नहीं के बराबर, जो था वह कपड़े की सिलवटों सा लटकता हुआ। घुटनों पर की हड्डियाँ उभरी हुईं। एक घुटने से खून बह रहा था। बाल मिट्टी से सने हुए। उसकी उमर का अन्दाजा लगाना मुश्किल था। चालीस का भी हो सकता था और साठ का भी। ऐसी हालत में पहुँचकर उमर का कोई मतलब नहीं रह गया था। वह घुटनों पर सिर झुकाए, जैसे किसी और दुनिया में था।

किसी और दुनिया का रहने वाला मालूम दे रहा था।

दुलारी ने उसे आवाज दी, "बाबा!" मगर उसने ऊपर नहीं देखा। फिर हीरा ने झुक के उसका कन्धा झिंझोड़ा।

"बाबा! चलो उठो, बाहर जाओ! यहाँ अन्दर आना मना है।"

तब उसने सिर उठाया। आँखें एकदम पीली! हल्दी की तरह। मेरे अन्दर कोई चीज हिली। दलदल के कीचड़ में लथपथ कोई जानवर या कीड़ा। हिला और फिर उसी कीचड़ में दुबक गया।

उसकी आँखें पीली थीं। हल्दी की तरह।

करीमा टीचर की बरसों पुरानी आवाज। कहानी सुनाती हुई। एक कहानी, जिसे इतने सालों से मैं भूलने की कोशिश कर रही थी। लगभग भूल चुकी थी।

''बाबा, कुछ खाओगे?'' दुलारी की आवाज, फिर से। शायद आदमी के कानों में आवाज नहीं गई। या यह भाषा उसकी दुनिया में बोली नहीं जाती थी। वह दूर खोया हुआ बैठा था, किसी घायल चिड़िया की तरह, जिसका डैना उखड़ गया हो। दो लोगों ने सहारा देकर उसे उठाने की कोशिश की, मगर उसका शरीर बेदम हो रहा था। वह वहीं मिट्टी में ढलँग गया।

''लो, यह रुपया इसे दे दो!'' विक्रम की बुदबुदाती आवाज थी। मासीमा के छोटे बेटे। जाने कब वह वहाँ आ के खड़े हो गए थे। हीरा ने उनके हाथ से दस का नोट ले के उसे पकड़ाने की कोशिश की। ''लो! देखो, भैया तुम्हें रुपया दीहिन हईं!'' मगर उसने सिर फिर घुटनों पर झुका लिया था। नोट धूल में गिर गया। ''इसका क्या करें, भैया?''

''इसे...इसे रात में यहीं रहने दो, तो क्या ठीक न होगा?''

''नहीं भैया! कहीं मर गया तो पुलिस आप ही से तो पूछताछ करेगी!''

''तो फिर क्या करें? कबीर चौरा अस्पताल...''

''कुछ अस्पताल वस्पताल नहीं!'' मैंने अपने आपको गुस्से से थरथराती आवाज में कहते हुए सुना।

''इसे सड़क पे छुड़वा दीजिए!''

उन्होंने मुझे ताज्जुब से देखा। उन्हें मेरी बात कठोर लगी होगी। शायद बेवजह कठोर। बोले,

''अच्छा, रुपया इसकी जेब में डाल दो। अभी माँ से पूछता हूँ क्या करना चाहिए!''

और सरपट चाल से, कलफ किए हुए पायजामे की सरसराहट के साथ, वह अन्दर चले गए। समस्या वैसे की वैसी बनी हुई थी। मैंने सोचा मेरा यहाँ क्या काम है। मैं भी वहाँ से चली। अन्दर जाते-जाते पीछे मुड़ के देखा तो वे लोग बगीचे का कूड़ा फेंकने के लिए काम आने वाली ट्राली ले आए थे। आदमी को उसमें रखने की कोशिश कर रहे थे।

सुबह देखा, वह वहाँ नहीं था। मगर वह मुझे हर जगह मिलने लगा। दिन-भर मेरे कोठी के बेमतलब भटकने में वह कभी ऊपरवाली मंजिल के कम इस्तेमाल किए जानेवाले कमरे में मिल जाता, कबाड़ के बीच कबाड़ बना हुआ, कभी कुएँ की जगत पे बैठा, कभी आँवले के तने से टिका।

"तुम इसे प्यार नहीं करते?"

दूर किसी और दुनिया के जंजाल में फँसा, जवाब में वह अपना एक शब्द का सवाल बार-बार दोहराता है,

"प्यार?"

फिर सिर थोड़ा सा टेढ़ा करता है, जैसे कुछ सुन रहा हो, जैसे हवा पे उसके सवाल का जवाब बहता हो।

जब से मैं कोठी में आई हूँ, मैंने अपने बारे में एकाध चीजें जानी हैं। कि मैं बात-बात पर झूठ बोलने को तैयार रहती हूँ। कि मैं अपने को किसी से कम नहीं समझती। मेरे अन्दर भी अकड़ की कमी नहीं! मैं क्यों अपने को किसी से नीचा मानूँ? कोई भी सामान, क्लिप या सुरमेदानी, हार या कंगन जो उर्मी के पास हो, बिल्कुल वैसा ही, ठीक वैसा मैं अपने पास ईजाद कर लेती हूँ। बस शिशु मन्दिर छोड़ते वक्त मैं उसे सहेलियों को दे आई। अनाथालय में मेरे पास जाने क्या-क्या था। शिशु मन्दिर अनाथालय नहीं, छोटे-छोटे खजानों से भरी तिजोरी मालूम देता है!

मौके के हिसाब से मैं अनाथालय में बीते अपने दिनों का इस्तेमाल करती हूँ। मासीमा के साथ बैठती हूँ तो शिशु मन्दिर की तकलीफों का पिटारा खोल देती हूँ। मारे और सताये जाने, भूखे रहने की रामकहानी नमक मिर्च लगा के सुनाती हूँ। अगर साठ प्रतिशत सच, तो चालीस प्रतिशत झूठ भी! मासीमा का नरम दिल दया से भर उठता है। मेशो के आगे-पीछे नाचा करती हूँ। दौड़-दौड़ के उनकी सेवा का सामान जुटाती हूँ। मैंने पता लगा लिया है कि वह फिल्मी गानों से चिढ़ते हैं। तो कली फुन्ना लगा के शिशु मन्दिर के संगीत क्लास के गुण गाती हूँ। वहाँ तो शास्त्रीय संगीत, भजन, देशगान, कजरी, ठुमरी के अलावा कुछ सिखाया ही नहीं जाता था! जैसे अनाथालय नहीं, संगीत महाविद्यालय हो! भूल से भी उनकी मौजूदगी में कोई फिल्मी धुन गुनगुनाती नहीं। दो-चार हफ्तों में ही वह जैसे मेरे हाथ से दाना चुगने लगे हैं!

तो क्या मैं दुष्ट हूँ? ओ आसमान! मुझे दुष्ट कहकर मेरे ऊपर लदे अन्याय पर दुगुना अन्याय न थोपना! एक बेसहारा लड़की ने गुट्टी खेलना नहीं सीखा, तो जाएगी कहाँ? उसके चाहने वाले कोई ऊपर से तो उतरेंगे नहीं, उसकी फिकर करने वास्ते! तुम ही बताओ, भला किसको पड़ी है जानने की, कि यह जीती है या मरती? और मासीमा मेरे सपने में आ के क्या बोली थीं? यही न, कि हवा से लड़ना सीखो, लड़की, नहीं वह तुम्हें उड़ा ले जाएगी! यह कोठी नहीं अजायबघर है, आसमान। यहाँ एक नमूने का दूसरा नहीं! और एक सच के हजार झूठ! फिर, मेरे अन्दर भी पसन्द किए जाने की कैसी भूख! इस भूख की आग मिटाने को मुँह से बातें टेढ़ी बकड़ी हो के निकलती हैं। कोई कुछ पूछता है, तो फट से झूठ पहले बोलती हूँ।

इन हरकतों के अलावा एक और बात नोट की है अपने बारे में। कि मैं हमेशा ताक में रहती हूँ कि किसी पर, इनसान पर या कोई चीज पर बदला उतारूँ। किस बात का बदला? मेरे मन में यह खुद ही साफ नहीं, तो तुम्हें क्या खाक समझाऊँगी! यह भी साफ नहीं है, कि यह बदला क्या रूप लेगा, मगर मानती हूँ कि किसी न किसी का दोष तो है ही, एक हिसाब है, जो बराबर होना है। जीवन ने मेरे साथ खोटी बाजी खेली है, तो खोटे से खोटा नहीं जन्मेगा, तो क्या फूल खिलेगा? जब वक्त आएगा सब पता चल जाएगा मुझे। कौन था मेरे अपमान के पीछे, यह अन्याय जिसकी वजह से मेरे मन में तरह-तरह की बातें खौला करती हैं। तब तक मैं इन्तजार करती हूँ, सबर के साथ। अपने अन्दर की उथल-पुथल को दबाए रहती हूँ।

अपने आपको समझ पाना मुश्किल होता जा रहा है।

नौकरों की छोटी-छोटी शिकायतें ले के मासीमा के पास पहुँच जाती हूँ। उन्हें डाँट पड़ती है तो मासूम बन जाती हूँ, जैसे मुझे कुछ पता ही नहीं। हीरा ने मेरा नाम 'संवाददाता' रख दिया है। मुझे देखते ही नौकरों की हँसी-ठिठोली, बातचीत बन्द हो जाती है। तो क्या मेरी गिनती घर के मालिकों में होने लगी है? नहीं! सौ बार नहीं! मेरे बर्तन अलग रहते हैं, मेरी सोने की जगह अलग। घर में मेरे काम भी बँधे हुए हैं। यहाँ मेरा दर्जा नौकर और मालिक के बीच प्रश्न चिह्न की तरह लटका हुआ है। मगर फल-फूल रही हूँ। मासीमा के दिखाए रास्ते पर चल रही हूँ, पढ़-लिख रही हूँ। वह कहती हैं तुम तो बड़ी लायक-फायक होती जा रही हो! मैं सिर उठा के, सीना तान के चलने लगी हूँ।

इन दिनों, शर्म आती है कहते हुए, कि मुझ जिगरे वाली को हर चीज से डर लगने लगा है! मेरे डरों की सूची लम्बी है। अकेली रातों में इतनी बड़ी दुनिया में एकदम अकेले होने का ख्याल बुरी तरह से घेरता है। मैं सोचने लगती हूँ कि अगर मासीमा ने मुझे यहाँ से निकाल दिया तो मैं कहाँ जाऊँगी। अजीब-अजीब ख्याल आते हैं। बिस्तर पर पैर लटकाकर बैठती हूँ, तो लगता है मेरे पैर पकड़कर कोई मुझे नीचे घसीट लेगा।

जागते हुए सपने आते हैं। सपने में बिल्कुल वही जगह, वही कमरा जिसमें सचमुच हूँ। फिर जमीन दलदल बन जाती है और उसमें से वह पीली आँखों वाला आदमी एकदम से निकल पड़ता है। मेरे पैर पकड़कर, निराशा से भीगी आवाज में कहता है,

''मीना, तुम्हारे पैर पड़ता हूँ, हाथ जोड़ता हूँ, मुझे बचा लो!'' और मैं अपने सोते हुए पैर को इतनी जोर से झटका देती हूँ कि वह जो भी है, आदमी या जानवर या चीज, दूर छिटक के गिरता है। धड़कते दिल के साथ मैं उठ बैठती हूँ।

मेरा बाप उस आदमी की तरह कहीं सड़क पर पड़ा होगा। तो पड़ा रहे, मेरी बला से! कहीं वही आदमी तो नहीं था? यह ख्याल बार-बार मन में आ जाता है।

नहीं, मैं अपने ऊपर उसका साया भी पड़ने देना नहीं चाहती। मेरा दिमाग व्यर्थ अनुमान लगाने से थक चुका है। इन जागते सपनों का क्या मतलब है? क्या चीज है जिससे मुझे अपने को बचाना है? जानती हूँ मुझे पीछे मुड़ के नहीं देखना है। नहीं तो जड़ हो जाऊँगी। आगे, बस आगे देखो। और बढ़े चलो! वीर तुम बढ़े चलो। धीर तुम बढ़े चलो। मेरे जीवन में अतीत नहीं है, सिर्फ भविष्य। मैं भविष्य के नगर में जीती हूँ। और मेरा आज भी भविष्य की तरफ मुँह किए हुए है।

चार

विक्रम

किसने तारों को चमकाया ?
किसने फूलों को महकाया ?
किसने चिड़ियों को चहकाया ?

1

भोर हुई। सुबह का मटियाला उजियारा अपना रंग ले के आता है। मासीमा तड़के उठ जाती हैं। बड़े कमरे में टँगे खिसखिसी आवाज वाले घंटाल के छह बजाने से पहले। फिर फौरन ही रसोई में उनके चाय बनाने की खटर-पटर शुरू हो जाती है। खटर-पटर सुनते ही मैं कड़बड़ा के उठ बैठती हूँ। वह बर्तन जान-बूझकर ज्यादा जोर से पटकती हैं, कि छटंकिया जो वहीं सोया हुआ है उठ जाए। फिर वह जैसे ही उठता है, उनकी छेड़खानी शुरू हो जाती है।

"अरे! टुकुर-टुकुर देख क्या रहा है? बोलता क्यों नहीं? जीभ को लकवा मार गया क्या, रे?" ऐसे करती हैं वह अपना पहला वार!

"बस, अभी आता हूँ, जी!" वह कहीं दूर, नींद के छोर पर खड़ा कहता है।

"आता हूँ? भले मानस, पहले जाओ भी तो! बिना जाए भला कोई आता है?" और वह तिरछी शरारत भरी आँखों से उसे देखती हैं।

"जी बस मुँह धो के आता हूँ!"

"अच्छा? तो क्या रात में चेहरे पे कालिख पुतवा के आ गए, जो मुँह धो के आते हो? अब यह कप धो के लाते तो कोई बात भी थी!"

छटंकी कुछ गूँ-गाँ में जवाब देता है। तो कहती हैं, "अच्छा, अच्छा जाओ, दफा हो यहाँ से!"

फिर उनकी नजर मुझ पर पड़ी। मैं दरवाजे की आड़ में खड़ी थी।

सामने आऊँ या न आऊँ? छटंकी गया तो अब मेरी बारी थी! मुझे देख के बोलीं, "अरे लड़की! वहाँ चोरों की तरह मुँह छिपाए क्या खड़ी हो? जरा सामने आओ तो देखें?"

सामने आई तो बोलीं, "यह मुर्दनी तेरे मुँह पे काहे को छाई हुई है? कैसा छिपकिली की तरह चेहरा पीला पड़ा है! क्या हुआ है तुझे?"

"कुछ तो नहीं, मासीमा!"

"अरे, कुछ कैसे नहीं? क्या यूँ ही गीदड़ की तरह मुँह लटकाए हुए हो? बताती क्यों नहीं ठीक से...देखो कैसे आँखें फाड़-फाड़ के देख रही है मुझे!"

''मासीमा, रात में यह कैसी आवाजें आती हैं घर में?''

''अच्छा! तो डर के मारे जान निकली जा रही है! अरे भाई, यह पुराना घर है। पूरे में चूहों ने सेंध लगा रखी है। वही फुदका करते हैं, और क्या! हाँ, फिर एक से एक लोग यहाँ पहरा भी तो देते रहते हैं...राय गोवर्धन, और क्या नाम है, राय पुरुषोत्तम और पटनीमल और चटनीमल और मटकनीमल...!'' वह कूल्हा थोड़ा मटका के, आँख नचा के बोलीं!

देखा! मैं ठीक ही समझी थी। यह कोठी तो भूतों का डेरा है! रात को दीवारों पर पैर लटकाए, बाल फटकारे, इस कोठी के भुतैले पूर्वज सिर धुन-धुन के जाने कौन से कारनामे रचा करते हैं! इस घर का चूहा, चिड़िया, च्यूँटा सब उनके साथ मिले हुए हैं! मेरा चेहरा शायद और भी पीला पड़ गया होगा। उसे देख के मासीमा कहने लगीं,

''अरे कुछ नहीं, पगली! डर की यहाँ क्या बात है? कोई चीज से डरा मत करो। जिस चीज से डर लगे उसी की तरफ कदम बढ़ाती हुई पहुँच जाओ। सारा डर हवा हो जाएगा। यह भूत-प्रेत, आत्मा सब दिमाग का वहम है। और फिर वह लहीम शहीम दुलरिया भी तो तुम्हारी बगल में सोती है। उसे देख के तो किसी भी भूत की रूह फना हो जाएगी!''

फिर दुलरिया के भूत को डरा देने की बात पे उन्हें हँसी आ गई, और वह देर तक खिलखिलाती रहीं। कभी-कभी एकदम बच्चों जैसे हँसती थीं, मासीमा!

केतली में चाय की पत्ती पर पानी उँडेलते हुए मुझसे बोलीं कि ''जाओ, ट्रे में चाय का सारा सामान सजा के लाओ। अपना कप भी लेती आना।''

फिर बरामदे में बैठकर एक कप अपने लिए, एक मेरे लिए उँडेल, देर तक बातें करती रहीं। मासीमा का चाय का शौक! सुबह दोपहर शाम, खासकर दोनों वक्त मिलते, वह बरामदे में चाय पीती हुई अपना बगीचा निहारा करतीं। कितनी कितनी बातें चाय पीते-पीते मुझसे करतीं। और मैं भी अपने अनाथालय में बीते दिनों को काट-छाँट, कतर-ब्यौंत करके उनके सामने रखती, अपनी इज्जत, और उनकी दया की सीमा को आँकती हुई। वह होतीं बरामदे में बिछे तख्त पर, और मैं अन्दर से निकाली हुई छोटी सी मचिया पर। उनके साथ तख्त पर बैठने की हिम्मत अभी नहीं थी मुझमें!

शिशु मन्दिर के सिकुड़े सिमटे कमरों के बाद कोठी का एहाता कितना फैला हुआ, कितना हवादार और सुन्दर लगता था। वक्त था कि चलता चला जाता था। सुबह से शाम दौड़ता था और शाम से सुबह। उसकी कोई नाप तब तक ईजाद नहीं हुई थी, न कोई सीमा बँधी थी। मेरी साइकिल के पहिए की तरह गोल-गोल घूमा करता था। क्या मजाल कि कोई उसे रोक दे, उसकी लय को तोड़ दे! अपने जिम्मे के काम चटपट खतम करके जो बाहर निकलती, तो देर तक अन्दर नहीं जाती।

क्या बरसात, क्या जाड़ा, क्या गर्मी। मेरे पैर नहीं, पंख थे और मैं उड़ा करती थी। उड़ानें खतम होने को नहीं आती थीं।

एक दिन जाने कैसी हवा चली? गर्मी के दिन, दोपहर का वक्त। खाना खतम होते ही सब कोई अन्दर कमरों में चले गए। दोपहर के वक्त बरामदे में लगी टाट की चिक गिरा दी जाती थी और अन्दर नीला सा अँधेरा हो जाता। इस भरी दोपहरी के अँधेरे में लोग सोते, तो देर तक सोते चले जाते। इतनी गर्मी में कोई करे भी क्या? उर्मी पीले कमरे में कूलर चलाए लेटी उपन्यास पढ़ रही थी, मोटी भैंस! मुझसे वह अक्सर मुँह फुलाए रहती थी। नौ मन का मुँह तो पहले से ही था। ऊपर से यह मुँह-फुलव्वल। मैं सामने से गुजरी तो कुछ नहीं बोली। उसी की वजह से मैं यहाँ आई थी और यह हैं कि आसमान पे चढ़ी बैठी हैं! बस हर समय मेरे उठने-बैठने पर टोका-टोकी और लम्बी-लम्बी सीख। जैसे वही मेरी अम्माँ हो! मैं चुपके से उसके कमरे के सामने से सटक ली।

बाहर निकली तो लू चल रही थी। देखा कि हवा की वजह से मासीमा के बाग में खड़े अकेले लंगड़े आम से फल पटापट गिर रहे हैं। हवा पर आम की चेप और टूटे हुए पत्तों की तीखी महक थी। आम अभी कच्चे थे। उनमें बीज तो पड़ गए थे, मगर एकदम खट्टे। मैंने थोड़े आम बटोरे और उन्हें लिये-लिये, टहलती हुई जंगली केले और शहतूत के झुरमुट के पीछे से निकली। देखा तो कुएँ पर कोई खड़ा है।

2

विक्रम! लावारिस आदमी की घटना वाले दिन के बाद से शायद ही मेरा और उनका सामना हुआ हो। भड़भड़ा के उस आदमी के बारे में ऊल-जलूल तो बोल गई, मगर अब उन शब्दों के चलते विक्रम से कन्नी काटती थी। उनसे चोरों की तरह छुपती फिरती थी। मुझे डर था कि कहीं मेरे शक के कीड़े को वह कुरेदकर निकाल न लें। फिर ऐसा भी नहीं था कि उनके सामने पड़ने के ज्यादा मौके आते हों। वह खुद ही छुपे बैठे रहते थे। एकदम घोंचू जान पड़ते थे! हर समय अपने कमरे में घुसे जाने क्या किया करते। फिर कमरे से निकले नहीं, कि लुप से गायब! गले में अँगोछा डाले, कन्धे पे झोला लटकाए, बिल्कुल सींक-सलाई, बाँस पे टँगे झंडे माफिक, सुबह-सुबह पता नहीं कहाँ निकल जाते। उनकी शक्ल उर्मी से काफी मिलती थी। मगर जहाँ उर्मी गोल-मटोल थी, वहाँ यह एकदम गाँधीजी!

बाहर जाने से पहले मासीमा के साथ चाय जरूर पीते। क्रैकजैक बिस्कुट खाते। मगर क्रैक न जैक! मासीमा के कुरेदने पर भी मुँह ऐसा, कि सीधे किसी के किरिया करम से चले आ रहे हों। उनकी बातों का सिर्फ हूँ हाँ में जवाब देते, तूफान मेल जो छूटा जा रहा था! फिर चले जाते तो चार बजे से पहले सूरत नहीं दिखाते। अक्सर शाम को फिर निकल जाते।

"विक्रम सुबह-सुबह कहाँ जाते हैं, मासीमा?"

"विक्रम नहीं, विक्रम भइया कहो! अरे, वही झोपड़पट्टी में जाते हैं, और कहाँ! दिल्ली से पढ़ के क्या आए हैं, इनका दिमाग खिसक गया है। कहते हैं हम सब लोग जोंक हैं, जोंक!"

"जोंक?"

"हाँ भई, गरीबों का खून चूसती हुई जोंक। हमारे पूर्वजों ने गरीबों को जितना लूटा है, उसका हिसाब हमें चुकाना पड़ेगा, यह कहते हैं। यही हिसाब चुकता करने के लिए साहबजादे रोज जाते हैं झोपड़पट्टी में। गरीबों का उद्धार करेंगे!"

"झोपड़पट्टी में करते क्या हैं?"

"अरे, मैं कोई वहाँ गई हूँ, जो बताऊँगी? यही सुना है कि एक संस्था है, 'अँगना' नाम की। वे लोग बस्तियों में घर-घर जा के बच्चों को पढ़ाते हैं, औरतों को घरेलू कारोबार चलाने के लिए उकसाते हैं। चन्दा इकट्ठा करते हैं...उसी 'अँगना' के यह भी सदस्य हो गए हैं।"

"यह तो इस काम में बड़े सीरियस मालूम देते हैं!"

"अरे इनका ऐसे ही रहता है। चार दिन की चाँदनी, फिर अँधेरी रात! देखते हैं कै दिन जोश चलता है... शाम को दसासुमेध घाट पे इन सब का जमघट लगता है! मैं जानती नहीं, वहाँ क्या गुलछर्रे उड़ते हैं! अरे, खाने-पीने के सभी शौकीन होते हैं, मगर उसे सोशल सर्विस का नाम तो न दें! चले हैं गरीबों का उद्धार करने! भला इनके बस की बात है?"

"आप नहीं चाहतीं वह यह काम करें?"

"नहीं भाई, मैं क्यों न चाहूँगी...आखिर यह नेक काम है। मगर दिल्ली से जो लम्बी-चौड़ी पढ़ाई करके आए हैं, उसका कोई इस्तेाल न करेंगे क्या? पहले अपनी नौकरी ढूँढ़ लें, तब दूसरों के उद्धार के बारे में सोचें!"

तब कोठी में आए मुझे कई महीने हो चुके थे। मासीमा और मेशो से मैं काफी खुल गई थी। मुनीमा के साथ भी एक सहज रिश्ता बन गया था। उर्मी तो खैर, नाक सिकोड़े मुझसे दूर ही रहती थी। मगर आदित्य और विक्रम, दोनों भाई मेरे लिए पहेली बने हुए थे। कभी भूले-भटके विक्रम शाम को मासीमा की कहानी के जमघट में शामिल हो जाते। तब भी वह ज्यादा कुछ बोलते नहीं, मगर चेहरे पर इत्मीनान रहता। कभी ठहाका मार के हँसते भी। हँसते तो उनका चेहरा खिल उठता। गेहुँआ रंग के पीछे से लाली छलकने लगती।

बनते तो थे जैसे उन्होंने मुझे देखा ही न हो! मुझे क्या, उन्हें देख के लगता था अपने आसपास की कोई भी चीज को नहीं देख रहे। शायद घर पर भी उन्हें झोपड़पट्टी ही दिखती होगी! फिर भी एकाध बार, आँख के कोने से मैंने उन्हें अपनी तरफ देखते हुए पाया था। चेहरा ऐसा सीरियस कि लगता दुनिया आज ही खतम होने वाली है!

भगवान तेरी माया! आज यह घर पे क्या कर रहे हैं?

वह कुएँ के पास एकदम सीधे, बिना हिले-डुले खड़े थे। फीका-सा पीले रंग का कुर्ता, गले में वही अपना झंडा—वह चारखाने वाला लाल अँगोछा! लम्बे, दुबले-पतले, थोड़े मामूली से ज्यादा लम्बे बाल हवा में उलझे हुए, आँखें बादाम के शेप की दो फाँकें, गेहूँ जैसा सुनहरा रंग, हल्की सी दाढ़ी में भी भूरे सुनहरे महीन बाल। गेहूँ की सुनहरी नाजुक बाली जैसे दिखे भी, तब वह! जाने इस भरी दोपहरी की धूप में भेजा जलाने यहाँ काहे को खड़े थे?

फिर उनके हाथ में मैंने एक लम्बी-सी कॉपी देखी। कुछ लिखने के लिए यहाँ निकले थे? उन्हें देख के जितना मैं चौंकी, उससे ज्यादा वह सकपकाए हुए

दिखने लगे, जैसे उनकी चोरी पकड़ी गई हो! कुछ देर तक हम एक-दूसरे की तरफ हक्का-बक्का देखते रहे। एक लम्बे से पल के लिए न मैं अपनी आँखें मोड़ सकी, न उन्होंने दूसरी तरफ नजर फेरी। मैं यह तो नहीं कह सकती, कि उस नजर में हमारे बीच जो आगे होना था, उसका इशारा तभी से मौजूद था, मगर मुझे इतना जरूर लगा कि पहली बार उन्होंने शायद मुझे देखा है। वह लम्बी सी नजर जाने कैसी थी, कि मेरे पूरे बदन पर एक सिहरन दौड़ गई, जैसे कि खून की रफ्तार तेज हो गई हो!

मैं जल्दी से पलट के जाने लगी, तो पीछे से उनकी आवाज आई, "रुको!"

अरे! यह तो जोर से बोल भी सकते हैं!

मैं धीमे से मुड़ी। अपना वह मुड़ना! आज तक, जब इतना कुछ हो चुका, और चीलवाली कोठी के मेरे दिन एक सपना बन गए, मैं बार-बार वैसे ही मुड़ती हूँ, और बार-बार उन्हें वहाँ खड़ा हुआ पाती हूँ! दिमाग पर यह तसवीर ऐसे जा के चिपकी कि आँखों के आगे वही नाचती है।

वह एकदम सहज आवाज में बोले, जैसे कि हमारी पुरानी मुलाकात हो, "कहाँ भागी जा रही थीं तुम?"

"भागी कहाँ जा रही थी!"

"भाग तो रही थीं!"

"मैं भला क्यों भागूँगी? मैंने कुछ किया है क्या?"

"किया ही होगा! तभी तो दुम दबा के भाग रही थीं!"

यह तो छुपे रुस्तम निकले! मैं तो समझती थी यह बड़े शर्मीले हैं, किसी से कुछ बोलते नहीं। उस आदमी वाले दिन उनकी आवाज मैंने पहली बार सुनी थी। और यहाँ तो यह पटापट बोले जा रहे हैं!

अबकि वह बोले तो पूछा, "अच्छा बताओ, यह सिर पर चील का घोंसला क्यों बनाए रहती हो?"

ऐसे बेतुके सवाल का कोई जवाब होता है? मेरे हाथ सिर तक गए, तो उनकी आँखें भी साथ-साथ वहाँ गईं। वह मेरे चेहरे को देखे जा रहे थे। यह मुझे ऐसे क्यों घूरे जा रहे हैं? थोड़ा उधर देखें तो मेरे हाथ-पाँव में हरकत वापिस आए, जो लगता था एकदम से जम गए हों! उसी वक्त एक बेढंगी-सी चिड़िया पंख फड़फड़ाती हुई उनके पीछे झाड़ी में से उठी। मेरी तन्द्रा टूटी। मैं पलट के बोली, "नहीं पहले आप बताइए, आप गले में यह अजीब सा अँगोछा फाँसी के फन्दे की तरह क्यों टाँगे रहते हैं?"

"अरे, वह तो हम लोगों का ट्रेडमार्क है!"

"ट्रेडमार्क? और हम लोग कौन?"

"हम लोग, माने हम सब झोपड़पट्टी बस्ती में काम करने वाले!"

"अच्छा! तो झोपड़ी के अन्दर का हाल जानते हैं आप! मगर बताइए, आपके हाथ में यह बड़ी-सी कॉपी कैसी है?"

"मेरा जर्नल है।"

"क्या मैं देख सकती हूँ?"

"वह तो मैं किसी को नहीं दिखाता!"

"किसी को भी नहीं?"

"नहीं।"

"तो रखते ही क्यों हैं?"

"इसमें मेरे नोट्स हैं।"

"अच्छा, बस एक पेज तो दिखा दीजिए!"

वह थोड़ा ठिठके, "अरे, तुम्हें क्या खाक समझ में आएगा!"

"वह क्यों? आप समझते हैं मैं अनपढ़ बेवकूफ हूँ?" मैंने थोड़ा चिढ़ते हुए कहा।

"नहीं भाई, मैंने कब कहा तुम उल्लू हो?" ऐसी आवाज में, कि सचमुच समझते हों मैं उल्लू हूँ!

"अच्छा, लो देखो!" आखिर वह बोले। उन्होंने अपना जर्नल मेरे आगे बढ़ाया।

कॉपी के खुले पन्ने पर आगे झुकी तो मेरी गर्दन पर पीछे से पड़ती हुई धूप थी, कि उनकी जलती हुई आँखें, मगर एकाएक हल्की-सी तपन महसूस हुई। देखा तो पन्ने पर काली कलम से बने हुए चार-पाँच छोटे-छोटे हाथों के स्केच थे। बस, यही? मैंने बौखला के ऊपर देखा, उनकी तरफ। यह कौन-सी छुपानेवाली चीज थी? ऐसे हाथ तो मैं भी बना सकती हूँ!

"यह क्या है?"

"मैंने कहा था न, कि नहीं समझोगी?"

"अच्छा चलिए, माना कि मैं बेवकूफ हूँ! तो शिक्षा दीजिए, आप ही कुछ बताइए!"

"यह बच्चों के हाथ हैं। दुर्गा कुंड के मन्दिर के बगल में एक बस्ती है जहाँ मैं जाता हूँ...जानती हो, बस्ती?"

यह, और मुझसे पूछ रहे हैं! सौ बस्तियों का हाल मैं इन्हें समझा दूँ! यह क्या समझते हैं मैं राजमहल में रहती थी यहाँ आने से पहले?

इसके पहले कि मैं हाँ ना में जवाब दूँ, वह बताने लगे,

"वहाँ की झुग्गियों की छतें टूटे-फटे बोरों और पॉलिथीन की पन्नियों की बनी हुई हैं। कितना गन्दा मोहल्ला है। लोग गली में पेशाब करते हैं, सूअर कूड़े में लोटा करते हैं...एकदम छोटे-छोटे बच्चे खाज खाए कुत्तों के पीछे भागा करते हैं... हर चुनाव में नेता आ के बड़ी-बड़ी बातें करके चले जाते हैं, फिर शक्ल नहीं दिखाते...यह वहीं के बच्चों के हाथ हैं।"

"अच्छा! मगर इन हाथों का आप करेंगे क्या?"

वह मेरी बात सुने बगैर बोलते गए, "मैं इन बच्चों से खेलता हूँ, इन्हें पढ़ाता हूँ...देखो उन्होंने मेरे जर्नल में तसवीरें बनाई हैं..."

उन्होंने जर्नल के पन्ने खोल के मुझे दिखाए। मैंने देखा। कितना अगड़म-बगड़म! ढेरों बारीक लकीरें, न सिर न पैर, बस बार-बार वही लकीरें घूम के लौटती हुई, एक-दूसरे से मिल जाती थीं। पूरे-पूरे पन्ने एकदम भरे हुए, कहीं मार्जिन तक नहीं! मेरे मुँह से जोर से हँसी फूटी, तो एकदम से नसीरुन का कहना याद आया कि इस तरह मुँह फाड़ के हँसना मुझे शोभा नहीं देता! मैंने जल्दी से मुँह पर हाथ रख लिया। बोले,

"क्या नकली दाँत निकले पड़ रहे हैं जो मुँह इस तरह से ढक रही हो?" उनकी तो हर बात अनोखी! मैं उनके कहे को अनसुना करके बोली,

"यह क्या! इसमें तो किसी की भी तसवीर नहीं है!"

वह बोले, "ठीक से देखो!"

तब पन्ने पलट के, घूर-घूर के देखा तो पता चला लकीरों के बीच-बीच में लोग छुपे हुए हैं! ऐसे पैर तो हो ही नहीं सकते! और वह ऐसे शरीर से तो जुड़ ही नहीं सकते! फिर भी वह लोग चल फिर रहे हैं, दौड़ भाग रहे हैं! चिड़ियाँ भी ऐसी जिन्हें मैं नहीं चीन्हती, मगर उनके फैले हुए पंखों के फड़फड़ाने की आवाज कानों में आई! और उनके पंखों में उनका रूई के फाहे से भी ज्यादा नरमपन था! धरती के नीचे और धरती के ऊपर की दुनिया उन पन्नों में चल रही थी, अपनी चाल से। मगर असलियत से बित्ता भर ऊपर!

"इन बच्चों की कोई आवाज नहीं है...कोई अधिकार नहीं हैं...समझती हो, अधिकार? इनके लिए मुझे कुछ करना है!" वह बोले।

"क्या करेंगे आप? क्या कर सकते हैं आप?"

"हमारे पूर्वजों की हरकतों की वजह से इन लोगों का यह हाल है। मुझे इनका हाल सुधारना है!"

और उन्होंने मेरे चेहरे पर अपने बाप-दादा के कुसूरों से लथपथ, मुजरिमों की सी नजर डाली। जैसे वह जेल से भागे हुए कैदी हों। यह तो बेचारे मन भर के अपराध के नीचे दबे हुए हैं! इसमें तो मैं अपने जैसी गरीब लड़की का फायदा ही सूँघ रही हूँ! अगर पाँसा ठीक पड़ गया, तो देखना कितना बड़ा जनावर उसमें फँस के आता है!

इतने में उन्होंने मेरे हाथ से कॉपी छीन ली और लम्बे डग जल्दी-जल्दी भरते, घर की तरफ बढ़े, लगभग भागे। यह भी अजीब जन्तु हैं!

उस शाम मुझे जाने क्या हुआ कि मैं कुछ खोजने लगी। जल्दी-जल्दी अपने बक्से का सारा सामान पलट डाला। अपने सोने वाले कोने के ऊपर दीवार में बने

ताक पर हड़बड़ाती उँगलियाँ फेरीं। मगर धूल के अलावा कुछ हाथ नहीं लगा। अपने बिस्तरे का गद्दा उठा के नीचे झाँका। तकिए पर से गिलाफ, जिस पर शिशु मन्दिर के सिलाई किलास में अपने हाथों से गुलाब काढ़ा था, उतार के देखा। तकिया बिल्कुल नंगा! सब कुछ कितना नंगा, कहीं कुछ नहीं मिलता! मिले भी क्या और कैसे, जब पता ही नहीं हो कि क्या ढूँढ़ रही हूँ! चिढ़ और कुढ़न से मेरी आँखों में आँसू भर आए। मैंने जमीन पर पड़ी दुनिया की अपनी पूरी सम्पत्ति के छोटे से ढेर को एक निर्मम लात लगाई! सामान छितर गया, मगर मन न बहला।

फिर देखा आँगन में आँवले के पेड़ पर एक पक्षी बैठा है। काला कागा! अपनी कर्कश आवाज में बोले जा रहा है, "काँव! काँव!" अकेला कौआ दुख लाता है! सुनी-सुनाई कहावत कहीं मेरे अन्दर से उठी। लद्धड़ कदमों से भदभद भागती मैं बाहर आई, और गुस्से से बोली, "चुप! चुप रह! सारी बोली आज ही खतम कर डालेगा? अपना दुख ले के कहीं और जा के बैठ!" हाथ से जोर से ताली बजाई, तो हवा में हफ-हफ की आवाज करते उसके पंख बजे, और वह चक्कर काटता हुआ आसमान में उड़ गया!

3

जन्म–जन्मान्तर से मनुष्य की छोटी जिन्दगी पर, चींटी पर और हाथी पर, तिनके पर और तालाब की तरंग पर छाए हुए विराट अम्बर, तू ही बता। मेरी गोदी में फल आ के गिरे और मैं उसे न चक्खूँ?

विक्रम और मेरे बीच की यह अचानक मस्ती किस बीज से उग आई? अँजीर का पेड़ तपे हुए पत्थर में भी पनपता है, और अमरबेल हवाओं से खुराक ले के बढ़ती है!

पहला सवाल, तो क्या मैं सुन्दर हूँ? मैंने तो सोचा था बड़ा जतन करना पड़ेगा विक्रम की आँखों को अपनी तरफ मोड़ने के लिए, मगर जाने उनको क्या हो गया है, वह तो मेरे ही चेहरे पे चिपकी रहती हैं! कोने–कोने खड़ा मेरा इन्तजार किया करता है। मुझ जैसी गरीब, मामूली मुँह वाली लड़की का? मुझसे कहता है 'आप' नहीं, 'तुम' कहा करो! और अपनी गजब ढाने वाली मुस्कुराहट मुझ पर लुटाता है। उसकी वह लाख रुपए वाली मुस्कुराहट जिसे वह बड़ा बचा–बचाकर खर्च करता है! जब बकरा खुद ही बलि चढ़ने को उतावला, आ के सामने खड़ा हो जाए, तो क्या मैं उसे लौटा दूँ? इसमें भी मेरा ही कुसूर! तितली की तरह उसके आगे–पीछे मँडराया करती हूँ। बस भनक लग जाए कि वह उधर से आ रहा है, तो ऐसी बन जाती हूँ, कि उसी तरफ तो मुझे भी काम था। शिशु मन्दिर छोड़ते वक्त जो सुरमेदानी नीता ने दिया था, उसकी सलाई के जादू से आँखों में कैसी कसक पैदा कर लेती हूँ। फिर चितवन का निशाना ऐसा साधती हूँ, कि बेचारा वहीं ढेर हो जाता है! ओयहोयहोय! मैं तो पैदाइशी शिकारिन हूँ!

यह तो ख्याल आता ही नहीं कि हमारे बीच यह कौन सी ऐसी जगह है जिस पर हम बराबरी से खड़े हैं? मैं, जिसके पास अपना कहने को एक फूटी कौड़ी नहीं, अपना अतीत तक नहीं मेरे पास, और उधर वह, जिसका कई सौ साल का पिछला सब जाना बूझा है। वह पिछला जिसमें ठाठ–बाट भी था और पुरानी परम्परा का एक जगह ठुँका हुआ खूँटा!

बाद में तो बहुत सोचा मैंने उसके बारे में। जब वह उसी जवानी में अटका रहा

और मैं बड़ी, और बड़ी होती गई। बड़ी भी, पढ़ी-लिखी भी। नादानी पीछे छोड़, चीजों के बारे में सोचने के काबिल हो गई। अपनी सोच को अपने लिखे में उतारने के काबिल। अपने किए को दूर खड़े हो के परखने के काबिल। क्या मैंने सचमुच उसके साथ छल किया?

नहीं, आसमान। मैं कैसे समझाऊँ, कि अगर मैंने कभी किसी को प्यार किया, तो उसी को। यह अलग बात है कि गरीब लड़की का दिमाग कोठी के नाम धाम, इज्जत शान पर तो जाएगा ही। क्यों न चाहेगी वह इस कोठी के बेटे को अपने बस में करना? मेरी जगह कोई दूसरी होती, तो ऐसा न करती? फिर मैंने उस पर अपना प्यार भर-भर के नहीं लुटाया क्या? अपने जीवन का अनमोल रस घोलकर पिला दिया उसे। हाँ, मानती हूँ कि मुझे भी उससे अपने हिस्से का कम नहीं मिला। जैसे को तैसा! लेकिन मुझसे ब्याह करने में, मुझ अनाथ, बिना सन्देह नीच जाति की लड़की से, वह जैसे घिस के बौना हो जाता! मैं शिकायत नहीं कर रही, आसमान। प्यार तो जैसा मैंने उसे किया, वैसा, बल्कि उससे बढ़ के पाया। लेकिन वह मुकुट, कोठी की बहूरानी का मुकुट तो मुझसे आँख-मिचौनी ही खेलता रहा!

मगर एक वक्त आता है जब ताज साज, नाम, दर्जा, सबकी कीमत धूल हो जाती है, आसमान। हाँ, प्यार की भी। जब आगे इतनी बड़ी दुनिया पड़ी हो, तो मैं इत्ते से प्यार के भीतर सिकुड़कर रहूँ? हीरे को पत्थर में बदलते क्या देर लगती है? उधर हीरा पत्थर में बदला, इधर मैं अपने को हीरा समझने लगी! ऐसी अकड़, ऐसा दिमाग! सीधे मुँह बात ही नहीं करती थी। नहीं, उससे भी नहीं, जिसके कारण मुझमें यह परिवर्तन आया था।

मगर वह तो बाद में। पहले पहल तो खुशी का ठिकाना नहीं था। खुशी मेरी चाल से छलका करती थी! पैर जमीन पर पड़ते ही नहीं थे। मेरा घर धरती नहीं, ध्रुव तारा था।

बात-बात पर खिलखिलाहट छूटती थी! रसोई से निकल के सहन में आई, तो देखा मुनीमा मासीमा की आँख बचा के वहीं खड़ी बारिश के पानी में सिर धो रही हैं! बस, कूद पड़ी मैं भी बारिश में। मुनीमा के दोनों हाथों को अपने में पकड़ के चक्कर काटना शुरू किया।

''काले बादल पानी दे, पानी दे, गुड़ धानी दे!''

''अरे, अरे! तुझे हो क्या गया है? पागल हो गई है, क्या? छोड़ मुझे, चुड़ैल!''

उन्हें तो छोड़ दिया मगर नाचती चली गई तब वह चिल्लाईं, ''लीला भाभी, देख अपनी लाड़ली को! इसे तो परेत ने पकड़ लिया है। जरा बुलवा भेजो तो ओझे को। दो चार डंडे खा लेगी, तभी भूत उतरेगा इसके सिर पर से। अक्ल ठिकाने आ जाएगी!''

इसके पहले कि 'लीला भाभी' आ के धर दबोचें, मैं नंगे पैरों पर सरपट भागती, खिलखिलाती, बरसाती पानी के झरने बहाती, जा घुसी आँगन वाले नहानघर में!

4

पर मैं तो बहुत पहले की, उन दिनों की बात कर रही हूँ, जब विनी भाभी का नामोनिशान नहीं था घर में, और विक्रम को पीने की लत नहीं लगी थी। नयन का ऐसा जादू डाला था मैंने, कि विक्रम तो मेरे बिना आधा-अधूरा! ऐसा तमाशा रचा, कि वह और मैं एक-दूसरे का साया बने फिरते थे। उसने क्या मुझ पर जादू नहीं डाला था?

वक्त था कि चलता चला जाता था। किसकी मजाल थी कि उसे रोक दे, उसकी लय को तोड़ दे! हमारे पैर नहीं पंख थे, और हम दिन-भर उड़ा करते थे। क्या जाड़ा, क्या गर्मी, क्या बरसात!

बरसात के दिन। एहाते में उगी लम्बी-लम्बी घास के बीच से सरसराते हुए हम जाते थे, और चढ़ के बैठ जाते आम की फुनगी पर! वाह! यहाँ से तो पूरा शहर दिखता है! इसका तो कोई अन्दाज ही नहीं था मुझे। कोठी का एहाता खतम होते ही, बनारस शहर की गलियाँ किसी मछुआरे के जाल की तरह बिछी दिखती थीं। मकान और दरवाजे, खिड़की और छज्जे, कलश और बुर्ज, मीनार और गुम्बद। मीनारों पर फड़फड़ाते जंगली कबूतर!

"कुहू!" एक कोयल ने आकर कान में कहा।

"कुहू! कुहू!" मैंने और विक्रम ने एक आवाज हो के जवाब दिया। फिर तो आपस में बातचीत चालू हो गई। हम बोलते चले गए। हमारा गला सूखने लगा। कोयल का सुर फटने लगा।

"गला सूख रहा है। आम पके हैं। इजाजत हो तो हम चख लें?" विक्रम ने कोयल से पूछा।

"क्यों नहीं! अपना ही पेड़ समझो!" कोयल ने पंख फटकारकर जवाब दिया।

"क्या बारिश होगी?"

"देखो घनेरे काले बादल चले आ रहे हैं!"

"हवा भी तो मनचली है!"

एक पक्का आम यहीं, हमारी पहुँच के भीतर! लपक के तोड़ा मैंने और

पकड़ाया उसे विक्रम के हाथ में। पर विक्रम से तो पका हुआ समूचा आम सँभलता ही नहीं! यहाँ कोई प्लेट में सजी कटी हुई फाँकें तो हैं नहीं। उसे चुभलने को हुआ तो आम पिच्च से हो गया! उसकी लम्बी उँगलियाँ आपस में उलझ गईं और उनके बीच से खुशबूदार आम का सुनहरा, गाढ़ा रस छोटे-छोटे झरनों में बहने लगा।

"अरे अरे, यह क्या! सारा रस तो बहा जा रहा है!" मैंने झट उसके हाथ पकड़ लिए और एक-एक उँगली चाट के साफ कर डाली! उसने मुझे हैरान आँखों से देखा। अच्छा, तो ऐसे भी किया जा सकता है? कितना भोला-भाला, कितना मासूम था विक्रम। दुनिया की हर चीज के बारे में कितना मासूम! फिर मासूम विक्रम के चेहरे पे शरारत की मुस्कान! उसने अपनी ठुड्डी पे उँगली रखकर कहा "यहाँ भी तो बह रहा है!" और मैंने हुकुम बजाते नौकर की तरह वहाँ भी धीमे से जीभ फेरी! उसकी ठुड्डी के बीचोबीच एक गोल-सा भँवर। मेरी जीभ की नोक की साइज का। मेरी जीभ उसमें जा के ठहरी। फिर उसकी उँगली होंठ पर पहुँची, "यहाँ भी!"

कितना मीठा आम था। इतना मीठा आम तो मैंने जिन्दगी में नहीं चखा था! उसका रस खतम होने को नहीं आता!

हम दोनों को मीठे आम से प्यार हो गया। हर दिन कोई न कोई बहाने से पहुँच जाते हैं आम के पत्तों के बीच छुपने! पूरी-पूरी दोपहर पत्तों में गायब रहते हैं। फिर वहाँ से उतरते हैं तो तिनका ले के धूल में आकृतियाँ बनाते हैं। क्या कहती हैं लकीरें? कहीं घर है तो कहीं षटकोण, कहीं सितारा कहीं नदी! नदी के दो छोर!

"अच्छा बताओ, नदी के दो तट कभी मिल सकते हैं?"

"यह भी कोई सवाल हुआ, भला?"

"जवाब बता दो तो जानें!"

"अरे, सवाल है तो उसका जवाब भी होगा ही, न?"

नहीं, नहीं, यह तो सब निशान हैं, निशान! इन्हें पढ़ना आता हो तो सारी दुनिया तुम्हारी मुट्ठी में!

धूल पर सवाल पूछे जाते हैं, जवाब लिखे जाते हैं।

"मुझे हमेशा प्यार करोगे, विक्रम?"

"हमेशा, मीना!"

"हमेशा, हमेशा?"

"हमेशा तुम्हीं को प्यार करूँगा!"

"हमेशा! कसम खाते हो?"

"खाई कसम!"

"जब मैं बुड्ढी हो जाऊँगी, तब भी?"

"हाँ हाँ, बुढ़िया रानी, तब भी!"

"सच? मेरे बाल सफेद हो जाएँगे, तब भी मुझी को प्यार करोगे?"

"अरे, बाल सफेद हो जाएँगे...तब तो सोचना पड़ेगा!"

"अच्छा? सोच भी लेते हो तुम!"

"बस इतना बता दो कि लाठी ले के दौड़ाओगी तो नहीं!"

"और मर गई तो? तब भी, मरने के बाद भी मुझ ही को प्यार करोगे?"

"अरे बाप रे बाप! तुम्हारे साथ तो बहुत सी शर्तें हैं। तो क्या भूत बन के मेरा पीछा करने का इरादा है?"

उसकी गर्दन है, मेरी नाक। जाने उसके कुर्ते की महक है कि उसके बदन की, सोंधी सी खुशबू, जैसे कहीं बारिश हुई हो। एक पूछता है, दूसरा जवाब देता है। प्रेम में एक दूसरा बचना जैसे हम पर उतरा है; हम बच्चों की सी हरकतें करने लगते हैं।

"अच्छा बताओ, आज फिर हौज के पानी में हाथ तैराया जाए?"

"चलो तैराते हैं!"

"पानी कितना ठंडा है!"

पानी पर पेट के बल तैरती दो हथेली–मछलियाँ एक–दूसरे की तरफ बढ़ती हैं। ठिठकती हैं। फिर अचानक मिल जाने का आश्चर्य! हमारी उँगलियाँ एक–दूसरे में गुँथ जाती हैं।

हाथ में हाथ डाल के हम जाते हैं और बगीचा नापती हुई लम्बी, पतली सी मुंडेर पर चढ़ जाते हैं। दोनों हाथ सन्तुलन बनाए रखने के लिए हवा में उठाए, हम डगमग कदम आगे बढ़ाते हैं। जो गिरा वह गया खाई में! दोनों ही सुरक्षित पार हो जाते हैं। फिर पार हो जाने की खुशी! जैसे हमने साथ–साथ जाने कौन सी मुसीबत पार कर ली हो!

पूनम की रात में हम टहलने निकल पड़ते हैं, और बड़ा सा चाँद बाल्टी भर भर के चाँदनी हमारे ऊपर उँड़ेलता है। महुए के पेड़ से पके महुए टप–टप, अपनी मदहोशी लिए, हमारे आसपास बिखर जाते हैं, अनन्त के फल की तरह। नहीं, यह खतम कैसे हो सकता है? यह तो चलता रहेगा, हमेशा, हमेशा।

5

मौसम हमारे सामने से दबे पाँव निकल जाते हैं और हम गौर नहीं करते। बरसात की रिमझिम के बाद शरद की चाँदनी रातें उतरती हैं। एहाता रात की रानी से गमकता है। हरसिंगार अपने नारंगी डंडी वाले लहरिया फूल बरसाता है। अपनी शर्मीली खुशबू धीमे-धीमे हवा में घोलता है। घर में सिंघाड़े आते हैं। उनको देख के मेरी कल्पना सजग हो जाती है। मुझे लगता है ढेर सारे छोटे-छोटे गैया के सिर थाली में रखे हैं! बिल्कुल वही शेप, सिर पर सींगों की जगह दो काँटे! मैं उर्मी को उन्हें दिखाती हूँ, उनकी गाय के सिर से समानता पर ध्यान आकर्षित करवाती हूँ। उर्मी को कोई समानता नहीं दिखती। वह त्योरी चढ़ा के मुझे देखती है, मानो कह रही हो, "कितनी अजीब हो तुम!" वह एक सिंघाड़ा उठा के छीलने को होती है तो उसका लम्बा सा काँटा उसकी उँगली में गड़ जाता है। वह मेरी तरफ चिढ़ के देखती है, जैसे इसमें मेरी कोई साजिश हो।

फिर कातिक का गुलाबी जाड़ा। मासीमा रंग-बिरंगे ऊन के गोलों से स्वेटर की नई-नई डिजाइनें ईजाद करती हैं। एक के बाद एक तीन स्वेटर बुन डालती हैं। जाड़ा गहराता है और मकर संक्रान्ति आ पहुँचती है! मासीमा तिल के लड्डू बनाती हैं। उड़द की दाल और चावल में सोआ डाल के खिचड़ी पकती है। उसकी भीनी खुशबू घर में फैल जाती है। रामदाने की लैया और गुड़ की पट्टी वाला पुकारता हुआ गली से गुजरता है। नए गुड़ की सुनहरी भेलियाँ दसासुमेध पर, और बाजारों के नुक्कड़ पर, ठेलों में ऊपर तक लदी बिकती हैं।

मासीमा एक बार में पसेरी भर गुड़ मँगवा के सेव बनाती हैं। लाई के लड्डू। बाजरे की टिकिया के साथ देसी घी और गुड़ भी क्या मजा देता है!

बनारस शहर पर छाया प्राचीन आसमान नाचती हुई लाखों पतंगों के फड़फड़ाते कागज का बना मालूम देता है! चीलवाली कोठी के फैले हुए एहाते में ढेरों कटी हुई गुड्डियाँ तैरती हुई उतरती हैं। मासीमा उन्हें देख के बच्चों की तरह खुश हो जाती हैं। वे उन्हें इकट्ठा करा के रखती हैं। गुड्डी उड़ाना उनका बचपन का शौक है।

आह! फुर्तीले समय! अदृश्य पैरों पर भागते फिसलते, इतनी तेजी से कहाँ जा के बिला जाते हो? कोठी में आए भला मुझे कै साल हो गए? अभी उसी दिन तो आई थी!

याददाश्त बस इतना बताती है कि वे दिन थे, जब मासीमा मेरी शिक्षा के सवाल को बड़ी गम्भीरता से ले रही थीं। चाहती थीं कि कम-से-कम समय में मैं ज्यादा-से-ज्यादा चीजें सीख जाऊँ। बात-बात में वह मेरी परीक्षा लेती थीं। बोलीं,

"अच्छा, चारों दिशाएँ सही-सही बता दो तो तुम्हें गुड्डी उड़ाना सिखा दूँगी!"

फिर चालाकी से मुस्कुराईं, "जल्दी से बताओ, दक्खिन किस तरफ है?"

बिना किसी तैयारी के कभी वह गणित का कोई सवाल पूछ लेतीं, कभी भूगोल का और अंग्रेजी तो जैसे उन्होंने ठान लिया था कि मुझे सिखा के ही छोड़ेंगी। इस मकसद से उन्होंने मेरे लिए 'रैपिडेक्स इंग्लिश रीडर' मँगवा दी थी, जिसके ऊपर मैं रोज सिर पटक रही थी। तालू और जीभ उन पराये शब्दों के भूगोल पर लड़खड़ाते, सौ बार उनपे विचरने के ख्याल से विद्रोह करते और पटकैयाँ देकर मुझे गिराते।

कभी कोई दिन ऐसा होता कि पढ़ने का मूड ही नहीं बन पाता। जब पीढ़ियों की अशिक्षा मेरे अन्दर गोल-गोल चक्कर काटने लगती तब मेरी चोटी पर हल्का सा झटका दे के, मेरी आँखों में आँख डाल के मासीमा कहतीं,

"क्या झाड़ू-पोंछा करके जिन्दगी बसर करने का इरादा है?" फिर मेरी आँखों की ढिठाई देख के समझातीं,

"शिक्षा ही तुम्हारे साथ हमेशा रहेगी। यह एक ही ऐसी चीज है, जिसे कोई तुमसे ले नहीं सकता।"

वह जितना भी सिखातीं, दिशाओं के बारे में मेरे मन में दुविधा बनी रही। या तो वह घर ही ऐसा था, कमरे में से कमरा निकलता हुआ, जैसे हर दिशा से फूटता, या मेरे दिमाग में उसको लेकर एक गुत्थी बन गई थी, कि मुझे हरदम लगता कि मैं मर जाऊँगी, बिना यह जाने कि उत्तर किस तरफ है और दक्खिन किस तरफ! और पच्छिम तो जैसे जिद्दी बच्चे की तरह सिर लटकाए, कमरे से कमरे फिरा करता था। अगर किसी दिशा का मुझे पता रहता था, तो वह था सुबह सूरज उगने के समय पूरब का, मगर वह भी दिन-भर में इधर-उधर हो जाता!

फिर भी, वहाँ रहते में, मासीमा के कहने पर मैंने बी.ए. के प्राइवेट इम्तिहान के लिए फार्म भर दिया और ताज्जुब! पास भी हो गई! एम.ए. की तैयारी शुरू कर दी। मासीमा के ही आग्रह की वजह से मैंने डायरी लिखना शुरू किया। पहले तो एक पेज लिखना ही पहाड़ हो जाता। इतनी आसकत आती कि डायरी उठा के दूर कहीं फेंक दूँ, कि मुझे दोबारा उसकी सूरत न दिखे! मगर धीमे-धीमे करके उसमें मन लगने लगा। मेरे लिखे की लम्बान भी बढ़ती गई और लिखने पर बिताया समय

भी। हर छोटी–बड़ी घटना को नई कलाकारी के साथ लिखने की कोशिश करती। फिर ऐसा वक्त भी आया, जब डायरी मेरी अन्तरंग मित्र बन गई, और मैं उन मौकों का इन्तजार करने लगी कि अपनी डायरी के आगे बैठ सकूँ। एकाएक मेरी बातूनी डायरी में शब्दों की धारा बहने लगी।

तभी पहली बार मन में लेखक बनने का सपना जागा।

6

तो फिर कच्ची उमर पीछे छूट गई और वह देखो, मैं दूर खड़ी हूँ क्षितिज पर, जहाँ गँवार पे शिक्षित की विजय हुई जा रही है। मासीमा ने दिमाग में शिक्षा का चिराग क्या जलाया, कि अब तिमिर सहा नहीं जाता! गोल कमरे की अलमारी से कभी 'चंद्रकान्ता', कभी 'मानसरोवर', कभी 'मुक्तिबोध रचनावली', कभी अन्य लेखकों की रचनावली निकाल के, उनकी भूलभुलैया में घुसती हूँ, तो और अन्दर, और अन्दर घुसती चली जाती हूँ। अपनी सीमित दुनिया के घेरे के बाहर दूर, सुदूर, कभी एकदम पास, कितने जगत खुलते जाते हैं! इनका तो आभास ही नहीं था मुझे।

. और अगर मैं किताबों को पढ़ती हूँ, तो वह मुझे पढ़ती हैं; इधर कुरेदती हैं, उधर जगाती हैं और मैं अपने को पहचान नहीं पा रही हूँ। यह नहीं मैं! यह नया अस्तित्व भी कैसे आतंक को जन्म देता है! कहाँ दूर, रात के अन्धकार में ओझल हुआ जा रहा है मेरा वह पुराना, जाना-पहचाना आकार? यह कौन से दरवाजे हैं, जो बन्द हो रहे हैं और खुल रहे हैं? यह कौन सी आँखें हैं जिनके अँधेरे पानी में रोशनियाँ चमकने लगी हैं?

याद करती हूँ तो वह वहीं है, बिल्कुल वैसा ही। सारे बदलाव से अछूता। विक्रम; सदा जवान, सदा मासूम, अपनी शर्मीली मुस्कान मुस्कुराता। उसी पल में लटका। एक पीला होता, भुरभुराता हुआ पल, जो घटनाओं के बेतरतीब सिलसिले से जन्मा, मगर जो आसानी से कुछ और भी बन सकता था। नहीं बना। भाग्य की टेढ़ी-मेढ़ी रेखाओं में उलझता, तैरता, वही पल घटा और अपने घटने में अमिट हो गया। वह शाश्वत पल, जो अपने होने में अडिग रहा, जब चारों तरफ सब कुछ तेजी से बदलता चला गया। उसके बाद का होना होता रहा। मोर बोला, कागा बोला, सुग्गा बोला, धरती पर आवाजों का शोर उठा। नहीं बोला विक्रम।

''बरेली की गार्डन सिल्क साड़ी!''

उस पल के घटने के घंटे दो घंटे के भीतर ही, वारदात के स्थान पर पहुँचा पुलिस अचम्भे से बोला।

''ऐसवरिया राय वाली साड़ी! दुइ हज्जार से कम की न होई!''

पतली टाँगें, सिर पर तिकोनी टोपी और हाथ में लाठी लिए कार्टून जैसा दिखता पुलिस! आपके साथ, आपके लिए हमेशा। उसने चीलवाली कोठी पर उतरी नई नवेली सुबह में छड़ी से साड़ी के सिरे को टटोला, फैलाया। विनी भाभी की लाल रंग की साड़ी। उस पर बड़े-बड़े पीले फूल! कैसे मुँह फैलाए हुए थे वह पीले फूल, अपने नकली होने में भी जिन्दा, जैसे कि वे इस अनहोनी मौत पर हँस रहे हों। वह मौत जिसने विक्रम के गले पर अपना शिकंजा कसा था, फूलों वाली इस साड़ी से बने फन्दे से। अभी कुछ ही घंटों पहले मौत उसकी आँखों पर चढ़कर बैठ गई थी, उसके दिल, पर उसकी साँस पर भी, और विक्रम से अपनी कर्जा वसूल कर के ठंडी पड़ गई थी। सब कुछ शान्त था। अब कहीं कोई सुगबुगाहट नहीं।

''इतनी हाई फाई मौत!'' आया हुआ पुलिस साड़ी को ललचाई नजरों से देखकर बड़बड़ाया।

''मेरी मिसेज को जिन्दगी में इतनी बढ़िया साड़ी नसीब नहीं हुई! मगर इनके नक्से देखो! इतनी मँहगी साड़ी का सत्यानास! अरे, मरने पर ही उतारू थे, तो काहे नहीं लगा दिए छलाँग ओही कुँइया में, जिसपे लटक के दम तोड़े? मगर नहीं भाई, हियाँ तो सब लाटसाहब हैं। फैसन! दिखावा! हुँह!''

हिकारत से उसका मुँह टेढ़ा हुआ।

कुएँ के पास विक्रम को लिटाया गया था। कुएँ के आर-पार जाती शहतीर पर से उतारकर, जिस पर उसने अपने को टाँगा था। जो अभी-अभी विक्रम था, उसका लोगों की खुसफुसाहट में दोबारा नामकरण हो गया। मिट्टी। मिट्टी को कुएँ पर से उतारा गया, मिट्टी देखो वहाँ रखी है। रखी। एक चीज। विक्रम नहीं। मिट्टी के लिए बर्फ का इन्तजाम करना पड़ेगा। कहाँ गया विक्रम? अब यहाँ तो कोई दूसरी चीज है। मिट्टी। विक्रम के बिना सिर्फ उसका शरीर। कितना रहस्यमयी था यह जाना। इतनी जल्दी से, इतनी सी साँस के रुकने से इतना कुछ बदल जाना! पुलिस केस हुआ। जैसा कि इन परिस्थितियों में होता है। फिर फैसला सुनाया गया। आत्महत्या। अनाम कारणों से।

मासीमा को यकीन नहीं आया। जैसे कि रेलगाड़ी इंजन से अलग होने के बाद भी कुछ दूर तक चलती चली जाती है उस पुराने दम पर, वैसे ही वह चलती रहीं कुछ दिनों तक। उनके दुख में साथ देने, उसे बाँटने, लोगों की भीड़ नदी की तरह घर में बहती चली आई। सिर झुकाकर उन्होंने सबकी सान्त्वना-दिलासा स्वीकार की। जाते-जाते लोगों में खुसुर-फुसुर हुई, ''इ कइसन माई हौ रे, एकरे अँखिया में तो एक्को आँसू न आइल!''

देखने वालों ने देखा, किले की फसील अभी खड़ी है। मगर अन्दर की दीवारें भसभसा के गिरीं, यह किसी ने नहीं देखा। मासीमा की हँसी गायब हो गई। उनका चेहरा अजनबी हो गया।

चीलवाली कोठी की किताब का एक और पन्ना पल-भर को फड़फड़ाया, फिर पलट गया।

पर मैं तो आगे भागी जा रही हूँ। यह सब तो बहुत बाद में हुआ। अभी तो विक्रम जीता-जागता मौजूद है। विनी भाभी घर में आई तक नहीं हैं, और उस आगे का पिछला घटने को बचा है।

पाँच

परम्परा अपरम्पार

परम्परा अपरम्पार!
जीने के संस्कार
जो नहीं बदलता
वह आदत में ढलता
आवाज का रंग
चाल का ढंग
रह जाता संग।
हाथों का स्पर्श
आँख का दर्श
चेहरे पे ठहरा हुआ है
स्मित का हर्ष!
बोली के गीत
में है मीत
की प्रीत
परम्परा और रीत
की हुई है जीत
है परम्परा का
शरीर में वास।
राय त्रिविक्रम नारायण दास
शर्मीले, शालीन
कह सकते हैं
उन्हें कुलीन!
उनसे जो चाहो
वह माँग लो
दुनिया माँग लो
चाहे
चाँद माँग लो
जीवन का पहला प्यार

या उनके सुख का सार
माँग लो।
नहीं मना करेंगे कर नहीं पाएँगे
उस "न" का उभरना
और मुँह तक आना!
एक-दूसरे से यह
दोनों हैं क्या नगीच?
उनके तो बीच
है मीलों का फासला
वही परम्परा का वास्ता।
तमीज तहजीब
भी हैं क्या अजीब
"न" नहीं कह पाएँगे
आँखें बन्द
चेहरे पे रंग
है यह कैसा संघर्ष!
काश कहीं और होता
जहाँ यह पेंचीदा मसला,
यानी यह फैसला
करना न होता
इसका मतलब,
जो है इसका सबब
आप समझ सकें
तो समझ लें
नहीं तो
करते रहिए इन्तजार
उस "न" को
करना है पीढ़ियाँ पार,
वही पुराना है सवाल
परम्परा अपरम्पार!

1

ऐसी आँखें मैंने नहीं देखीं! ऐसा नहीं कि वह बहुत सुन्दर हों, या कि मीना ही बहुत सुन्दर है। मगर उसकी आँखों में जरूर कोई बात है कि मैं, विक्रम, बार-बार उनकी तरफ ही खिंचता चला जाता हूँ! वह आँखें सचमुच पुकारती हैं। जैसे अपनी अनोखी भाषा को पढ़ने के लिए पुकार-पुकार के नेवता दे रही हों। आओ-आओ, अब आ भी जाओ! उनमें उफान आता है, फिर शान्त हो जाती हैं। मगर फौरन ही उनमें फिर कुछ उमड़ने लगता है, बिल्कुल ज्वार की तरह! जैसे वे कुछ ऐसा कह रही हों जिसको सुनने के लिए ही मैं पैदा हुआ हूँ, और वह मुझे वही बात बताने को।

यह क्या है, इक्जैक्टली? रूहानी इश्क? मगर इस तरह की बकवास में मेरा कोई विश्वास नहीं! फिर भी, उसके चेहरे से आँखें पल भर को हटाता हूँ तो फौरन ही कौतूहल होने लगता है कि कैसा था वह चेहरा? फिर से उसकी तरफ देखने को मजबूर हो जाता हूँ। जैसे कि यह कोई मेरी अपनी जरूरत हो। जैसे कि मैं उस नजर से बँध गया हूँ और अब मैं उसे छुड़ा के, उससे अलग, कुछ नहीं कर पाऊँगा। उसी के साथ-साथ, उसके पीछे-पीछे चलता रहूँगा। यह मुझे क्या होता जा रहा है? जो बातें मैं जिन्दगी भर किसी को नहीं बता पाया हूँ, वह सब मुझसे कहलवा लेती है। कोई जादूगरनी है, क्या? विक्रम! तुम पढ़े-लिखे इनसान हो। यह कैसी बेकार की बातें सोच रहे हो?

उससे मैं शादी तो करना नहीं चाहता, इतना दिमाग में साफ है। आखिर तो वह अनाथालय से आई गरीब लड़की है। क्या जानते हैं हम उसके बारे में? इंग्लिश तक नहीं बोल पाती है। मैं, इतने पुराने शिक्षित परिवार का वंशज, दिल्ली यूनिवर्सिटी का पढ़ा हुआ, उससे शादी कैसे कर सकता हूँ? तो क्या मैं उसका फायदा उठा रहा हूँ? मैं और मेरी बड़ी-बड़ी बातें! गरीबों के बीच काम करूँगा, उनका उद्धार। किसी को गरीबी में नहीं रहना चाहिए। तो गरीब लड़की का मैं यही उद्धार कर रहा हूँ? उसके साथ काम? काम! वासना। नहीं, यह सिर्फ वासना का मामला नहीं। उससे बढ़ के कुछ है।

एक मन कहता है कि वह यहाँ से चली जाए तो अच्छा हो। सामने दिखेगी नहीं

तो शायद मैं उसके बारे में सोचना बन्द कर दूँ। अभी तो जैसे वह मेरे ऊपर जादू किए हुए है। पूरे वक्त उसी के बारे में सोचा करता हूँ। मान लो मैं उससे शादी करना भी चाहूँ तो माँ मेरे इस प्यार को कभी स्वीकार नहीं करेंगी। मीना को प्यार से घर में रखे रहें, यह एक बात है, मगर मैं उससे शादी करना चाहूँ, यह तो अनहोनी बात होगी!

मौसम बदल रहा है। दशहरे के कई दिन पहले से ही यहाँ जगह-जगह रामलीला होने लगती है। सैकड़ों साल से ले के अब तक होती आ रही है। कल मीना को ले के माँ नाटी इमली की रामलीला देखने जा रही थीं। मुझे इस सबसे ज्यादा लेना-देना नहीं रहता। कई-कई साल निकल जाते हैं और मैं एक बार भी भरत मिलाप देखने नहीं जाता। बस जो बचपन में देख लिया, जिन्दगी भर के लिए काफी है। वैसे तो राजा बनारस अपने जुलूस के आगे-आगे, हौदे पे बैठे हुए आज भी चीलवाली कोठी के सामने से निकलते हैं। बचपन में कोठी की ऊँची चारदीवारी पे चढ़ के मैं जुलूस को निकलते देखता था, पर अब बहुत हो चुका।

मगर कल मैंने माँ से कहा मैं भी चलूँगा। माँ थोड़े आश्चर्य से बोलीं,

"अच्छा? मगर देखो, हमें देर न करा देना!" और मेरा चेहरा उन्होंने बड़े गौर से देखा कि कहीं मेरी तबीयत तो नहीं बिगड़ रही! कोई भी चीज करता हूँ जो मैं अमूमन नहीं करता; तो वह मेरा चेहरा यूँ ही निहारती हैं। उनकी नजर बहुत तेज है। मेरी तरफ इतनी गौर से देखती हैं तो मुझे लगता है वह मेरे अन्दर टार्च चमका के झाँक रही हैं, कि वहाँ क्या है!

मुझे अपने ऊपर ताज्जुब है। दुम हिलाता, इस लड़की के पीछे-पीछे किस तरह भाग रहा हूँ! इसी के चलते तो कभी-कभी 'अँगना' के काम में भी पिछड़ जाता हूँ। और यह ख्याल तो कई दिनों तक आता ही नहीं कि मुझे नौकरी खोजने की कोशिश करनी चाहिए। दिल कहता है दिन-भर बस घर पर बैठा उसका चेहरा ही निहारता रहूँ! खुद ही नहीं जानता कि मैं क्यों इस तरह उससे मंत्रमुग्ध हूँ!

जैसे-जैसे सूरज ढलने लगा, उसकी आखिरी किरणें बाँस बल्ली से बने मंच पर पड़ने लगीं। तभी शाम का कार्यक्रम शुरू हुआ। पात्र सिर्फ परछाइयों की तरह मंच पर चल फिर रहे थे, कुछ बोल नहीं रहे थे। रामचरितमानस पीछे से पढ़ी जा रही थी। मगर मैं स्टेज को नहीं देख रहा था। ढलते सूरज की तिरछी रोशनी को मीना की आँखों ने सोख लिया था। आँखों में एक मद्धिम सी लौ थी। जलती बुझती, जलती बुझती। फिर गहराती साँझ का अँधेरा उनमें पसर गया और उनमें रात के रहस्य भर गए।

कहा न, आजकल मौसम बदल रहा है। बरसात की उमस और भारीपन पीछे छूट गए और जाड़े की हल्की चुभन महसूस हो रही है। हवा में छोटी-छोटी सुइयाँ उग आई हों, जैसे। मौसम बदलता है तो मेरी नाक पगला जाती है! नाक का ऐसा बारीक बैलेंस है, कि जरा सा ठंड बढ़ी या घटी, कि मुझे छींक पे छींक आना शुरू हो जाती है। "आच्छू! हाच्छू!" मैं पूरी आवाज से छींका, लगभग चीखा। छींकते-

छींकते नाक छिल गई है, आँखों से लगतार पानी बह रहा है। माँ मेरे कमरे में आईं। वह मेरे इतनी जोर से छींकने पर चौंक गईं। बोलीं, ''गोली खा लो।'' उन्होंने गिलास में पानी और गोली ला के मुझे दी। कुछ देर में छींक तो रुक गई, मगर गोली के असर से नींद आँखों में आ के ऐसी बसी, मानो उसे अपना पुराना घर मिल गया हो। दोपहर को सोया तो देर शाम तक सोता चला गया।

इस लम्बे सोने में मुझे सपना आया। सपने में भी सोया हुआ हूँ। नींद के गहरे कमरे में उतर के। ड्रीम में सो के जगता हूँ। आँखें खोलता हूँ तो भी कहीं दिन की रोशनी नहीं, बस अँधेरा ही अँधेरा! घुप्प अँधेरा। कुछ नहीं दिख रहा। हाथ को हाथ नहीं सूझता। फिर उसी अँधेरे में तैरती हुई दो आँखें उभरती हैं। कैसी नंगी आँखें हैं! उनके अन्दर दूर तक देखा जा सकता है। देखता चला जाता हूँ जैसे किसी लम्बी सी सुरंग के अन्दर। सुरंग के आखिर में एक दरवाजा है। बन्द। उसके दोनों पट बन्द हैं।

''मीना!''

''हम्म?''

''मीना, तुम यह दरवाजा बन्द क्यों रखती हो?''

''कौन सा दरवाजा?''

''यही आखिरी दरवाजा!''

''अरे वह!''

''बताओ?''

''वह आखिरी दरवाजा नहीं है, विक्रम! वह तो पहला दरवाजा है!''

''मगर मेरे लिए वह बन्द क्यों है?''

''वह तुम्हारे लिए ही नहीं, मेरे लिए भी बन्द है!''

''मैं समझा नहीं, मीना?''

''समझोगे कैसे?''

''क्यों, क्या मैं इतना नासमझ हूँ?''

''नहीं, तुम नासमझ नहीं हो विक्रम! तुम समझोगे नहीं क्योंकि मैं समझी जाना नहीं चाहती, बस!''

वह भागती चली जा रही है, बनारस की टेढ़ी तिरछी अनन्त गलियों में, मन्दिरों और दुकानों, खोमचों के सामने से। बनारस, और सन्नाटी गलियाँ! यहाँ की भीड़ कहाँ चली गई? फिर नदी का किनारा। काली नदी में मन्दिर लुढ़के पड़े हैं। पत्थर से उगे पीपल की डालें आकाश पर फैली हैं। सब विचित्र ढंग से खामोश है। हाऊ स्ट्रेंज। किसी भिखमंगे की तरह मैं उसका पीछा करता हूँ। वह अँधेरे में ठोकर खा के गिरती है। मैं उसके ऊपर गिरता हूँ। मेरे हाथ उसके अँधेरे शरीर पर सरकते हैं। उसका अँधेरा शरीर चुम्बनों से ढक देता हूँ। वह मेरी नींद में घुल मिल जाती है। उसके साथ सोया हुआ हूँ, मगर अकेला सो रहा हूँ। कहाँ है मीना? ओह, वही

कम्बख्त बन्द दरवाजा! उसी बन्द दरवाजे के पीछे गायब हो गई है।

उठा तो अपने को पसीने में तरबतर पाया। कुछ देर के लिए एकदम बौखला गया। बाहर शाम का बैंगनी रंग था। बैंगनी आसमान। कोई आवाज नहीं। हवा पर बस वही गौरैयों की ऊँची चहचहाहट, जो दोनों वक्त मिलते हुआ करती है। कैसी घबराहट हो रही है। दिल दुगुनी रफ्तार से धड़क रहा है। कमरे से बाहर निकलकर गोल कमरे में गया। वहाँ कोई नहीं था। फिर देखा, तो कमरे के एक कोने में आदित्य बैठा माचिस की डिबियों से अपने 'मीनार' बना रहा है। एक माचिस की डिबिया रखता है, फिर बिल्कुल सधे हुए हाथ से उसके ऊपर दूसरी, फिर तीसरी। डिबियों का ढेर थोड़ा ऊँचा हो गया, तो पीछे कुर्सी पे टेक लगा के, उसने अपनी कारीगरी पर निगाह फेरी। शायद थोड़ा मुस्कुराया भी, पर ऊपर नहीं देखा। आजकल आदित्य की तबीयत फिर गड़बड़ है। उसके 'मीनार' कोई गलती से तोड़ दे तो तैश में आ जाता है। अब उस कोने में किसकी मजाल है कि कोई चीज हटा बढ़ा दे! मैं चुपचाप वहाँ से निकल गया।

कल भी तो ऐसे ही हुआ था। देखा तो एक मेज के आगे बैठा है। होंठों को उसने गोल शेप में समेट लिया था, जैसे किसी चीज पर फूँक रहा हो। और पूरे समय मुँह से 'फू! फू!' की आवाज निकाल रहा था। मैंने पूछा, "यह क्या कर रहे हो, आदित्य?" तो बड़ी बेचैनी से, झुँझलाते हुए मुझसे बोला, "आजकल मैं फायर-ईटिंग सीख रहा हूँ!"

मैंने उससे बहस नहीं की, न ज्यादा कुछ पूछा। इन बातों पर बहस कैसी? जब वह इस तरह है, तो मैं उससे कह भी क्या सकता हूँ? फिर खुद ही वह हँसने लगा। कोई पागल थोड़ी है। ही इज नो लूनटिक, बिलीव मी! उसका दिमाग सही-सलामत चलता है। कभी-कभी तो सही-सलामत से भी ज्यादा सही। चालाकी पे उतर आता है। हीरा के साथ सिर जोड़े न जाने क्या खुसफुस किया करता है, जैसे दोनों मिल के कोई खिचड़ी पका रहे हों। यह राज भी खुलेगा।

मगर जब सही रहता है तो पैसा कमाने की नई-नई स्कीमें सोचा करता है। यह जिद इसे हमारे किसी पूर्वज से मिली होगी! जिद मिल गई, मगर पैसा कमाने का हुनर नहीं। उसकी कोई भी स्कीम सफल नहीं हो पाती है। एक बार उसने प्रिंटिंग प्रेस चलाने के लिए बैंक से लोन लिया था, मगर प्रेस नहीं चला। इसी तरह से कई बार और कोशिश करके देख लिया। कभी कॉपी पेन्सिल की दुकान, कभी साड़ी की। मगर यह दुकानदारी उसके बस की बात नहीं। डैड को कई साल तक पैसे भरने पड़े। और डैड ही के पास कौन खजाना रखा हुआ है! आखिर उन्होंने कहा,

"अब चुप हो के बैठ जाओ। अपने को सँभाल लो तो यही बड़ा काम होगा।"

उसके साथ कई बार ऐसा हो चुका है। कोई चीज में सफल नहीं हो पाता। मेरे कहने का यह मतलब नहीं, कि मैं ही कोई बड़ा तोप हूँ! मगर अभी आगे तो लम्बी

जिन्दगी पड़ी है। कुछ न कुछ कर ही लूँगा।

जब हम दोनों साथ होते हैं तो जाने क्या होता है, कि हम एक-दूसरे से आँख नहीं मिला पाते। मैं भी चोर की तरह उसके चेहरे को देखता हूँ, पर आँख में आँख डाल के बात नहीं कर पाता। आँख मिलाने में तकलीफ होती है। क्या इसलिए, कि आँखें होंठों से ज्यादा बारीक भाषा में बात करती हैं? और उनमें मुझे, या शायद उसे भी, दूसरे का अजनबीपन दिख जाता है। हम तीनों भाई-बहन ही एक-दूसरे के लिए अजनबी से हैं। साथ-साथ बड़े हुए, माने एक ही छत के नीचे बड़े हुए, मगर न जाने क्या चीज है, जो हम लोगों को एक-दूसरे से खुल के बात करने से रोकती है। माँ ही हैं जो इस परिवार को एक साथ समेटे हुए हैं, नहीं तो हम कब के तितर-बितर हो गए होते। हम तीनों बड़े तो हो गए हैं, मगर कोई भी अपने पैरों पर नहीं खड़ा हो सका है। आदित्य तो खैर...उसका क्या कहा जा सकता है। कोशिश करके देख चुका है। मगर उर्मी और मैं अभी तक नहीं तय कर पाए कि हमें आगे किस दिशा में बढ़ना है। बस एक धुँधली-सी आशा बनी रहती है। मेरी शिक्षा तो काम देगी ही, न? शायद पढ़ाने की ही नौकरी मिल जाए। अभी मैंने कोशिश ही कहाँ की है? मगर मैं यह बस यूँ ही कहता हूँ; मुझे किसी भी चीज पर, अपने पर भी, विश्वास थोड़ी है।

जो पीछे छूट गए, उनमें से कोई भी ऐसे दिन याद नहीं आते, जिन्हें मैं दोहराना चाहता! सब एक जैसे दिशाहीन। आगे का कुछ पता नहीं। और अपने आज पर मैं भरोसा नहीं कर पाता। कुछ भी ऐसा नहीं समझ में आता जिस पर उम्मीद रख सकूँ। बस इस सारी शंका में से एक झक उभरकर आती है। माई ग्रैंड ऑबसेशन। मुझे अपने शब्द, अपने विचार, अपने जीवन से सिद्ध करना होगा। क्योंकि ऐसा न करना सबसे बड़ी बेईमानी होगी। कभी-कभी तो इतने डिप्रैशन में आ जाता हूँ, कि लगता है ऐसा बेकार जीवन जी के भी क्या होगा। अपने को खत्म कर डालने का ख्याल मन में उठता है। मगर उसके लिए तो आत्मबल चाहिए। और अभी तो मेरे आगे बहुत वक्त पड़ा है। इतनी जल्दी हिम्मत नहीं हारना चाहिए।

फिर भी, ऐसे समय के बारे में सोच नहीं पाता जब मैं इस कोठी से निकलकर कहीं और, कोई दूसरी जिन्दगी बनाने में सफल होऊँगा। ऐसी कोठियों में रहने वालों से मुझे कुछ कहना है। कि अगर आप इतने बदकिस्मत हैं कि ऐसे घर में आपने जन्म लिया, तो मेरी बात मानिए! उसे छोड़ कहीं दूर निकल जाइए। कोठी में हरगिज मत रहिए! इन कोठियों का न जाने कैसा काला साया है, कि जो भी इनमें रह लेता है, वह कद्‌दू या लौकी का रूप धारण कर लेता है! बाहर की दुनिया से जूझ पाने के लिए उसके हाथ-पैर कट जाते हैं। ऐसा लगने लगता है कि सब बेकार है। यह तो तूफान में फँसा जहाज है, अपने विनाश की ओर बढ़ता! जहाज में कैद, हम उस किस्मत को बदल पाने के लिए बेबस हैं।

2

गोल कमरे से बाहर आया तो आँखें फिर उसी को ढूँढ़ने लगीं। ओफ! कहाँ जा के छिप जाती है लड़की? जीने के पास उसका पलंग बिछा था। माँ से कहूँगा, उसके रहने का ढंग का इन्तजाम करें। इस तरह बीच बाजार में कैसे रह सकती है वह? उसकी चीजें ताक पर रखी थीं। काँच का बना छोटे से ताजमहल का नमूना। लोहे के दो छोटे हिरन, एक तेजी से आगे भागता हुआ, एक गर्दन घुमा के पीछे देखता हुआ। किसी पुराने कैलेन्डर से फटा पन्ना पलंग के ऊपर दीवार पर चिपका था। तसवीर में नीला आकाश, उसमें एक चिड़िया। एक गिलास में टूथपेस्ट और ब्रश। एक पीला टार्च। और सबसे थोड़ा अलग रखा हुआ एक फोटो फ्रेम, जो बिल्कुल खाली था। उसमें किसी की तसवीर नहीं थी। खाली फ्रेम? मैंने उसे हैरानी से देखा। खाली फ्रेम रखने का भी कोई तुक था?

बेचैनी से मेरी आँखें उसके सामान पे फिसलीं। वहाँ नहीं थी वह। कहाँ थी? माँ के साथ भी नहीं थी। क्योंकि माँ तो रसोई में दुलारी से शाम के खाने का बन्दोबस्त करवाने में लगी थीं। उर्मी पीले कमरे में हार्मोनियम पर रियाज कर रही थी। उसकी उँगलियाँ जैसे अटकल से सुरों को पकड़ने की कोशिश करती हैं। बार-बार उन्हीं जगहों पर लड़खड़ाती हैं। बेचारी उर्मी! कितना चाहती है कि कोई न कोई कला सीख ले। गाना, हार्मोनियम बजाना...एक बार उसे भरतनाट्यम सिखाने के लिए गुरुजी रखे गए। मगर बदन में कोई लोच, कोई ग्रेस नहीं, तो बेचारी क्या करे? ऐसा धबड़-धबड़ नाचती थी! और माँ की हर बात को मजाक में बदलने की आदत भी कितनी क्रूर हो जाती है, कभी-कभी। उसी के सामने हँस के मुझसे कहने लगीं,

''देखा तुमने! बिल्कुल मालूम देता है भड़के हुए ऊँट को सीधा किया जा रहा है!''

इतने में तो उर्मी रूठ गई। वहीं जमीन पर बैठ गई और दाँत पीस के, ठंडे से गुस्से से बोली,

''माँ, मेरा नाम डाँस से कटवा दीजिए!'' खैर, छोटी थी, तब वह।

हर समय घुड़मुसाई ही रहती है। कुछ बोलती नहीं। और मीना से तो जाने क्यों चिढ़ती है। शायद माँ को वह पसन्द है, इसलिए। जबकि बेचारी मीना उसकी खुशामद में लगी रहती है। कभी चाय को पूछ रही है, कभी उसके कपड़े तह करके रख रही है। मीना को लगता होगा उसे हमारा अहसान चुकाना है। वह फ्री में यहाँ रहना नहीं चाहती। उर्मी को मीना की खबर तो क्या ही होगी। वह तो उसे हर समय अनदेखा ही करती रहती है।

सोचा वापस अपने कमरे में जा के कुछ करूँ, और आँगन पार करके जा रहा था, तभी वह दिखी। जैसे अभी-अभी कहीं से अवतरित हो गई हो! पहले क्यों नहीं दिखी मुझे? बैठी तो तब भी रही होगी यहाँ। ताड़ के सूखे पत्ते हवा में खड़खड़ाए। ताड़ के नीचे बनी पत्थर की बेंच पर बैठी अपनी 'रैपिडैक्स इंग्लिश' के पन्ने पलट रही थी। आजकल कुछ न कुछ पढ़ा ही करती है। माँ ने उसे गोल कमरे की अलमारी में बन्द किताबों को पढ़ने के लिए खुली छूट दे दी है। उसने 'चंद्रकान्ता सन्तति' की छहों वॉल्यूम और 'मानसरोवर' की तीन पढ़ डालीं। और न जाने क्या-क्या। हिन्दी तो किसी बरसों से भूखे कीड़े की तरह चाट डालती है। पर अंग्रेजी ठीक से सीखने में अभी वक्त लगेगा। कोशिश करती रहती है। बेंच पर बैठे मैंने उसे देखा। शाम को रोशनी कम हो गई थी, मगर बड़े कमरे से पीली सी लाइट आ रही थी।

उसने मुझे देखा होगा। मगर उसकी निगाह जैसे मेरे ऊपर से होती हुई किसी और चीज को देख रही हो। जैसे मैं उसकी नजर के आगे आई हुई कोई रुकावट हूँ, और उस नजर का असली निशाना कोई और हो। आजकल मीना अजीब हो रही है। लगता है दिमाग कहीं और है। मैं उसमें इस बदलाव को समझ नहीं पा रहा। क्या इतनी किताबें पढ़ने की वजह से ऐसी हुई जा रही है? वह तो यहाँ नहीं, किसी और दुनिया में पहुँची हुई मालूम देती है। क्या उन किताबों की दुनिया में रहने लगी है?

जागते-जागते ही जैसे किसी ट्रांस में चली जाती है। सुना तो था कि यह उसकी 'मिर्गी' की वजह से है। अपने आप से ठीक हो जाएगा। यह किस तरह की एपिलेप्सी है कि इसमें और कुछ नहीं होता, बस दो-चार पल के लिए वह 'गैरहाजिर' हो जाती है? तीन-चार साल तो उसे यहाँ रहते हुए ही हो गए। यह कब ठीक होगा? मीना कितना बदल गई है। ऐसा तो नहीं कि वह उसका बचपना था, और अब वह बड़ी हो गई है? बचपना तो खैर तब भी नहीं था। अट्ठारह साल की लड़की कोई बच्ची तो नहीं होती। और वह बच्ची तो कभी थी ही नहीं। बचपन तो शायद उसने कभी जाना ही नहीं। हमेशा से ऐडल्ट। उसके आगे तो मुझे लगता था कि मैं ही बच्चा हूँ!

आजकल उसे देख के अक्सर यही लगता है जैसे वह यहाँ है ही नहीं, कहीं और चली गई है। कई बार मैंने उसकी आँखों में यह बात पाई है। मेरी तरफ देखती

तो रहती है, मगर आँखें जैसे किसी और सीन पे गड़ी रहती हैं। एक बार मैंने उससे पूछा भी, "कहाँ हो, मीना! मुझे देखो। कुछ बोलो!" तो जैसे उस "कहीं और" से लौटकर एकदम से वापस आ गई। कहने लगी, थोड़ी शरारत के साथ, "मैं अभी-अभी पानी में तैर के आ रही हूँ!" और वहाँ न पानी, न तालाब। चिलचिलाती हुई धूप निकली हुई थी। मुझे तो आजकल उसके मजाक भी समझ में नहीं आते। अजीब लड़की है। उसकी कोई न कोई बात मुझे चकित करती रहती है! उसके साथ सब कुछ ठीक तो है? मुझे लगता है मुझसे बातें छुपाती भी है।

उसे देख के मुझे जाने क्या होता है, कि अपने को उसका रखवाला समझने लगता हूँ। उसका रक्षक। मगर वह मेरी रक्षा स्वीकार करे तब तो! मुझे लगता है कि सारे मर्द उसी की तरफ देख रहे हैं। उस दिन सामन्तवा उससे आ के आँख मटक्का करने की कोशिश करने लगा, तो मेरा जी चाहा उसका मुँह थप्पड़ों से लाल कर दूँ! मैं जानता हूँ उस जैसे बदमाशों को। अकेली लड़की देख के मुँह में पानी आ जाता है, ब्लडी डर्टी ओल्ड मैन! पचास के उस तरफ तो होगा ही। न मुँह में दाँत, न पेट में आँत, चला है इतनी छोटी लड़की के साथ आँख-मिचौनी खेलने! मगर कह कुछ नहीं पाया, अपना गुस्सा पी के रह गया। मीना उससे बात करती है तो मैं जल-भुन के राख हो जाता हूँ! उसकी इतनी ही चिन्ता है, तो कर लो न उससे शादी, मिस्टर विक्रम! मगर नहीं, मैं भी तो उसके असहाय होने का फायदा उठा रहा हूँ। पर ऐसी असहाय भी नहीं है। उसके अन्दर एक सख्ती का आभास होता है। कोई कड़ा बीज।

उसे वहाँ बेंच पर बैठे देखा, तो मैं धीमे से पास जा के खड़ा हो गया। वह इतनी पास थी, कि उसके बालों की महक मेरी नाक में आ रही थी। मैं झुका तो होंठों पर उनकी छुअन महसूस की। वह चौंक गई।

"कितनी बार कहा है, इस तरह मेरे बालों को चुपके से न छुआ करो!" वह चिढ़ी हुई आवाज में बोली।

"क्यों नहीं?"

"क्योंकि मुझे गुदगुदी होती है! मेरी रीढ़ की हड्डी पर कुछ रेंग जाता है।"

मैंने कहा, "कब से तुम्हें ढूँढ़ रहा था। यहाँ अकेले बैठी किसके बारे में सोच रही थीं?"

तो बोली, "किसी के बारे में नहीं! किसी के बारे में सोचना जरूरी है? मुझे अपना अकेलापन प्यारा है!"

"अच्छा, तो बताओ, तुम्हारे अकेलेपन में कौन है, मीना?"

"कोई नहीं!"

"मैं भी नहीं?"

"तुम कैसे हो सकते हो?"

मैं उसका मुँह देखने लगा। एकदम से कही उसकी इस बात ने मुझे चोट पहुँचाई। मैं अपने अन्दर मचल गया, किसी बच्चे की तरह जिससे कहा गया हो कि खिलौना उसका नहीं है। मैंने चोट खाई आवाज में पूछा, "क्यों? क्यों नहीं हो सकता?"

इस पर वह काफी देर के लिए चुप हो गई। फिर बोली, "नहीं हो सकते, बस!"

हम दोनों के बीच अजनबीयत का एक भारी सा परदा गिरा। जैसे हमने कभी एक-दूसरे को जाना ही न हो। खामोशी को तोड़ती हुई वह एक अजीब-सी आवाज में बोली, "क्या तुम्हारे बाप ने कभी तुम्हें बेचने की कोशिश की है?"

"कैसी बातें करती हो, मीना!"

"तुमने भूख के मारे दीवार पर से चूना खुरच-खुरच के कभी खाया है?"

"नहीं तो!"

"अपने कपड़े कभी पछाड़-पछाड़ के ऐसे धोए हैं कि हाथ में गट्टे पड़ जाएँ मगर कपड़े से दाग न छूटे? गरीबी का दाग आसानी से छूटता नहीं, विक्रम!"

"मैं जानता हूँ, मीना!"

"अच्छा? तब तो तुम बहुत कुछ जानते होगे! यह भी जानते होगे कि एक कमरे में पंद्रह-बीस और लोगों के साथ ठुँस के सोने में कैसा दम घुटता है!"

"पर अब तो तुम्हारे साथ यह सब नहीं होता, मीना! तुम्हें अपने अतीत को भूलने की कोशिश करनी चाहिए, फॉरगेट द पास्ट!"

"अतीत!" उसने दोहराया, "कहाँ है मेरे पास अतीत!"

उसकी आँखों से चिनगारी जैसी छूट रही थी। उसे देख के मैं डर गया। यह क्या हो गया था उसे? उसके पिछले जीवन के रहस्य के आगे मैं अपने को एकदम बेबस महसूस करने लगता हूँ। न जाने कैसा जुर्म का अहसास मुझे घेरने लगता है। जी चाहता है कि उसके जीवन की सभी कमियों को मैं अकेला, एक ही दिन में दूर कर दूँ! मगर अपने पिछले को ले के जैसे वह छिटक के मुझसे अलग हो जाती है, और दूर खड़ी अपनी बोलती हुई आँखों से मुझे निहारा करती है।

थोड़ी देर चुप रहने के बाद वह फिर बोलने लगी, "कोई भी चीज तो मेरी अपनी नहीं है। यह तो तुम्हारा घर है। तुम्हारा, मासीमा का, तुम सभी का। मेरा यहाँ क्या, बल्कि इस दुनिया में हो क्या है? यहाँ रहने से यह सब मेरा तो नहीं हो जाता! हमेशा मैं तुम लोगों की दया पर ही आश्रित रहूँगी। मगर तुम लोग हो कौन? अजनबी! सब अजनबी। तुम भी अजनबी!"

"तुम्हें आज हो क्या गया है, मीना? यह कैसी बातें कर रही हो?"

"मुझे जो होना था, वह तो बहुत पहले हो ही चुका। उसी के चलते तो मैं यहाँ मासीमा के टुकड़ों पर पड़ी हूँ!"

"तुम्हारा यहाँ क्या नहीं है, मीना? तुम माँग के देखो तो सही, तुम्हारे लिए दुनिया हाजिर कर दूँगा!"

"अच्छा? तो क्या तुम्हारी नौकरी लग गई?"

यह लड़की कैसा निशाने पे तीर चलाती है!

"लगी तो नहीं, पर कोशिश कर रहा हूँ। लग ही जाएगी।"

"तब तुम किस हैसियत से मेरे सामने दुनिया पेश कर रहे थे?"

"इस घर में किसी चीज की कमी है, क्या? सब इन्तजाम हो सकता है।"

"तो फिर तुम्हारा इन्तजाम पक्का है!" वह बोली।

"मीना मेरी जान, माँग के तो देखो!"

"जो मैं कहने वाली हूँ, उसे बर्दाश्त कर पाओगे? बोलो, कर पाओगे?"

"बताओ भी तो। ऐसी पहेलियाँ न बुझाओ!"

फिर मुझसे बोलते हुए भी, वह जैसे अपने आप से बोली, "नहीं बर्दाश्त कर पाओगे!"

उसी वक्त उर्मी, जो शायद अपना रियाज पूरा कर चुकी थी, आँगन में आई और मुझे अपनी बेताबी को अन्दर घसीटना पड़ा। उसके सामने मैं मीना से इस तरह से बात थोड़ी कर सकता हूँ! कैसी अजीब आँखों से देखती है उर्मी, जब मीना और मैं साथ होते हैं। उसकी आँखों से कुछ नहीं बचता। वह सब जानती है।

पता नहीं क्या कहने जा रही थी मीना?

3

शाम हो गई है। मेरे अन्दर बेचैनी बढ़ती जा रही है। पता नहीं शाम के समय क्या होता है, दिल इस तरह से डूबने क्यों लगता है? बिल्कुल दो कौड़ी का इनसान हूँ। माँ की शरण में रहती हुई लड़की का फायदा उठा रहा हूँ। मगर मैं उससे शादी कैसे कर लूँ? एक तो आज तक मैंने जीवन में कुछ कर के नहीं दिखाया। मामूली सी नौकरी भी नहीं ढूँढ़ पाया। मीना जैसी लड़की से शादी की बात करूँगा, तो लोग क्या कहेंगे! उसकी तो जाति वगैरह का भी कुछ नहीं पता। मैं यह सब बातें न भी मानूँ, मगर इसका सवाल तो उठेगा ही। माँ का दिल टूट जाएगा। कोठी की इज्जत मिट्टी में मिल जाएगी!

कोई रास्ता नहीं सूझ रहा। रोज मैं इन्हीं बातों से जूझा करता हूँ।

यह शहर भी अजीब है। अजीब और निर्मम। जो सबसे पहले दिखता है, वह है हर चीज का, गरीबी, बीमारी, दुख, सभी का धर्म के नीचे दब जाना। हर जगह गन्दगी, भूख, नंगापन...मगर सब मन्दिर की घंटी और राम-राम, सीता-राम के एकरस आलाप में डूब जाता है। कैसे-कैसे लोग दिखते हैं...कोढ़ी, लँगड़े-लूले, अन्धे। और विधवाएँ! सफेद साड़ी, गंजा सिर, आँखें बड़ी-बड़ी और काली, पिचके गाल...कभी सोचता हूँ, इन लोगों की रखवाली कौन कर रहा है? यह लोग इतना कुछ झेलने के बाद भी मुस्कुरा कैसे पाते हैं? मैं तो हर छोटी चीज के वजन के नीचे दबा जाता हूँ।

आजकल बड़ी उलझन में हूँ। माँ जिद किए जा रही हैं कि मैं शादी कर लूँ। मैं उन्हें कैसे समझाऊँ कि यह फैसला मेरे लिए कितना मुश्किल है? अभी तो मेरी नौकरी तक नहीं है, और ऐसा भी नहीं कि मेरी उम्र ढल चुकी। कि मैं मीना से ही शादी कर लूँ, क्या वह कभी इस पर राजी हो पाएँगी? वह मीना को चाहती जरूर हैं, मगर अनाथालय से लाई किसी लड़की को घर में स्नेह से पालना एक बात है, उसे बहू बना लेना दूसरी! वैसे उनकी आँखों से कुछ छुपा तो रहता नहीं है...मेरा और मीना का हाल वह खूब समझ रही हैं। शायद मेरी शादी के लिए हड़बड़ी मचाने के पीछे कुछ हद तक यह भी हो।

दुर्भाग्य से उनके दिमाग में एक लड़की है भी। उसके पिता मायाप्रसाद गुप्त हैं। उनका टाइल का बिजनेस है। आजकल टाइलों की बड़ी डिमांड है। हर तरफ नए घर जो बन रहे हैं। वह हर तरह की टाइल सप्लाई करते हैं। फर्श की, दीवारों की, गार्डन टाइल्ज और बाथरूम की भी टाइल्ज। माँ ने मुझे बताया कि अस्सी घाट पर जो बड़ा सा सुलभ काम्प्लेक्स बना है, उसकी भी टाइल्ज उन्हीं के यहाँ से आई थीं।

टाइल को ऑर्डर के हिसाब से डिजाइन करवाते हैं। नए-नए मन्दिर हर तरफ बन रहे हैं। अगर मन्दिर के लिए टाइल्ज चाहिए तो उन पर लक्ष्मी, गणेश, हनुमान या कन्धे पे तीर कमान लटकाए भगवान राम की तसवीर बनवा देते हैं, कभी फूल-पत्ती बनवाते हैं, और आजकल तो टाइलों पर बाबा अम्बेडकर की तसवीर की बड़ी डिमान्ड है। सूट पहने, आँखों पर चश्मा लगाए, सोच में डूबे बाबा अम्बेडकर! मायाप्रसादजी को बड़े-बड़े सरकारी ऑर्डर भी मिलते हैं। टाइल बेच-बेच के उन्होंने सिगरे पे महल खड़ा कर लिया है। माँ कहती हैं इतना सम्पन्न ससुराल होने में मेरा भी तो फायदा है। हम लोगों से कहीं ज्यादा सम्पन्न हैं वे लोग, और काम पड़ने पर मदद कर सकते हैं। कभी-कभी माँ भी कैसी व्यावहारिक बातों में पड़ जाती हैं।

यही मायाप्रसादजी हैं जो खुद आ के प्रस्ताव दे गए हैं। लड़की की फोटो भी दे गए हैं। माँ बार-बार आग्रह कर रही हैं कि मैं कम-से-कम फोटो देख तो लूँ, मगर मुझे उसे देखने में कोई दिलचस्पी नहीं। बस यही है कि एकदम से उन्हें मना कैसे कर दूँ? डैड की तो इन बातों में कोई राय होती नहीं। उनकी राय की वैसे भी इस घर में क्या कीमत है? यहाँ तो माँ की ही चलती है। उनसे पूछना बेकार है। क्या करूँ?

"फोटो देख लेने में क्या हर्ज है!" वह कहती हैं, "तुम्हें शादी कर लेने की कोई जबरदस्ती तो है नहीं। अच्छी न लगे, तो मना कर देना!"

"मैं मना कर दूँगा तो लड़की की बेइज्जती नहीं होगी? उसे बुरा नहीं लगेगा? मैं अभी से शादी कैसे कर लूँ? और क्यों करूँ? मेरी तो नौकरी तक नहीं है! पहले उर्मी की शादी क्यों नहीं कर देतीं?"

"वह भी ढूँढ़ रही हूँ, मगर तुम्हारे लिए तो रिश्ता आ चुका है! हो सकता है यह लड़की खुद ही लक्ष्मी हो और उसके घर में आते ही तुम्हारी नौकरी लग जाए! मेरा मन कहता है ऐसा ही होगा!" फिर बड़ी संजीदगी से बोलीं,

"सत्ताइस के पूरे हो गए। अट्ठाइस में लग गए। आखिर कब तक... ? तुम्हारे डैड पच्चीस के थे, जब मेरी उनसे शादी हुई थी!"

नदी में बाढ़ आ गई है। वह मुझे बहाए लिये जा रही है। जिधर का बहाव है, मैं उसी तरफ बढ़ा जा रहा हूँ। अपने को उस तरफ बढ़ने से कैसे रोकूँ? दूसरी दिशा में कैसे मुड़ जाऊँ? जैसे अब कोई बात मेरे कंट्रोल में नहीं रह गई।

चलो फोटो देख ही ली। देखी तो देखता गया। हाथ में लिये, वहीं खड़ा। बड़े कमरे की पीछे वाली लम्बी झिलमिलीदार खिड़की से सुबह का सूरज अन्दर आ

रहा था। फर्श पर वह झिलमिली की आकृति में परछाइयाँ पैदा कर रहा था। फोटो मेरे हाथ में थी। चेहरे के सामने। उसमें उचटी निगाह से ताक रहा हूँ, जैसे वह फोटो नहीं आईना हो, जिसमें मुझे अपना फैसला दिख जाएगा।

एक सुन्दर चेहरा। होंठ पतले। तराशे हुए नाक-नक्श। आँखें छोटी, मगर चमकदार। गिलहरी की याद दिलाती हैं। मुस्कुराते होंठों के बीच से हर टीथ कैन बी सीन छोटे-छोटे बराबर के, कुछ गिलहरी जैसे ही दाँत भी। बाल बीच की माँग में सिमटे हुए। एक-एक बाल अपनी जगह पर। साफ-सुथरा चेहरा। क्या वह मुझसे कुछ कहता है?

हाथ फोटो पकड़े-पकड़े वहीं अटक गया है। वहाँ से हटता नहीं। मैं पूरा का पूरा अटक गया हूँ। लॉक हो गया हूँ, जैसे। आँखें उस चौकोर में फँस गई लगती हैं। मगर उस चौकोर में मुझे लड़की की तसवीर नहीं दिख रही। एक आसमान है। नीला। चमकता हुआ। जमीन का कहीं नामोनिशान नहीं। उसमें एक चिड़िया है। चिड़िया ऊपर उड़ती जा रही है। फ्लाई बर्डी फ्लाई। हाई अप इन द स्काई। यह कैसी ऊट-पटाँग बातें दिमाग में आ रही हैं। यहाँ जिन्दगी के इतने जरूरी फैसले का सवाल है, और मेरे दिमाग में यह बकवास चला आ रहा है। सोच-समझ ऐसे ही वक्तों पर चकमा दे जाती है। मुझे उसकी अटखेलियों से सतर्क रहना चाहिए। और इस बीच वह चिड़िया है कि उड़े जा रही है। उसके पंख क्या थकते न होंगे? कभी धरती पर उतरेगी? मैं धरती पर खड़ा, गर्दन ऊपर टेढ़ी करके उसे देख रहा हूँ। देखे जा रहा हूँ। सब कुछ स्लो मोशन में होता महसूस हो रहा है।

माँ ने मेरे सिर पर हाथ का हल्का सा दबाव डालकर सिर नीचे, फोटो पर कर दिया। ''इतनी गौर से वहाँ, छत पे क्या देखे जा रहे हो!''

''...''

''लगता है फोटो पसन्द आ गई है!''

''...''

''मैंने कहा था, न?''

''क्या कहा था?''

''यही कि एक बार देख तो लो। लड़की अच्छी है। पसन्द कैसे नहीं आएगी!''

''...''

''बोलो, कैसी लगी!''

''शक्ल सूरत ही तो सब कुछ नहीं होती! इसकी आँखें मुझसे कुछ कहती नहीं हैं।''

''बात करने के लिए होंठ होते हैं! और जबान!''

''...''

''तो बताओ कैसी लगी?''

ओफ्फो! पीछे ही पड़ गई हैं माँ। जैसे मेरी शादी करवाना ही उनके जीवन का अकेला मकसद हो। पता नहीं इतनी जल्दी क्यों पड़ी हुई है। कोई तूफान मेल तो छूटा नहीं जा रहा है!

"शी इज अ ह्यूमन बीइंग!" मैंने कहा।

"तो बात आगे चलाऊँ?"

"..."

"बोलोगे नहीं तो मैं समझ लूँगी तुम राजी हो!"

"..."

नहीं बोलता। अब जो करना हो करें। करने पर ही तुली हुई हैं, तो उनके इरादे से कोई उन्हें हिला नहीं सकता। अब जो होना हो, हो। मेरे लिए यही लिखा है, तो होनी को क्या मैं टाल सकता हूँ? बड़े-बड़े बह गए। मैं क्या चीज हूँ?

4

तेज–तेज कदम बढ़ाता चल पड़ा। चला तो चलता गया। आँगन से होता हुआ, खाने के कमरे के खुले दरवाजे से बाहर। पत्थर का बरामदा लगभग भागते हुए पार किया। मधुमालती वाले दर से बाहर आकर थोड़ा ठिठका। फिर थोड़ी सी पक्की जमीन के आगे अमरूद का बाग। टीन के शेड के पास पहुँचा, तो देखा डैड शेड के नीचे क्राइसलर में बैठे हैं। महीने दो महीने पे डैड को ख्याल आता है कि घर में गाड़ी है, तो उसे स्टार्ट होना चाहिए। नहीं तो गाड़ी खराब हो जाती है। एक जमाने में इस गाड़ी के बड़े चोंचले थे। रोज धोई जाती थी। पॉलिश से चमकाई जाती थी। फिर दादाजी प्रह्लाद उसमें बैठ के सैर करने को निकलते थे।

अब वह गाड़ी धूल से लदी रहती है। डैड को मोटरकार का जरा भी शौक नहीं है। और बनारस की गलियों में गाड़ी कोई चलाए भी कैसे? यहाँ गाड़ी चलाना भी कोई मिरैकल से कम नहीं। छोटी–छोटी गाड़ियाँ भी जैसे अपने को कभी इधर सिकोड़ती, कभी उधर दबाती हुई चलती हैं। और फिर, यह क्राइसलर तो इतनी लम्बी–चौड़ी है! मगर डैड अपनी गाड़ी स्टार्ट करने की ड्यूटी को बड़ी सीरियस तरह से निभाते हैं।

सँभाल के, पूरे ध्यान से उसके इग्निशन में उन्होंने चाबी घुमाई। गाड़ी इस पस्त हालत में भी, हवाई जहाज की सी आवाज के साथ स्टार्ट होती है। उसके एग्जास्ट पाइप में से जोरदार हवा निकली। गाड़ी के पीछे जमीन पर पड़ी सूखी पत्तियाँ खड़खड़ाते हुए शोर के साथ, भ्रमर बना के गोल–गोल नाचने लगीं। डैड बार–बार गाड़ी को उसी खोई हुई मुद्रा में स्टार्ट करते हैं। गाड़ी आगे बढ़ती नहीं, मगर वहाँ खड़े–खड़े ही पूरी कोठी को अपने होने की याद दिला देती है।

मैं वहाँ भी नहीं रुका। बाहर गली में आ गया। वह गली जो कोठी के बड़े फाटक तक पहुँचने के लिए ही बनी है। उसके आगे आ के रुक जाती है। उस पर कोई ट्रैफिक नहीं रहता। गली के उस छोर पर वह दो लम्बे कमरे हैं, जो कब से गैराज के लिए किराये पर उठे हुए हैं। गैराज के बड़े–बड़े टीन के काले फाटक हैं। रोज वह बन्द रहते हैं, उनमें कभी–कभार ही कोई हरकत होती है। देखा तो आज

फाटक खुले हुए थे। यह बेहूदा सामन्त यहाँ क्या कर रहा है? उसने मेरी तरफ देख के आँख मारी।

"क्यों मिस्टर विक्रम! कुछ झटके हुए दिख रहे हो? सब ठीक तो है?"

"हाँ हाँ, सब ठीक है!"

"चेहरा तो कोई और दास्तान बता रहा है! कोई परेशान कर रहा हो तो बताओ! साले का टुकड़ा-टुकड़ा करके, बोरे में भर के बहाय आऊँ उसे गंगाजी में!" वह धीमे से मुस्कुराया; तेल जैसी किसी चिपचिपी चीज में लिथड़ी मुस्कुराहट। मुझे उसका इस तरह से मुझसे बात करना बिल्कुल नहीं जँच रहा था। कैसे उससे पिंड छुड़ाऊँ?

"नहीं नहीं, ऐसी कोई बात नहीं है!"

फिर एकदम से वह मेरा हाल भाँप गया।

"अरे यार, टके की लौंडिया के लिए काहे दिल जलाता है! कहो तो दर्जनों ऐसी ला के लगा दूँ लाइन, तेरे सामने!"

वह एक भद्दी सी हँसी हँसा, और उसका चेहरा चालाकी से चमका।

कैसा अश्लील था। चालाक और अश्लील। एकदम घिनौना।

काश मैंने उसकी बात का जवाब ही न दिया होता! यह कमीना तो मुँह लग गया!

वह मेरे और करीब सरक आया। आवाज नीची करके बोला, "अच्छा यार यह बता, तू उसकी ले रहा है कि नहीं?"

"ले रहा हूँ?" मैंने बौखलाहट में पूछा। "क्या ले रहा हूँ?"

फिर वही मुस्कान, जो अश्लील भी थी और चालाक भी। "बेचारा कितना भोला है!" उसने जैसे किसी तीसरे इनसान, जो वहाँ था ही नहीं, से कहा।

"अरे और क्या लेगा, यार! बता तू ले रहा है कि नहीं, उसकी!"

उसने दोबारा वही कहा, तब जा के मेरे दिमाग में समझ ट्यूबलाइट की तरह भकभका के चमकी। मैं एकदम से चिढ़ गया, "तुम अपना मुँह बन्द रखो!" मैंने गुस्से से कहा, "अपनी औकात मत भूल जाओ!"

"अरे, टेंशनाइज मत कर, यार! सब मामला अपने आप सुलझ जाएगा, देखना। इधर छमाहियों से सूखा पड़ा है, और तू मजे उड़ा रहा है! तू तो कोठी का वारिस है। तुझे तो लड़कियों की चौइस ही चौइस है! तब भी बिदक रहा है, साला!"

उसने मजा लेते हुए फिर से आँख मारी। फिर उसको मेरे चेहरे पर जाने क्या नजर आया होगा, कि वह गैराज के फाटक लॉक करके वहाँ से खिसक लिया। एक घिनौना, गिजगिजा सा अहसास मेरे ऊपर चिपक के बैठ गया, दूसरी खाल की तरह। मैंने अपने को स्विच ऑफ मोड में कर लिया। कुछ सोचूँगा ही नहीं तो परेशानी क्यों होगी? भारी कदमों के साथ वापस अन्दर चला गया।

5

घर में शादी की तैयारियाँ जारी हैं। माँ ने मेरी खामोशी को मेरी रजामन्दी मान लिया है, और इसके पहले कि मैं अपना इरादा बदल लूँ, उन्होंने तारीख-वारीख सब पक्की कर डाली है। अब तो दलदल में धँसने से कोई मुझे नहीं बचा सकता!

मैं इधर दलदल में धँसा जा रहा हूँ, उधर मुनीमा की खुशी का ठिकाना नहीं! इतना खुश तो मैंने उन्हें बरसों में नहीं देखा। शायद सबसे ज्यादा खुश वही हैं। बाहर तख्त पर बैठी मुस्कुराया करती हैं, मोतीचूर के लड्डू की तरह! उनके सामने के दो दाँत टूटे हुए हैं, तभी से, जब वह आँगन में मुँह के बल गिरी थीं। पहले वह जगह भरने के लिए दो नकली दाँत लगाया करती थीं। नकली दाँत लगाना उन्होंने कब का छोड़ दिया। अब बोलती हैं, तो उनके टूटे दाँतों के बीच से हवा पास हो जाती है।

मुनीमा ने पता नहीं कहाँ, गोदाम के किसी भूले हुए कोने से ढोलक निकाली है। दुलारी के साथ मिल के उन्होंने उसकी ढीली पड़ गई रस्सियों को कस डाला है। ढोलक फिर से जी उठी है। उसे अपनी टहनी जैसी बाँहों के बीच फँसाए, वह बेताले ढंग से उसे बजाती हैं। जाने कहाँ के दकियानूसी गाने भी उन्होंने ढूँढ़ निकाले हैं। वह चिटखी हुई आवाज में गाती हैं,

"के बर उठावल महला दुमहला
खिड़कीन लागल चारों ओर ए
ताहि चढ़ि बैठेला सबुज रे सुगवा
लेला किसुन जी के नाम ए।"

वह 'ए' पर आ के बड़ी जोर से ढोलक पीटती हैं और सिर हिलाती हैं। दुलारी भी उनका इसमें साथ बड़े जोश से देती है। कभी-कभी उनके गाने में भी शामिल हो जाती है। दोनों की आवाजों में कोई मेल नहीं है। एक बिल्कुल खिसखिसी, पुराने घिसे हुए पत्थर की तरह, तो दूसरी जोरदार, गरजते बादल जैसी। आपस में टकराती हुई सी दोनों आवाजें उठती हैं,

"अलबेला दुलहा निदिया घुरुमे रे..."

समझ में नहीं आता किस कोने में जा के मुँह छुपाऊँ। चारों तरफ से अपने को घिरा हुआ पा रहा हूँ। माँ ने रोली प्रेस वाले मुख्तार को बुलवा के चटपट कार्ड भी छपवा लिया है। कार्ड है कि पूरा पोथा! इतना बड़ा सा, लगभग मेरी स्केचबुक के बराबर। और उसमें कई पेज। हर पेज पर सुनहरे अक्षरों में अलग-अलग दिन का निमंत्रण। सजे-सँवरे, सूँड़ हिलाते गणेश भी कार्ड पे चौपल्थी मारे बैठे हैं। कोई कसर छूटी न रह जाए।

मैंने कहा "इतना भड़कीला कार्ड छपवाने की क्या जरूरत थी? कितने रुपए तो कार्ड पर ही लुट गए!"

तो बोलीं, "जानते नहीं इस कोठी की क्या शान रही है? अपने पुरखों का कुछ तो लिहाज करो!"

"रही होगी शान!" मैंने तमतमा के कहा। जब बड़ी बात में अपनी मर्जी करने की हिम्मत नहीं जुटा पाया, तो मैं हर छोटी बात पर बिगड़ने को तैयार बैठा था। "अब तो यहाँ उल्लू बोलते हैं। इस झूठी हेकड़ी के अलावा हमारे पास बचा ही क्या है!"

यह सुनकर उनकी आँखों में गुस्सा चमका। उन्होंने मेरी बात दोहराई, "बचा ही क्या है? यह तुम कह रहे हो? तुम! जिस इनसान को हमने जिन्दगी में कोई तकलीफ उठाने नहीं दिया, लाड़-प्यार से पाल के इतना बड़ा कर दिया, तुम यह कह रहे हो!"

"मैं यह नहीं कह रहा कि हमारे पास कुछ है नहीं। पुरखों का दिया तो अब भी काम आ रहा है। मगर जब माली की तन्ख्वाह तक जुटा पाने में दिक्कत होती है, तब शादी ब्याह जैसे ढकोसले पर इतना लुटा देना हिपोक्रिसी नहीं, तो और क्या है? और फिर जिस देश में इतनी गरीबी हो, वहाँ ऐसा करना! बल्कि देश में क्या, इस शहर में ही!"

"अच्छा! तो क्या हम भी रूखा-सूखा खा के, ठंडा पानी पी के सो रहें? मान लिया कि अब हमारा हाल उतना अच्छा नहीं जैसा पहले था, मगर अब भी तो हम सम्मान से रहते हैं। तुमको भी किसी राजकुमार से कम परवरिश तो नहीं मिली है। बड़ी जल्दी तुम्हें देश की गरीबी का ख्याल आया है! जब इतने महँगे कपड़े-लत्ते, जूते, गाजे-बाजे पे रुपए बहा देते हो, तब नहीं सोचते कि यह सब कहाँ से आ रहा है? रहते तो हो शहजादे की तरह, और बात करते हो गरीबों की! हिपोक्रिसी! अपनी यह दोफस्ली बातें मुझसे तो न किया करो!" वह बड़े तैश में आ के बोलीं। मैंने कोई जवाब नहीं दिया तो थोड़ी धीमी पड़ीं, "अपनी खुशी पर थोड़ा बहुत खर्च कर देने में हर्ज क्या है?"

उनके तेवर देख के मैं फौरन मऊँवाबिलाई बन गया। आवाज अपने आप नीची हो गई, "मगर यह खर्च निकलेगा कहाँ से? क्या आसमान से रुपयों की बरसात होगी?"

"इसका तुमसे क्या मतलब? तुम जब नौकरी करके रुपए घर में लाने लगोगे, तब यह सवाल-जवाब करना!"

"फिर भी?"

उन्होंने मेरी बात का जवाब नहीं दिया। उठ के जाते-जाते बोलीं, "रोशनी गार्डन जिन्दाबाद!"

"मगर अभी से बताए देता हूँ, मैं सिर पर पगड़ी-वगड़ी कुछ नहीं पहनूँगा!" मैंने खिसियानी बिल्ली खम्भा नोचे वाले अन्दाज में, उनकी जाती हुई पीठ से युद्ध छेड़ा। उन्होंने पीछे मुड़ के आँखें गोल कर लीं और उनकी भवें ऊँची तन गईं। मगर बोलीं कुछ भी नहीं।

मई का महीना है। पता नहीं इस महीने के बारे में क्या है, कि शादी करने वालों की होड़ लगी हुई है। पंडितजी ने भी क्या मुहूर्त निकाला है! गर्मी से झुलस के मर जाएँगे, मगर शादी बस इसी महीने में करेंगे। जैसे कि अभी इसी वक्त शादी नहीं किया, तो फिर जिन्दगी भर ब्याह नहीं होगा। अ गोल्डन चान्स मिस्ड! वैसे मैं कौन होता हूँ बोलने वाला, जब मेरी भी इन्हीं लोगों में गिनती है। हर तरफ शादी ही शादी हो रही है। आजकल रोशनी गार्डन का भाग्य भी जागा हुआ है। कोई दिन मुश्किल से छूटता होगा। रोज लाल पीली लाइटों की झालर से सजा रहता है। और बैंड-बाजे का इतना शोर!

'डेजी बैंड' की चौबीस लाउडस्पीकर वाली गाड़ी ऐन हमारे गेट पे आ के खड़ी हो जाती है; लगता है जैसे वहीं अटक गई है, अब कभी हटेगी नहीं। हर लाउडस्पीकर से फर्क गाना बजता है। कान के परदे फटने लगते हैं। इस तरह से गाना सुनने में किसको मजा आता है? जैसे शोर सुनने की बड़ी भारी भूख हो। ऐसी शादियों के खिलाफ कोई कानून होना चाहिए। कह दूँगा कि मेरी शादी वाले दिन इतना शोर मचा, तो घर छोड़ के चला जाऊँगा। फिर कभी नहीं लौटूँगा। मेरा यही अल्टीमेटम है।

मई का महीना ऐसा ही होता है। आए दिन अन्धड़ आता रहता है। बड़ी तेज हवा चलती है और धूल के पूरे-पूरे बवंडर नाचने लगते हैं। तेज हवा की वजह से घर के सारे खिड़की-दरवाजे भड़ाभड़ बजने लगते हैं। आजकल मेरे जीवन में भी तेज हवा चल रही है, और घर के खिड़की-दरवाजों की ही तरह मेरे मन के खिड़की-दरवाजे भी भड़ाभड़ खुल रहे हैं और बन्द हो रहे हैं।

मीना को इन सारे हालात के बारे में पता तो चल ही गया है। मेरी समझ में नहीं आता कि उसके आगे मैं अपनी सफाई कैसे पेश करूँ। पास आती भी नहीं है। मुझे कहीं देखती है तो घूम के दूसरी तरफ चली जाती है। मन में कई बार आया कि उसके आगे जा के खड़ा हो जाऊँ और कहूँ कि मीना! यह सब जो हो रहा है, यह सच थोड़ी है। यह तो मैं सिर्फ माँ को और दुनिया को खुश करने के लिए कर रहा

हूँ। और खुश करने के लिए ही नहीं, उनकी तरफ मेरा फर्ज भी तो बनता है! मगर मेरे लिए असली तो अब भी तुम ही हो!

लेकिन मीना ने तो आजकल कान बन्द कर लिए हैं। बिल्कुल अलग-थलग रहने लगी है, तिरस्कार के अपने भवन में। मेरी तरफ कितनी जलती हुई आँखों से देखती है! उससे आँख नहीं मिला पाता। डरता हूँ कि उसकी आँखों की आग मुझे जला के राख कर देगी।

क्या करूँ, समझ में नहीं आता। अनमने ढंग से इधर-उधर टहल रहा था, तो छटंकी को गेट की तरफ जाते देखा। मैंने उसे आवाज लगाई। कुर्ते की जेब से रुपए उसे निकाल के दिए। छटंकी से रम का एक पउआ मँगवाया। आधे घंटे बाद वह बोतल ले के वापिस आया, तो मैंने पूरी की पूरी एक बार में खतम कर डाली। मन में और पीने की इच्छा बनी हुई थी। मगर और शराब मेरे पास थी नहीं। मैंने खाली बोतल झाड़ियों में लुका दी और अन्दर चला गया। सीधे अपने कमरे में जा के बिस्तर पे लेट गया।

एक झटके में पी डालने की वजह से रम ने जबरदस्त किक लगाई।

लेटे-लेटे मैं बादलों में उड़ने लगा। शादी-वादी का चक्कर फिलहाल बहुत दूर और गैरजरूरी लगने लगा। मुझे लगा कि अब मैं किसी भी स्थिति का सामना करने के काबिल हो गया हूँ। अपने को शेर समझने लगा। आने वाले दिनों में अक्सर मुझे शेर बन जाने की तलब सताने लगी। छटंकी के साथ मेरा बरसों का नौकर-मालिक का रिश्ता बोतल के खुले मुँह पर आकर ठहर गया। रुपयों की दिक्कत थी, मगर कभी माँ की अलमारी, कभी डैड की जेब काम आती रही।

खैर, जो होगा देखा जाएगा। मैं पलट के सोने की कोशिश करने लगा। नशे के बावजूद नींद नहीं आई।

रात को फिर अन्धड़ आया। मेरा नशा अब तक हवा हो चुका था और सिर फट रहा था। मैं खिड़की पे जा के खड़ा हो गया और आँगन में देखता रहा। ताड़ का पेड़ अपने बड़े-बड़े पत्ते लिये पियक्कड़ की तरह झूम रहा था। उसके पत्ते हवा के जोर से एक तरफ को झुके जा रहे थे। हवा के जोर के आगे उनका बस नहीं था।

"हाँ हाँ, झुको! और झुको!" मैं बुदबुदाया, और उस वक्त मेरे मन में साफ नहीं था कि मैं यह पेड़ से कह रहा हूँ या अपने आपसे।

अगले दिन सारे घर में धूल ही धूल नजर आ रही थी। धूल की मोटी तह के नीचे घर की जानी हुई चीजों का आकार भी बदल गया था, और वह पहचान में नहीं आ रही थीं। रजुआ, जिसका काम बाहर एहाते की सफाई करना है, आज घर का हाल देखते हुए, अन्दर बुलवा लिया गया था। माँ की आवाज किसी पीछे वाले कमरे से सुनाई दी।

"देखो, देखो, जरा सँभाल के! झाड़ू नीची करके बटोरो! कैसी गर्म हवा अभी भी चल रही है। कूड़ा आड़ में लगा दो नहीं तो हवा से उड़ के फिर वापिस चला आएगा! अरे, इस लड़के की अक्ल तो लगता है घास चरने चली गई है!"

माँ के सिर पे सफाई का भूत चढ़ता है तो घर में किसी की खैर नहीं। नौकर-चाकर कोनों में छिपा करते हैं, पर वह सबकी ढिबरी टाइट किए रहती हैं।

कुछ घंटों बाद घर से तो धूल हट गई, मगर उसका मटमैला सा अहसास मेरे ऊपर बना रहा। मेरा मूड इतना अजीब सा हो रहा था कि लगा जैसे धूल घर पर नहीं, मेरे ऊपर ही जम गई है। नाक और फेफड़ों में घुसते, उसके दम घोंटते असर से अब मैं छुटकारा नहीं पा सकूँगा।

छह

रात

कहानी कभी होती नहीं पूरी
चलती रहती आधी-अधूरी
आज का कल, कल का परसों
धीमे-धीमे हो जाता है बरसों।
कौन सा माजी, किसका फरदा
सब पर गिरता है रात का परदा
फलक के आगे वह रोना रोता
कि यूँ न होता तो क्या होता?
अहंकारी आसमान न देता जवाब
तेरी मजाल, माँगता तू मुझसे हिसाब?

1

''जोहत, जोहत, जोहत..., तब तू आयो लम्बोडा!'' नई बहू पे एक नजर डाल, आँचल में मुँह छिपा के मुनीमा बुदबुदाईं।

''आपने कुछ कहा, मुनीमा?'' उर्मी ने जल्दी से पूछा।

''कुछ नहीं बेटा। मैं तो बहूरानी को असीस दे रही थी!''

''कैसी लगी बहू आपको, मुनीमा?''

''अरे, इसको तो कहीं चाँद की ही नजर न लग जाए! जल्दी से डिठौना तो लगाओ, कोई!''

बड़ी जल्दी बहूरानी को बुआ सास के पैर छूने का ख्याल आया! जैसे कि किसी मशीन का बटन एकदम से ऑन कर दिया गया हो, वह छनछनाती चूड़ियों और खनकते कंगनों की झंकार के साथ झट अपने पूरे कद से मुनीमा के पैरों पे लपकीं। थोड़ी घबराहट, थोड़े अचम्भे से मुनीमा दो कदम पीछे हट गईं। उनके मुँह से फूटा, ''सदा सुहागिन रहो, बेटा! जुग जुग जियो, पूतों फलो!''

फिर उनकी आँखें चमकीं, होंठों पे मुस्कान थिरकी। कुछ देर रुकीं, फिर बोलीं, ''अच्छा बेटी! यूँ ही पूछी हूँ, पर जरा बताना...तुम्हारी लम्बान करीब-करीब कितनी होगी? कै हाथ, भला?''

मैंने देखा उर्मी ने मुनीमा को चुप कराने के लिए उनको कस के घूरा। मगर मुनीमा शुरू हो जाती हैं, तो उन्हें रोकने से आसान है पहाड़ी से ढलँगते रोड़े को रोकना! अपने अटपटे सवाल में उन्होंने एक छोटा सवाल और जोड़ दिया,

''और चौड़ान?''

उर्मी से बर्दाश्त न हुआ। वह जोर से बोली, लगभग चीखी, ''मुनीमा!''

तभी विनीता की पतली सी आवाज पहली बार कोठी में सुनाई दी। उसे सुन के मुनीमा क्या, हम सभी लोग जो वहाँ मौजूद थे, चौंक गए। इतना लम्बा-चौड़ा शरीर और आवाज चुहिया जैसी! वह पूरी गम्भीरता से बोलीं, ''मैंने गज से तो नहीं नापा मगर...''

''नहीं, नहीं बेटी, मैं तो बस यूँ ही पूछती थी...कहीं तुम हमारे विक्रम से ऊँची तो न...''

"चलिए, चलिए भाभी! उधर माँ आपको बुला रही हैं...मुनीमा की बातें तो बस!"

भावज की बाँह पकड़ के उर्मी उन्हें वहाँ, अपनी बेतुकी बुआ के पास से बचा ले गई। उनके जाते ही, मुनीमा मुँह में साड़ी का किनारा ठूँस के हँसने लगीं। उनके अन्दर ही अन्दर सुनाई पड़ते ठहाकों से उनका चिड़िया जैसा शरीर थिरकने लगा, तो मैं भी अपनी मुँह फुलव्वल भूल के हँसने लगी। फिर मुझसे बोलीं, "देखा तुमने! नई बहू कितनी गम्भीर है! कितनी सौम्य, सुशील! पढ़ी-लिखी तो होगी?"

"जी, सुना है बी.एच.यू. से बी.ए. पास किया है। समाज शास्त्र में।"

उन्होंने एक उँगली नाक के पास ले जाकर आगे-पीछे हिलाई, "तब तो हमें उससे खबरदार रहना चाहिए! अच्छा सुन, मीना। तुझे मेरा एक काम करना है।"

"कौन सा काम, मुनीमा?"

"तू चल मेरे साथ। बताती हूँ।"

वह आँगन पार करके मुझे ले गई अपने कमरे में। वह कमरा पीला कमरा कहलाता था। वही पीला कमरा, जिसमें सुना था एक जमाने में मेशो की मुसलमान दादी रहा करती थीं। आगे वाले कमरों की कतार के पीछे पड़ने की वजह से उसमें अँधेरा सा रहता था। उन्होंने कहा, "जरा बत्ती तो जला, बेटा!" मैंने अँधेरे में टटोल के स्विच ऑन किया तो पीली सी रोशनी कमरे में फैल गई।

उसमें सामान ही सामान भरा था। जमीन से ले के कार्निस तक छोटे-बड़े, हर साइज के काले बक्से। कुछ का रंग उतर गया था, कुछ अभी सही-सलामत थे। बर्तन-भाड़ा, अंगड़-खंगड़, शीशे की टूटी चिमनी वाले लैम्प और न जाने क्या-क्या! उन्होंने अपने सामान पर मेरी नजर जाते देखा, तो बोलीं, "ससुराल में जी नहीं लगा तो यहाँ लौट आई, अपना सारा सामान लेकर। यही मेरे जीवन का लेखा-जोखा है!"

मेज पर एक पुरानी सी दीवालघड़ी टिकी खड़ी थी। उसी वक्त उसने घंटा बजाया, जैसे कि कहती हो कि उनके जीवन की इस जमा-पूँजी में अब उसे कुछ भी जोड़ना-घटाना नहीं, और वह उसे यहीं नत्थी करती है।

"देखो, चार बज रहे हैं। जाड़े का दिन तो घोड़े पे सवार आता है!" उन्होंने मुझे बक्सों की टाल पर चढ़वाया।

बोलीं, "देखो, वहाँ रूमाल में लिपटा एक सामान होगा...उसे नीचे तो उतारना, लड़की!"

दो सोने के कंगन थे। चिथड़ा होते हुए गन्दे से रूमाल में लिपटे हुए। बोलीं, "आखिर तो मुझे भी बहू को कुछ देना चाहिए! सब समझते हैं मैं कंगाल हूँ... भाई के टुकड़ों पर पड़ी हूँ, पर अभी मैं ऐसी गई बीती तो नहीं कि यूँ ही हाथ लटकाए बहू को देख लूँ। कुछ न कुछ तो दूँगी ही!"

वह चालाकी से मुस्कुराईं और उनकी आँखें ऊपर कार्निस पे फिरकर वापिस लौट आईं।

बक्से की टाल पर से मैं नीचे उतरी तो चक्कर आ गया। सिर लट्टू की तरह घूमने लगा, और पेट की गहराई में से उबकाई की एक लहर उठी। मुनीमा को वहीं छोड़, जा के अपने बिस्तर पे चुपचाप, आँखें बन्द करके लेट गई।

बन्द आँखों के पीछे पानी का दृश्य उभरने लगा।

पानी की एक चादर।

वह उसमें तैरती हुई उठती है। ऊपर उठती है। नीचे गिरती है।

आँखें कस के बन्द, मुट्ठियाँ भिंची हुईं, पतले होंठ नीले। मेरी अजन्मी बेटी।

मुझे मालूम है वह बेटी है। बिना भविष्य की। बेमतलब।

भविष्यहीन बेटियों की एक लम्बी शृंखला। धरती के सबसे सुदूर बिन्दु

तक खिंची हुई। हाथ में हाथ डाले हजारों अँधी बेटियाँ...

कैसा भयंकर दुःस्वप्न! मैं पसीना-पसीना हो गई। ऐसा कैसे हो सकता है? कोई तो रास्ता होगा?

मुझे विक्रम को फौरन बता देना चाहिए। मगर वह तो उसका, विनीता का हो चुका है। यह कैसी बेवकूफी है! कोई किसी के नाम लिख जाता है, क्या? फिर भी, यह तो सोचो कि वह शादी पर राजी क्यों हुआ होगा? तुम्हीं ने तो उसे ठुकराया था? उससे इतनी तीखी बातें क्यों की थीं तुमने? तुम तो उसे प्यार करती थीं। तो क्या वह सब फरेब था? सारी कसमें धरी की धरी रह गईं! हाँ, मैंने उसे ठुकराया। कठोर बातें कहीं। तो क्या? क्या इतना भी रूठने का अधिकार नहीं मेरा? और उसी का क्या? बड़ी जल्दी से राजी हो गया शादी पे। सारी बड़ी-बड़ी बातें भूल गया। विनीता की दौलत देख के ऐसा चौंधियाया कि शादी को मना कैसे करता, बेचारा! उसने मेरे साथ क्या कम कसमें खाईं थीं? मगर मुझसे शादी करने की बात तो एक बार भी नहीं की उसने। बस, मेमने जैसी आँखों से देखा करता था मुझे! मेमना या कोई दूसरा पालतू जानवर। मेरे पीछे-पीछे दुम हिलाता हुआ। दुम हिलाने से मुझे नफरत है।

मीना तुम्हारा दिमाग तो नहीं खराब हो रहा? यह किससे बहस कर रही हो? किसको सफाई दे रही हो? कैसे जंजाल में फँसा लिया अपने को!

विक्रम, मैं जो भी कहूँ, आखिर तो तुम ही हो। मेरे प्यारे। जगत उजियारे।

मन में कितना कोलाहल है। अलग-अलग दिशाओं में खुलते, बन्द होते खिड़की-दरवाजे।

2

उनको घर में आए हफ्ता हुआ जा रहा है। यानी विनीता को। पूरे में झमझमाती, सौ बिजलियाँ गिराती फिर रही हैं। अरे दया करो, देवी! काहे को बेचारे मेमने पे जुलुम किए जा रही हो? वह तो बेचारा पहले से ही तुम्हारे आँचल के नीचे दुबक गया है! बस हुकुम करो! कहीं मासूम से कोई गलती न हो जाए!

मगर वह रोज नई, एक से एक महँगी साड़ी निकालती हैं। गोरे टखनों पे सोने की छागल चमकती है। कमरा छोड़ के जाती हैं तो परफ्यूम का गुबार पीछे छूट जाता है। बस चेहरा फक्क सा सफेद, फीके शलजम जैसा। बेहद पतले होंठों पर चटख लाल लिपिस्टिक चक्कू के चीरे की तरह गहरी चोट करती है! आँखें पतली और चालाक।

क्या किस्मत पाई है, इस चेहरे ने!

मैं किस्मत-विस्मत सब पलट के रख दूँगी! विक्रम तो मेरे हिस्से का है। बीच में यह लोकने वाली कहाँ से टपक पड़ीं!

मैं उन्हें चैन से जीने नहीं देती। छोटी-छोटी बातों में परेशान करती हूँ। विनीता नहाने जाना चाहती हैं, तो मैं पहले से बाथरूम में जा के बन्द हो जाती हूँ, खूब जोर से पीतल की बाल्टी में नल चला देती हूँ और ऊँची आवाज में गाना गाने लगती हूँ! तब कोई ताकत मुझे वहाँ से घंटे भर से पहले निकाल नहीं सकती। और इस बाथरूम में नल खोल लूँ तो दूसरे में पानी तो आता ही नहीं! मासीमा कोई सन्देसा या सामान भिजवाती हैं तो मैं देखती हूँ, कन्हैयाजी का दरवाजा बन्द! मैं बन्द दरवाजा बिना खटखटाए भड़ाक से खोल देती हूँ! विनीता साड़ी बाँधने की क्रिया में अपने को खुले दरवाजे के सामने पाती हैं! विक्रम की तरफ शिकायत भरी नजर फेंकती हैं। वह अजनबी जो कि विक्रम था मुझसे कहता है, ''अन्दर आने से पहले दरवाजा तो खटखटा दिया करो, मीना!''

''जी अच्छा, विक्रम भइया!''

विक्रम का चेहरा शर्म से लाल हो जाता है। इस मिमियाते मेमने से तो मैं डरने से रही!

आजकल अपने अँगना वाले गरीब बच्चों का इत्ता सा भी ध्यान नहीं आता! कहते थे मेरे जीवन का लक्ष्य इनकी सेवा है! और मेरे अन्दर जो बात खौल रही है, मैं कब और कैसे उसे बताऊँ? उस दिन मुँह तक आ के रह गई। पर बताऊँगी तो जरूर। इतनी बड़ी बात... वह तो लाटसाहब बने बैठे हैं और मेरा क्या होगा? सब मेरी ही गलती ठहराएँगे। मासीमा ने घर से निकाल दिया तो मैं सड़कों पर मारी-मारी कहाँ फिरूँगी? कुछ दिन और रुक जाऊँ? कन्हैयाजी को अपनी अठखेलियों से अभी कहाँ फुर्सत? मगर कभी तो मौका ढूँढ़ ही निकालूँगी।

वे लोग देर रात तक जगे रहते हैं। जहाँ मेरी मसहरी है, वहाँ के ठीक सामने कोठी का वह हिस्सा दिखता है, जिसमें पहली मंजिल पर उन लोगों का कमरा है। कभी अपनी कच्ची नींद से जग जाती हूँ, तो रात गए देखती हूँ उनके कमरे की झिलमिलीदार खिड़की की सलाखों में से छनकर सामने वाली दीवार पे रोशनी और परछाइयों की बनी एक सीतलपाटी सी बिछी है। कभी लगता है कोई भारी-सी चीज जमीन पर घसीटी जा रही है—इस पुराने घर में आवाजें कितना गूँजती हैं!

जाने यह मियाँ-बीवी में क्या चला करती है। रात के सन्नाटे में एक औरत की आवाज, जो कि विनीता की ही हो सकती है, देर तक एक ही स्वर में सुनाई देती रहती है। उसकी लय में कुछ होता है जो कभी शिकायत जैसा लगता है, तो कभी गहरे दुख, कभी घोर निराशा जैसा। वह आवाज आखिर धीमी होती हुई एकदम बुझ जाती है, और उसकी जगह बातचीत की एक दबी हुई भुनभुनाहट ले लेती है। फिर दरवाजा बन्द होने की आवाज। सामने वाली दीवार पर से रोशनी गायब हो जाती है और सब कुछ फिर से खामोश हो जाता है।

मासीमा कहती हैं मैं विनीता को विनी भाभी कहा करूँ। मैंने यह कहना भी शुरू किया है, मगर बार-बार मुँह से विनीता ही निकल जाता है! एक दिन सुबह-सुबह आँख खुली तो देखा उनके कमरे में हलचल मची हुई है। उठा-पटक, चीख-पुकार, पैरों के चलने की खिसखिस, अलमारियों और मेज-कुर्सी घसीटने की कर्कश आवाज और सब के ऊपर विनीता, नहीं विनी भाभी की गुस्से से काँपती पतली सी आवाज। इतना शोर! पूरी कोठी जैसे किसी तूफानी समुन्दर पर हिचकोले खा रही हो।

पता चला आज विनी भाभी अपने कमरे की सफाई करवा रही हैं। सागर पेशे से वह नौकर जो कोठी में कम दिखते हैं, आज अन्दर बुलवा लिए गए थे; कोई उठा रहा है, कोई धर रहा है, कोई झाड़ रहा है, कोई रगड़ रहा है। मैं ऊपर गई तो विनीता बड़बड़ा रही थीं—"ऐसे अनपढ़ों के बीच झोंक दिया है! एक पियक्कड़ है, तो दूसरा गँजेड़ी, तीसरे को तो पागलखाने में होना चाहिए। यह कोई शरीफों का घर है?"

उन्होंने अलमारी का दरवाजा खोला तो अन्दर मुसे हुए कपड़ों का ढेर था। गेंद की शक्ल में मरोड़ी हुईं चादरें, रजाई के खोल, पलंग के निवाड़, बुनने की सलाइयाँ, पर्दे की कड़ियाँ, बटन के डिब्बे, गोटे के पुलिन्दे वगैरह अपना आजाद जीवन बसर करते हुए नजर आए। इन सब के पीछे शराब की छोटी-बड़ी हर साइज की खाली बोतलों की लाइन थी, जैसे लेफ्ट-राइट, लेफ्ट-राइट कवायद करते सिपाही लाइन से खड़े हों!

उनको देखते ही, सुलगती आँच पे जैसे किसी ने तेल डाल दिया हो। विनी भाभी तैश में आ के दोनों हाथों से अलमारी का सामान बाहर फेंकने लगीं—वह गई धोबी के हिसाब की पुरानी डायरी, गोटे का पुलिन्दा पतली सी चमकती हुई नदी की तरह दूर तक बह निकला, रजाई के खोल में से चूहे की मेंगनियाँ जमीन पर फैल गईं, और उनको देखते ही विनी भाभी के हाथ से बटन का डिब्बा एक जबरदस्त खनखनाहट के साथ जमीन पर जा गिरा। बटन हर दिशा में लुढ़कने लगे।

इतने में उनकी नजर मुझ पर पड़ी तो और भी तैश में आ गईं। उनकी आवाज तार सप्तक पे जा के काँपी, "वहाँ खड़ी-खड़ी तमाशा क्या देख रही हो! क्या पैर रस्सी से बँधे हैं? चलो झाड़के वापस रखो, यह सब!"

घबराहट में मेरे मुँह से निकला, "जी नहीं, मेरा मतलब है जी हाँ, रखती हूँ!"

अलमारी झाड़ने को आगे झुकी तो देखा कि अलमारी के पट का ऊपरी हिस्सा सही-सलामत दिखने के बावजूद, अन्दर से एकदम खोखला था। ऊपर की साबूत पट्टी के पीछे हजारों की गिनती में दीमक कुलबुला रही थीं। डर और घिन से गिनगिना के मैं पीछे हट गई, तो खुद भी आ के देखने लगीं। फिर मेरे कन्धे पे हल्की सी चपत लगा के बोलीं,

"अच्छा चलो, नौ दो ग्यारह हो जाओ यहाँ से! इस घर में मिट्टी का तेल नहीं है?"

"जेनेरेटर वाली कोठरी में रखा जाता है।"

"तो मुँह क्या देख रही हो? मिट्टी का तेल ले के आओ जल्दी। और मुझसे बात करो, तो आँखें नीची करके किया करो। ऐसे ढीठ नौकर तो मैंने देखे ही नहीं!"

नौकर! कितने पैसे देती हैं मुझे आप? मैं मन ही मन बड़बड़ाई। क्या खरीद लिया है मुझे? जी चाहा कि मिट्टी का तेल लाकर यहीं उँडेल, माचिस लगा दूँ उसमें! फिर भी, मैं कुछ बोली नहीं, चली गई वहाँ से। ओफ्फो! इनकी चाँय-चाँय से तो कान बजने लगे!

वह तो रहा उनका कमरा। पूरे घर की, वह भी इतने बड़े घर की सफाई करवाना कोई बच्चों का खेल तो था नहीं। एक दो कमरे होते तो भी कोई बात थी। यहाँ तो धूल और गन्दगी घर के सामान का भेस बना के घर के हर कोने में दाखिल

हो गई थीं। वेटिंग हॉल में मटमैली सफेद चादरों से ढके सोफे, जिन पर सुना था मेशो के पिताजी के समय में बड़ी-बड़ी हस्तियाँ बैठा करती थीं, और जो अब बरसों से इस्तेमाल नहीं हुए थे, धूल से बने टीले मालूम दे रहे थे।

खाने के कमरे में शीशे की अलमारी में बन्द कम इस्तेमाल होने वाली प्लेटों और प्यालों को गन्दगी ने चालाकी से एक पीले से रंग में रंग दिया था। छोटी मेज और खाने की बड़ी मेज, दोनों पर चिपचिपाहट थी। खाने की मेज को चींटियों से बचाने के लिए चारों पायों के नीचे रखे पानी से भरे पत्थर के कटोरों में काई और चींटियों की लाशें भर गई थीं। बरसात की पसीजी पपड़ियाई हुई दीवारों से चूना भुरभुरा के गिर रहा था, और दीवारों के कोनों में मकड़ों के पूरे-पूरे परिवार अमन चैन से अपने जाले बुनने में लगे हुए थे।

वेटिंग हॉल के बगल में कालकोठरी जैसे अँधेरे छोटे कमरे के सामने से जा रही थी, तो विक्रम की आवाज आई,

''मीना! जरा सुनो!'' पास पहुँची तो देखा कमरे की मटमैली रोशनी में विक्रम बैठा है। पी के धुत्त मालूम दे रहा है। आँखें चढ़ी-चढ़ी और लाल। पूरे में दारू की महक। मैंने हिकारत से कहा, ''यह क्या हो गया है, तुमको?''

तो कहने लगा, ''आजकल मैं खून जला-जला के जिन्दा हूँ, मीना!''

''अच्छा? लगता है खून आजकल सस्ता हो गया है! तो क्या भाव चल रहा है खून?''

''मीना...तुम...तुम...''

मैं उसके चेहरे को एकटक देखती गई। उसकी लाल आँखें पानी में तैरने लगीं। उसने अपना वाक्य पूरा नहीं किया।

3

मेशो ने कहा था कि किसी के भी जीवन की एक ही कहानी नहीं होती। एक कहानी वह, जो देखनेवालों की आँखों के आगे घटती है। और उसी कहानी के इर्द-गिर्द, उसमें से उगती हुई, उसके किनारों पर पनपती, जीवन पर अपनी पकड़ मजबूत करती, सैकड़ों कहानियाँ और होती हैं। वे पतिंगों की तरह हवा में फड़फड़ाया करती हैं। कि पूरी कायनात इन्हीं से बनी हुई है। इन कहानियों से, जो हुई ही नहीं। कि कोई भी ऐसा इनसान, या हैवान, या पक्षी, या वनस्पति नहीं है, जिसके जीवन की सम्भावनाएँ कायनात के विशाल गोले पर लिखी न हों।

तभी हवा अनेक आवाजों में बात करती है। वह यही कहानियाँ फुसफुसाती है। और अगर हम कान लगा के सुनें तो यह कहानियाँ हमें सुनाई दे जाएँगी।

मेशो ने यह उन दिनों कहा था जब वह अपने हरे, धँसे हुए सोफे पर बैठे, कोठी के पिछ्वाड़े के उजाड़ वीराने को देखा करते थे। वे दिन जब वह मासीमा के प्यार के घेरे के अन्दर जीते थे। जब उनका जीवन ताश के पत्तों के घर की तरह गिरा नहीं था। जब मासीमा जिन्दा थीं, और मेशो के दिमाग ने देखना बन्द नहीं किया था।

मैं कान लगा के अपने जीवन की उस कहानी को, जो हुई ही नहीं, सुनने की कोशिश करती हूँ। सिर में कोलाहल है। घटे और अनघटे के बीच का फासला गड्ड-मड्ड हो जाता है। क्या जो हुआ वह सचमुच हुआ ? क्या हुआ ? और क्या नहीं हुआ, जो अपने न होने में कायनात की उन अनघटी कहानियों में शामिल हो गया ?

तेजी से गोल-गोल नाचता भँवर है। कोलाहल के बीच लुटे-पिटे दिनों के टुकड़े सिरकटे धड़ के अंगों की तरह बेतरतीब भँवर में नाचने लगते हैं।

एक दिन। नवम्बर की चितकबरी धूप में सरकती-फिसलती परछाइयों की खामोशी में एक आवाज उठती है। ट्रक के घुरघुराने की। विनी भाभी के मायके से टाइलें आई हैं। पूरी मैटाडोर ट्रक भर के। सफेद चमचमाती टाइलें, जो आँगन वाले बाथरूम के फर्श पर जड़ी जाएँगी।

सुबह के दस बजे होंगे। बड़े फाटक पर से आवाजों का एक गुबार उठा, "अरे रोक के! भइया, तनि रोक के!"

मगर ट्रक का इंजन है, कि गुर्राता हुआ बढ़ता ही जा रहा है। आखिर एक जोरदार घड़घड़ाहट, फिर खामोशी। चलो रुका। हवा पर उठता गिरता शोर।

''अरे सत्यानास! कहा था न, कि तनि रोक के!''

''क्या हुआ भाई?''

''चढ़ा दिया न हमारे झबरू दादा पे!''

''कौन से झबरू दादा? कहाँ हैं झबरू दादा?...अरे, वह कुत्ता?''

''इतना बड़ा कुत्ता दिखाई नहीं दिया?''

''दिखाई काहे नहीं दिया! मैं समझा ट्रक देख के, आवाज सुन के खुद ही हट जाएगा!''

''कैसे हट जाते? वह तो बेचारे बूढ़े भी हैं और बहरे भी। और आँख की रोशनी तो जाने कब से कम हो गई है।''

''मैं क्या करूँ तुम्हारा कुत्ता रास्ते में बैठा हुआ था तो!''

''यही तो उनके बैठने की जगह थी!''

एक छोटी-सी मौत। गूँगी।

क्या इस घटना का कोई मतलब था उन बड़ी बातों से, जो मेरे जीवन में घट रही थीं? क्या उसी दिन टाइलें आईं, उसी दिन जड़ भी दी गईं बाथरूम में, और उसी दिन मैं उन पर फिसलकर गिरी? क्या एक ही दिन हुआ यह सब?

वही स्मृति की अठखेलियाँ! भँवर में नाचती अगल-बगल, आगे-पीछे की सारी बातें गायब, बस यह तीन आपस में जुड़ गईं। एक घटना बन गईं।

मेरे गिरने की घटना। किस चीज से बनी यह घटना? एक पतली लाल लकीर है। मेरे पैरों के बीच से बहती। बहकर वह सफेद टाइल की जमीन पर खिंच गई, भाग्य की रेखा की तरह। बाथरूम के नए-नए फर्श को काटती हुई। सफेद पर गहरा लाल। फिर पैरों के बीच एक गर्म फिसलन। खून की महक। यह महक पुरानी है। किसी आदिम स्मृति की तरह लोहे का एक चिकना खम्बा दिमाग में उभरा, थम्म से जमीन में गड़ा हुआ। लोहे में खून की महक होती है और खून में लोहे की। मैं गोल-गोल चक्कर काट रही हूँ। पहले एक तरफ से, फिर दूसरी तरफ से। एक छोटी चिड़िया उड़ रही है, नीले आसमान में पंख फैलाए।

खड़ी हुई तो चक्कर आ गया। फिर गिर गई।

डॉक्टर बिसारिया बुलवाई गईं। होश-हवास वापस लौटे तो देखा कि अरे! इनकी शक्ल तो बिल्कुल चिनिया बादाम जैसी है! छोटी-छोटी आँखें, छोटा-सा ही मुँह भी।

लगता है मैं काफी देर से बिस्तर पर ही पड़ी हूँ।

''डॉक्टर, मैं चिनिया बादाम खा सकती हूँ?''

वह जवाब ही नहीं देतीं। मेरा सवाल मेरे और उनके चिनिया बादाम चेहरे के बीच, हवा में लटका रह जाता है। यह तो लगता है पूरी जिन्दगी में कभी हँसी ही

नहीं हैं! और यह ग्लूकोज जो मुझे चढ़ाया जा रहा है, उसका कोई अन्त होगा? एक बोतल खतम नहीं होने पाती, कि दूसरी उसकी जगह लटका दी जाती है। जाने कितनी बोतलें चढ़ाई जा चुकी हैं। पूरा गैलन तो नहीं हो गया?

"डॉक्टर साहब, आप इस नली को बोतल की जगह सीधे कुएँ से क्यों नहीं जुड़वा देतीं?"

फिर उन्हें मेरा मजाक रास नहीं आता। उनके चिनिया बादाम होंठ और भी छोटे से गोले में भिंच जाते हैं।

मगर बाद में। यह सब तो बाद में हुआ होगा।

इतना कुछ घटने से पहले तो मैंने विक्रम को बताया होगा।

उसकी आँखों में निराशा देखी होगी। उसको कहते सुना होगा कि, "मैंने तुम्हारा जीवन बर्बाद कर दिया, मीना!"

और अपना जवाब सुना होगा कि, "यह तुमसे किसने कह दिया कि मेरा जीवन बर्बाद हो गया? मैं तो सही-सलामत हूँ। तुम अपनी फिक्र करो!"

"मैं तुम्हारी फिक्र कैसे न करूँ, मीना?"

"बड़ी जल्दी तुम्हें फिक्र होने लगती है? कहा ना, कि मैं तो बिल्कुल ठीक हूँ। तुम जहाँ हो, वहीं रहो! मेरी चिन्ता छोड़ो, बस अपनी फिक्र करो!"

"नहीं। मैं जहाँ हूँ, वहाँ कैसे रह सकता हूँ? मैं एक दुष्ट, तंग दिमाग, कमजोर, मरा हुआ इनसान हूँ, मीना! ऐसे इनसान का कहीं भी होने का कोई अधिकार है?"

फिर वही पानी में तैरती आँखें। ओफ्फ!

"अगर ऐसे ही लिजलिजे इनसान हो, तो तुम्हें चुल्लू भर पानी में डूब मरना चाहिए!"

कैसी तीर की तेजी के साथ मेरे मुँह से निकले वह शब्द! और निकल के सीधे जा निशाने पे लगे होंगे! बीता हुआ समय और मुँह से निकले हुए शब्द कभी लौट के आते हैं? अगर लौट पाते, तो कौन सी कहानी बनती?

फिलहाल तो वह कहानी रुकी हुई है।

मेरे गिरने पर बात तो खुलनी ही थी। तो खुली।

घर के पड़ोसी, मिलने-जुलने वाले, शुभचिन्तक, जिन्होंने कोठी के बच्चों को बड़ा होते देखा था, अपनी-अपनी चिन्ता व्यक्त करने चले आए। यह सारे लोग, जिनको अब तक अपना मामूली सा जीवन बसर करने से फुर्सत नहीं थी—सब के सब ने एक साथ, एक ही वक्त पर पाया कि उनके अन्दर तो एक पहरेदार छुपा बैठा है! जैसे एक बल्ब सब के अन्दर एक ही वक्त पर जल उठा हो, और उसकी रोशनी में उन्होंने देखा कि अरे! हम तो पैदाइशी नैतिकता के फौजदार हैं!

एक एटोमैटिक लैला मजनू नियंत्रण फोर्स!

एक सामूहिक उँगली निन्दा में उठी,

"साँप के बच्चे को घर में रखेंगी तो और क्या होगा?"

"अरे इसके माँ-बाप का तो अता-पता है नहीं...कौन जाने इसकी क्या जात है, किसी भी नीच कौम की हो सकती है!"

"यह लोग जितना भी नहाएँ, शरीर की गन्ध जाती थोड़े ही है!"

"अनाथाश्रम से आई है..वहाँ ऐसी ही लड़कियों का कल्याण होता है। अरे, हम खूब जानते हैं, कैसा कल्याण होता है!"

"हाँ-हाँ, खूब खेली खाई हुई लड़की है, तभी तो इतनी प्रैक्टिस है इसे घर उजाड़ने की!"

"अरे, यह छिनालें तो बैठी ही रहती हैं, बड़े घर के लड़कों को फाँसने के लिए! देखा, किस तरह से अपने भोले-भाले विक्रम को फँसा लिया!"

उर्मी ने अपनी नुकीली, शीशे की किरचों से बनी आवाज में कहा, "मैंने तो कभी इसे पसन्द नहीं किया। शुरू से देखती आ रही हूँ, किस चालाकी से इसने विक्रम को अपने जाल में फँसाया! जब देखो उसी के आगे-पीछे नाचा करती थी। मुझे पता था, एक दिन यह कोई न कोई गुल खिलाएगी!"

विनी भाभी से नहीं झेला गया। बोरिया-बिस्तर बाँधकर मायके चली गईं।

तेजी से नाचते भँवर के बीचोबीच बस एक स्थिर, खामोश जगह है। वहाँ से कोई आवाज नहीं आती। मासीमा की सोचती हुई आँखों की गहराइयों का तल नहीं दिखता। उनमें कोई इल्जाम नहीं है। कोई शिकायत नहीं। सदमा। बस सदमा।

यह सब विक्रम के जीते जी हुआ होगा। विनीता उसके सामने ही घर छोड़ के गई होंगी। बाद में तो वह वापिस आ गईं। सारी बातें आपस में मिल गई हैं। उनका सिलसिला बिगड़ गया है। मगर विनी भाभी चली गई थीं। क्योंकि तभी मेरे मन में सवाल उठा होगा, कि विक्रम विनी की यह साड़ी अब क्यों रोलर प्रेस करवाने ले जा रहा है, जबकि वह घर पर हैं ही नहीं? विनी की यह बढ़िया साड़ी, लाल जमीन पर चटक पीले फूल वाली। और फिर इस काम के लिए तो हीरा ही भेजा जाता था। यह विक्रम साड़ी लिये बड़े फाटक की तरफ क्यों बढ़ा जा रहा है? बड़े फाटक के आगे तो कुआँ है...

तभी मेरे दिल पर बर्फीली उँगलियों का स्पर्श हुआ होगा।

अगर मन को पता चल जाए कि कोई कुछ ऐसा करने वाला है जिससे दुख के अलावा कुछ हासिल नहीं होगा, जिससे जिन्दगियों की दिशा बदल जाएगी—आपके मन को यह पता चल जाए, और आप उसे रोकने के लिए कुछ न करें, तो आप कुसूरवार माने जाएँगे, या नहीं? कुछ न करना जुर्म करना होता है या नहीं?

मैंने कुछ नहीं किया। सिर्फ उन उँगलियों के ठंडे स्पर्श को पहचानने की कोशिश करती रही। अनिश्चय का वह पल, जो अब तक मेरा पीछा कर रहा है। उसी का तो फल आज भुगत रही हूँ?

सच कहूँगी। सच के अलावा कुछ न कहूँगी।

क्या यही मेरा सच है? मेरा यही जुर्म?

4

मासीमा ने तभी से मरना शुरू कर दिया होगा। क्योंकि मुझे यकीन है कि एक बार में तो वह मरी न होंगी। मौत से उनका एकाएक सामना नहीं हुआ होगा। धीमे-धीमे, बिना शोर किए, उसके कदम करीब आ गए होंगे, और मासीमा को अपने साथ जाने के लिए तैयार पाया होगा, यमदूत ने।

उर्मी और मैं बारी-बारी से उनके जलते माथे पर ठंडी पट्टी रखते हैं। ऐसे वक्त पर दूसरे के साथ को स्वीकार कर लेना, चाहे वह दूसरा कितना ही तुच्छ क्यों न हो, समझदारी होती है। उर्मी ने फिलहाल मेरे लिए अपनी नफरत को स्थगित कर दिया है। एक ठंडी सी खामोशी के साथ वह पट्टी बर्फ के पानी में डुबोती है, निचोड़ती है, मासीमा के माथे पे रखती है। बिल्कुल मशीनी ढंग से। वह वहाँ से हटती है, तो मैं उसकी जगह ले लेती हूँ। मासीमा के पलंग के पास रखी कुर्सी से वह उठती है और मैं उस पर बैठ जाती हूँ। यह हम एक-दूसरे से एक भी शब्द बोले बगैर करते हैं।

बुखार तेज है। मासीमा जरा भी विचलित नहीं होतीं। बस लेटी रहती हैं सीधी, पीठ पर, आँखें खोले, कमरे की परछाइयों को चुपचाप ताकतीं। ऊँचे माथे पर कोई बल नहीं। होंठ सूखे और पपड़ियाये हुए। ऐसी हो गई थीं आखिरी दिनों में, मासीमा।

''मासीमा!''

वह मेरी तरफ देखती नहीं, पर मुझे मालूम है वह सुन रही हैं।

''मासीमा, आप मुझसे नाराज हैं?''

अब कि वह सीधे मेरी आँखों में देखती हैं। ध्वस्त आँखें। जैसे कोई टूटा हुआ बाजा हो, सितार या वीणा। आँखों की लौ में हल्की सी, पल भर की थिरकन होती है। फिर वही गहरा, ठहरा हुआ पानी।

आँखों में शिकायत नहीं है। बस शोक, अथाह शोक।

कमरे में स्याही भरी है। घड़ी की सुइयाँ गायब हो गई हैं। फिर भी ग्यारह तो बजे ही होंगे। जुलाई का महीना।

खिड़की के बाहर काला पानी बरस रहा है। हवा पर आवाजें हैं। एक तो बारिश का शोर। फिर बारिश रुकती है, तो कुत्तों का भौंकना, दूर गली में।

शहर के दूसरे सिरे पर रेलगाड़ी पुल पर से गुजरती है। पटरी पर पहिए तेजी से दौड़ते हैं। लम्बी सीटी। फिर कुछ नहीं। सन्नाटा।

बड़े कमरे और दालान के बीच हवा का रास्ता बना हुआ है। नीम के पत्तों का हवा में सरसराना। ताड़ के सूखे पत्ते बजते हैं। बारिश रुक भी जाती है तो हवा के सरसराने में बारिश का भ्रम होता है। वह आँखें उठा के देखती हैं।

''मीना।''

''जी, मासीमा।''

''क्या पानी बरस रहा है?''

''जी नहीं, मासीमा।''

''तो यह आवाज कैसी है?''

''हवा है। तेज हवा चल रही है।''

''यह कैसी हवा है, मीना?''

''बारिश का महीना है, मासीमा। ऐसा तो होता ही है। अब आप सो जाइए।''

''क्या समय हो गया?''

''हाँ, सोने का समय हो गया, मासीमा।''

''अच्छा, तो बत्ती बुझा दो।''

बत्ती के बुझते ही, सब जो अब तक चुपचाप अपनी जगह खड़े थे, अपना-अपना काला नकाब पहने सामने आ जाते हैं। घर के दर, दीवार, खम्बे, सायबान, सब अपना-अपना पता देने लगे हैं। मासीमा के कमरे की खिड़की कोठी के पिछवाड़े में खुलती है। खिड़की के सामने पुराना नीम बड़े से काले हाथी की तरह सूँड़ हिला-हिला के झूम रहा है। निमकौली की तीखी महक। महक सिर्फ निमकौली की नहीं है। कोई और चीज है। कमरे में मौजूद। साँस लेती। मचलती। एक और को अपनी बाँहों में भर लेने के लिए बेचैन।

जब दिल में एक भी इच्छा बाकी न रह जाए, जब वह पूरी तरह से खाली हो जाए, तो आखिरी साँस बस ताला लगाने जैसी है। उस घर में, जिसे सब छोड़ के चले गए, जो वीरान हो चुका है। तो फिर दरवाजे खिड़कियाँ बन्द कर दो, अकेला छोड़ दो उस कमरे को जहाँ वह जन्म—उस अनजान दुनिया में जन्म—जिसे हम मृत्यु कहते हैं, अपने रहस्य खोल रहा है।

शेष

लगता है मैं कई महीनों से सोई नहीं। जागी हुईं आँखें। जागा हुआ दिमाग। सुनसान घर के किसी अन्दरूनी कोने से दीवाल घड़ी सुबह के तीन बजाती है। तीन सुरीले घंटे जो सोते हुए घर में एक लम्बे अन्तराल तक गूँजते चले जाते हैं। अपने खामोश, अजनबी शरीर को मैं आँगन में छिटकी चाँदनी में बिस्तर पर लिटा देती हूँ। तन्हाई मेरे ऊपर एक चादर की तरह बिछ जाती है।

मैं बुरी तरह से थक गई हूँ। सोच पाने के लिए ज्यादा थकी हूँ। महसूस कर पाने के लिए ज्यादा थकी। सिर, आँखें, पैर, हाथ, सब दुखते हैं। एक दर्द जिसकी वजह सिर्फ नींद की कमी नहीं हो सकती।

आँखें बन्द कर लीं तो एक नकली, जागती हुई नींद उन पर हावी हो गई। उस नकली नींद में आँखों के सामने वह सारे पुराने दृश्य भागते चले जा रह हैं, जो मैंने अपने जीवन में कभी देखे थे। हवा पर बहते पत्ते की तरह मैं अन्नपूर्णा शिशु मन्दिर की लाल दीवारों पर से गुजरी, खम्बे वाला वह खाली एहाता देखा, वह लम्बा-पतला गलियारा देखा जिसके अन्त में करीमा टीचर का कमरा पड़ता था। दिद्दाजी, करीमा टीचर, शीलू, नीता, मरी हुई सोमैया, और हाँ, टकलू लोचन का भी—सबके चेहरे मेरी आँखों के सामने से तैरते हुए निकले, जैसे पुल के नीचे से कितना पानी। मन की आँखों से हमें वही दिखता है जिसे हमने पहले कभी देखा है, जो जाना हुआ है।

मैंने अभी देखा ही क्या है? मैं क्या देखना चाहती हूँ? मुझे क्या चाहिए? मैं क्या सोचती हूँ? मुझे अगर मौका दिया जाता तो मैं क्या माँगती? एक वक्त था जब मुझे विश्वास था कि अगर मैं सचमुच कुछ चाहूँगी, तो वह मुझे मिल जाएगा। आज वह विश्वास कहाँ है? अब तो यह भी ठीक से नहीं कह सकती कि मैं चाहती क्या हूँ। बस इतना जानती हूँ, कि जो भी हो, अपना जीवन चुनने का, तय करने का अधिकार चाहिए मुझे। यह जान लेना, कि एक जीवन मेरे लिए सम्भव है, मेरे अपने फैसलों से बना हुआ।

मन के कोनों-अँतरों को खँगाला तो एक अजब दृश्य उसमें से निकला।

उर्मी दालान में बैठी है। उसके सामने मचिया पे बड़ी-बड़ी पन्नियाँ रखी हैं। वह पन्नियों के ढेर में से एक उठाती है, उसे चार हिस्सों में सफाई से मोड़ के, उसका चौकोर बना के अलग रख देती है। फिर दूसरी उठाती है, उसे मोड़ती है, रखती है; फिर तीसरी। उसके बगल में कायदे से मुड़ी पन्नियों का छोटा-सा ढेर खड़ा हो जाता है। यह किस लिए पन्नियाँ मोड़ रही है? इनका क्या होगा?

सब विफल। व्यर्थ, विफल जीवन।

वह मुझसे कहती है मैं भी पन्नियाँ मोड़ूँ। कुछ पता नहीं यह पन्नियाँ कब काम दे जाएँ। कौन सी जरूरत कब सिर पे आ के खड़ी हो जाए। तो उस जरूरत की आहट सुनने के इन्तजार में हम जीवन बिता देंगे?

मासीमा के जाने के बाद से उर्मी ने धर्म के आँचल में शरण ले ली है। वह रोज सुबह पूजा करती है। हवा पर धूप बत्ती की महक तिरती है। घंटी बजाती है। ओम जय जगदीश हरे, स्वामी जय जगदीश हरे! गाती है, अपनी काँच की आवाज में।

आदित्य रंगीन पत्रिकाओं के चिकने पन्नों में से तसवीरें सँभाल-सँभाल के काटते हैं, उन्हें काट के एक स्क्रैपबुक में चिपकाते हैं। डॉक्टर ने कहा है कि यह भी उनकी मानसिक हालत के लिए एक तरह का इलाज है। जिसमें कि उनका ध्यान इसी में लगा रहे। वह फालतू बातें न सोचें। 'फेमिना', 'सोसायटी', 'कंचन', 'घरौंदा', जैसी पत्रिकाओं के नए पुराने अंक उनकी कैंची की बलि चढ़ते हैं। गोंद में लिथड़े ब्रश घर के कोने-कोने में पड़े मिलते हैं।

मेशो कुछ नहीं करते। उनके सफेद बाल लम्बे और घुँघराले हो गए हैं, उनके कन्धों पर उलझे हुए। नाखून भी लम्बे और पीले। कुछ निडर गौरैयाँ कुतूहल से पास आकर इस अजीब झाड़ी को देखती हैं। उनके बालों में खोता लगाने पर शायद विचार करती हैं। ऐसा नहीं कि मेशो पहले ही कुछ करते रहे हों। मगर अब वह बैठे, अपनी आँखों की खुली खिड़कियों से अमरूद के पेड़ पर खामोश, फड़फड़ाते चिमगादड़ों को देखा करते हैं। चिमगादड़ तेजी से पंख फड़फड़ाते पेड़ का चक्कर काटते हैं, फिर दूर अँधेरे होते आकाश में उड़ जाते हैं। दोबारा लौटते हैं। चक्कर काटते हैं। यह तमाशा कई घंटों चलता है।

क्या जीवन यही है? पन्नियाँ मोड़-मोड़ के रखना, तसवीरें चिपकाना, चाय के प्याले धोना, कपड़ों पर इस्तरी करना? इन्तजार करना? यही वह आजाद, ऊँचा जीवन है, जिसकी उम्मीद ले के मैं अन्नपूर्णा शिशु मन्दिर से इतने साल पहले यहाँ आई थी?

नींद तो आती ही नहीं। अपने चारों तरफ का आभास तब भी रहता है जब मैं सोई रहती हूँ। जैसे ही सोती हूँ सपने आँखों में भरने लगते हैं। आपस में जुड़ी या बेमेल आकृतियाँ मेरे अन्दर सिलसिले से खुलती-फैलती चली जाती हैं। इन आकृतियों का आपस का फर्क मिट जाता है, जैसे कि जागने और सोने के बीच का फर्क मिट जाता है। हवा पर तिरता एक पनियल शोक आसमान से बरसता है।

सपना देखती हूँ। सपने में वह दो हैं; वे सुन्दर हैं, उनका मन साफ है और वह जीवन की कोई दूसरी कहानी चाहते हैं। प्रेम उनको तलाश करता है, उनका इन्तजार करता है, और वह बच्चों की तरह हाथ में हाथ डाले, चाँदनी रात में टहलने निकल जाते हैं। पेड़ों के झुरमुट के पीछे गायब हो जाते हैं। उनके शब्दों के चमकते जाल आसमान के गुम्बद पर फैल जाते हैं। फूलों के हार खिड़की से खिड़की तक सज जाते हैं। सितारों पर से, या शायद किसी और छुपी जगह से संगीत उतरता है।

"कल फिर यहीं मिलें?" वह उत्सुकता से पूछता है।

जवाब में वह उसका हाथ होंठों पर दबा लेती है।

"कल और कल और कल..." वह कहती है, और आने वाले इतने सारे कल भी हाथ में हाथ डाल के उनके चारों तरफ नाचते हुए मालूम देते हैं। खिलखिलाहट में उनकी आवाजें डूब जाती हैं।

फिर सपना ठंडा पड़ जाता है। हवा ठहर जाती है। बिना आवाज किए पंख हवा में उठते हैं। रास्ते बीहड़। पक्षी कहीं पीछे छूट गए हैं। आगे क्या दुनिया का अन्त है? अन्त ही हो सकता है।

तो अलविदा। अलविदा चीलवाली कोठी।

मासीमा ने मुझसे कहा था शिक्षा ही तुम्हारा साथ देगी। वही एक चीज है, जो तुमसे कोई ले नहीं सकता।

अगले ही दिन मैं अखबार में विज्ञापन पढ़कर, दिल्ली के एक बड़े स्कूल में अध्यापिका के पद के लिए आवेदन-पत्र भेजती हूँ। मासीमा ने जितना मुझे सिखाया है, उसे मैं दूसरों से बाँट सकती हूँ। इंटरव्यू के लिए दिल्ली बुलाई जाती हूँ। मुनीमा मुझ पर तरस खाकर अपने गुप्त रुपयों में से मुझे ट्रेन का भाड़ा देती हैं। एक आखिरी कृपा।

कोठी की मेरी वह आखिरी झलक। अलविदा पुरानी दीवारें, लोहे की गढ़ी बालकनियाँ, झिलमिलीदार हरी खिड़कियाँ! मैं जहाँ जाऊँगी, तुम्हीं को तलाश करूँगी, कभी जागे मन से, कभी सोये हुए से। बार-बार खोजूँगी उस पीछे छूटी हुई कोठी को; उसमें घटी कहानी के अन्त को। वह कहानी जो हर बार नए ढंग से घटेगी, और जो कभी पूरी नहीं होगी।

ट्रेन लम्बी सीटी बजाती है और झटके के साथ चल पड़ती है, मेरी आगे बढ़ने की इच्छा से दम लेकर।

अलविदा चीलवाली कोठी! नया रास्ता पुकारता है, अनजान, शायद दुर्गम, मगर मेरा अपना चुना हुआ।

❑❑❑

'चीलवाली कोठी' का लेखन

बहुत दिनों पहले से मैं कुछ लिखा करती थी। लिखती थी और रख देती थी, लिखती, रख देती। दोबारा बैठती तो कभी इसी लिखे हुए में कुछ आगे जोड़ देती, मगर ज़्यादातर नए सिरे से दूसरी शुरुआत होती, जो पिछले लिखे से कभी जुड़ जाती, कभी नहीं। बस कुछ पंक्तियाँ, बमुश्किल तमाम एकाध पैरा। इस लिखने में कोई नियम नहीं था, कोई अनुशासन नहीं। ऐसा नहीं था कि मैं कोई चीज़ पूरी कर रही थी, या कि मुझको पता था कि यह कौन-सा रूप लेगी, कहानी होगी या किसी और प्रकार का गद्य; उपन्यास का ख़याल तो आता नहीं था क्योंकि मैंने कोई लम्बी चीज़ लिखी नहीं थी।

रोज़मर्रा की मामूली घटनाओं के कबाड़ में कभी कोई चीज़ कौंध जाती, कोई आवाज़, उसका उतार-चढ़ाव, लहज़ा। कोई टेढ़ी मुस्कान, या हँसने, चलने का अन्दाज़, अकस्मात् बोला गया वाक्य किसी व्यक्तित्व को उजागर करता हुआ। खुलते-बन्द होते दरवाज़े-खिड़कियाँ, कहीं देखे कुएँ में परछाईं, लोहा पीटे जाने की आवाज़, आसमान में तरंगें भरती पतंग, सुनसान सड़क पर पसरे कुत्ते, किसी दुकान का नाम, बारिश का स्वर, उसका रंग! बहुत सारी चीज़ें, छोटी-छोटी, बेतरतीब मगर किसी वजह से मेरे लिए खास तरह की चमक लिये हुए। इन चमकीली चिन्दियों को मैं जमा कर रही थी। बन्द कर रही थी अपने ख़ज़ाने में। कोई खास इरादे के साथ नहीं, बस यूँ ही। बीच-बीच में इस ख़ज़ाने को खोलकर देख लेती, किसी कृपण की तरह जो बार-बार अपना छुपाया हुआ रुपया गिनता है। लम्बे समय तक यही होता रहा। फिर कुछ ऐसा हुआ कि यह चीज़ें, यह लिखी हुई पंक्तियाँ, अपने अगल-बगल की दुनिया खोजने लगीं, उस दुनिया में रहनेवाले लोग, अपना आस-पड़ोस, एक साहित्यिक मोहल्ला।

किन चीज़ों से बनेगा यह मोहल्ला? शुरू से बनारस शहर मेरे साथ रहता आया है। बचपन से मैं वहाँ जाती रही हूँ। घंटों मैं उसकी गलियों में भटकी हूँ। कभी रिक्शे पर, मगर अक्सर पैदल। जादू की तरह एक में एक लोप होती हुई सँकरी गलियाँ, पुरानी ढहती इमारतें एक-दूसरे पर गिरती-पड़ती-सी, उनकी दीवारों में से उगते बूढ़े बरगद या पीपल के पेड़, मन्दिर, दुकानें, घाट, घाट पर मुड़े हुए

सींगों वाले प्राचीन बकरे या साँड़, पुजारी और पहलवान, गुम्बद और मीनार पर लटकते-उछलते बन्दर, कोहरा-भरी सुबहें और विराट जगमगाती शामें!

बनारस शहर, जो कि लगता कि समय के उदय से ही मौजूद था, शाश्वत। रात को भी, जब सड़कों पर सन्नाटे का राज होता, वे उन अदृश्य लोगों के सायों से भरी होतीं, जिन्होंने उनमें सदियों से वास किया था। अदृश्य लोगों की रात नगरी। समय की अनेक तहें एक ही वक्त पर वहाँ मौजूद थीं। आज का असन्तुलित शहर, साथ ही साथ सभ्य, शालीन और भद्दा, अपनी बदसूरत आधुनिकता के साथ किसी रहस्यमयी क्रिया के तहत कई सदियों का बहुस्तरीय अतीत अपने में समेटे जीता हुआ—समय का एक मिथक जैसा। इस शहर ने मुझमें घर कर लिया।

पता नहीं कब एक लड़की उसमें आके रहने लगी। एक अनाथ लड़की—मीना। अपने अतीत से एकदम अनजान। उसको अपने पिछले अतीत के बारे में कुछ पता ही नहीं; अतीत के बारे में एक कहानी गढ़ने पर मजबूर। अनजानपन में एक अतीत गढ़ा उसने अपने लिए। कि वह पानी से जन्मी थी। पानी से, क्योंकि पानी ही वह आदिम तत्त्व था जिससे सब चीज़ें, सारा जीवन शुरू होता है। जीवन के आरम्भ का ज़िक्र आते ही, समय का सवाल उठा। कब हुआ जीवन शुरू? समय का आभास, उसके बारीक तन्तुओं को पकड़ने की कोशिश में कुछ पंक्तियाँ मन में आईं, जो कि न तो गद्य थीं, न ही पूरी तरह से पद्य कहला सकती थीं। मगर समय के स्पर्श को टटोलने के लिए यह पंक्तियाँ उपन्यास के शुरू होने से पहले ही अपनी जगह पर आकर आसीन हो गईं और आगे आनेवाली कथा का सन्दर्भ बनाने लगीं। मीना की दबी हुई कहानी की ओर इशारा करने लगीं। उसकी भविष्य की तरफ बढ़ने की अदम्य इच्छा। उसे घर-द्वार, धन-दौलत, दूल्हा, पारम्परिक जीवन के लटके, कुछ नहीं चाहिए; चाहिए तो बस अपनी मर्ज़ी से जीने का अवकाश। जीवन के नाजुक, टूटते-बिखरते जाल। कौन से जीवन का रास्ता किस दिशा में जाएगा?

मीना की डगमगाती नियति उसे ले जाती है बनारस शहर के एक पुराने परिवार के परस्पर, जो अपने अतीत में ही जीवित है। ढहती हुई कई सौ साल पुरानी कोठी, जो फाटक पर गढ़ी पत्थर की दो चीलों की वजह से चीलवाली कोठी कहलाती है—इसमें कई पुश्तों से रहता हुआ परिवार बाहरी दुनिया से बिल्कुल कटा हुआ, अपने कई सौ साल के इतिहास और परम्परा में जीता। भविष्य में उसका पतन पूर्वनिश्चित ही है। विध्वंस की तरफ वह तेज़ी से लुढ़क रहा है। यह तीन केन्द्रीय छवियाँ—कालजयी, बहुस्तरीय अतीत वाला शहर, बिना किसी अतीत की लड़की जिसके लिए भविष्य ही अर्थ रखता है, और अतीत में अटका परिवार, जिसका कोई भविष्य नहीं—एक-दूसरे पर किस तरह का प्रभाव, कौन सी छायाएँ डालेंगे?

उनके रूबरू होने पर कैसी आकृति बनेगी, कौन से मायाजाल बुने जाएँगे? यह मेरे लिए एक ही समय पर खोजने और पाने, पाने और पाए जाने की क्रिया बन गई। पाए जाने की, क्योंकि लिखना अवचेतन के गलियारों में भटकना भी है, और वहाँ जो मिलता है, अक्सर हमें उसकी खबर पहले से नहीं होती।

एक लम्बे अर्से से मैं समय के सवाल के साथ उलझती रही हूँ। समय के बहाव के साथ। मुझे लगता रहा है कि वह अलग-अलग लोगों के लिए अलग तरह से बीतता है, बहता है। अतीत को याद करने के, और भविष्य की कल्पना गढ़ने के तरीके हमारे अपने खास, निजी होते हैं। अतीत मेरे लिए कभी एकदम अतीत, पूरी तरह से बीता हुआ नहीं होता। वह किसी भी वक्त सामने आकर खड़ा हो सकता है, उसी क्षण में, जब उसके बारे में सोचा जाता है। यह जीता-जागता अतीत जो मन में सदा मौजूद खड़ा है, अपने में भविष्य तक खिंचते चले जाने की क्षमता रखता है, जब सोच की कड़ी उसे वहाँ तक ले जाए।

समय के बीतने का क्या मतलब है, लोगों के लिए, परिवारों, शहरों या देशों के लिए? समय के बड़े-बड़े टुकड़े युगों में तब्दील हो जाते हैं। इनमें इकट्ठा 'महत्त्वपूर्ण' घटनाओं को हम इतिहास की तरह पढ़ते हैं। मगर उन चीज़ों का, उन नितान्त आत्मीय कहानियों का क्या होता है जो इतिहास की दरारों में से फिसल जाती हैं और कहीं हवा पर अटकी, उसका वज़न बदलती, एक गहरी साँस, एक लम्बा साया बन जाती है? हर चीज़ समय के साथ बदलती रहती है। अगर इस उपन्यास का एक सबसे अहम किरदार है, तो वह समय ही है। जीवन एक लम्बा सिलसिला है, परिवर्तन, ध्वंस और दोबारा निर्माण का। मृत्यु किसी अनजानी मंज़िल की ओर प्रस्थान का नाम है। यह किस तरह की यात्रा है? इन्हीं सवालों की उधेड़बुन ने किसी बिन्दु पर आकर उपन्यास की सूरत अख़्तियार कर ली।

इसको लिखने के अपने मसले थे। पहला सवाल था दृष्टिकोण का। कहानी किसके नज़रिए से लिखी जानी चाहिए? सबसे आसान, और शायद सबसे स्वाभाविक भी, यही होता कि एक अव्यक्तिगत, अन्य कथावाचक होता, जो बारी-बारी से कहानी के विभिन्न पक्षों को बयान करता। सूत्रधार जैसा कुछ। एक थर्ड पर्सन नैरेटर। शायद, हर भाग के आरम्भ में लिखे छन्दों ने यह कुछ हद तक किया भी है। मगर लिखते समय, मेरा उनसे सूत्रधार का काम लेने का इरादा नहीं था। उनकी अपनी एक ध्वनि बन गई थी, एक स्वर-विस्तार, जो सन्दर्भ रचता हुआ, माहौल को स्थापित करता-सा जान पड़ रहा था।

अन्य कथावाचक की आवाज़ में लिखने की कई दिक्कतें थीं। सबसे अव्वल, कि यह वाचक आखिर है कौन? उसको पात्रों के आत्मीय जीवन के बारे में इतना कुछ कैसे मालूम? दूसरों के जीवन में उसका इतना दख़ल क्यों है, जब वह अपना

कुछ नहीं बताता? उसकी आवाज़ में एक दूरी आना तो लाज़मी था, आत्मीयता के खोने का डर। जबकि मेरी इच्छा थी कि कथा की आवाज़ पाठक के कान के बिलकुल करीब आके बोले, ऐसे, जैसे कि वह ख़ास उसी से बोल रही है, अपनी विशेष सामाजिक, ऐतिहासिक और मनोवैज्ञानिक परिस्थितियों के बीच से। क्योंकि कथा के कई पक्ष थे, एक किरदार की आवाज़ उन अनेक पक्षों को व्यक्त कर पाने के लिए पर्याप्त नहीं लगी। तभी मुझे लगा कि कहानी के दो या तीन वाचक हों, जो कि अपने-अपने पक्ष, अपनी सामाजिक स्थिति या वर्ग के भीतर से, आत्मीय आवाज़ में बोलें, तो कथा को आगे बढ़ाने का यह एक तरीका हो सकता है।

इन तीन आवाज़ों के होने ने भी, एक तरह से कथा के विन्यास को तय किया। एक सीधा-सपाट, एकरेखीय वर्णन असम्भव हो गया। उसकी जगह कहानी की बनावट थोड़ी घुमावदार, कुछ सीप जैसी, बनने लगी, जिसमें घटनाएँ क्रम से न होके, आगे-पीछे होती हैं। तीनों आवाज़ें कहानी को अलग-अलग जगहों में ले जाती हैं, जिनका उन्हें परस्पर ज्ञान हो नहीं सकता। क्योंकि हर आवाज़ अपने दायरे में सीमित है।

इन आवाज़ों के बदलने की वजह से भाषा का प्रश्न उठा। यह आवाज़ें कैसी हों कि इनमें एक-दूसरे से फ़र्क़ होने का आभास हो?

मुख्य पात्र मीना की अल्पशिक्षित आवाज़ में, उसकी परिस्थितियों में बदलाव के साथ-साथ, परिवर्तन किस तरह हो, राय प्रणवनारायण दास की आवाज़ के पीछे परम्परा और शिक्षा की कई पीढ़ियों का वज़न, विक्रम की भद्र, अंग्रेज़ी शिक्षित आवाज़ की ध्वनि—इन सबको कैसे पकड़ा जाए?

कथा के ताने-बाने, उसके टेक्सचर को बुनते समय कुछ बिम्ब थे, जिन्होंने आगे बढ़के, जैसे अपने आपको पेश किया। एक तो मछली का बिम्ब था, जो कि जुड़ गया मुख्य पात्र मीनाक्षी के नाम से, जिसका अर्थ, कहानी आग्रह करती है, मछली की-सी आँखों वाली लड़की है। बल्कि, अनाथ मीनाक्षी की आँखों की वजह से ही उसका यह नाम रखा गया था। फिर, मछली के ज़िक्र से ही निकलती हुई तैरने की क्रिया थी, जो बार-बार कथा में घुसपैठ करने लगी और दोहराए जाने पर एक रूपक जैसी कुछ बन गई। मीना के जीवन के लिए महत्त्वपूर्ण, क्योंकि वह अपनी मुश्किल परिस्थितियों से उबरती है जैसे उनके ऊपर तैरकर। अपने 'मिर्गी' के दौरों में भी वह मछली की तरह तैरने की कल्पना करती है। सपने में वह हवा पर तैरती है। पतंग आकाश के समुन्दर में तैरती है। तैरने का बिम्ब बार-बार आता है।

फिर, तैरने से पानी। जिससे मीना की कहानी शुरू होती है, बल्कि सारा जीवन शुरू होता है। पानी का उपन्यास में गहरा महत्त्व है; अक्सर पानी बरसता रहता है,

मासी माँ की मृत्यु के समय भी 'काला' पानी बरसता है। अगर कहानी के पार्श्व में कोई संगीत है, तो वह बारिश की रिमझिम ही है।

एक तो बनारस का प्राचीन और नवीन परिवेश। उसमें कोठी के रहनेवालों की अपनी परम्परा, उनका इतिहास, जो कि अगल-बगल के जीवन से कटा हुआ ही है, फिर अनाथ लड़की का विलुप्त अतीत और उसकी आगे बढ़ने की गहरी इच्छा, उसके चरित्र का विकास—इनको बिना उबाऊ डीटेल में जाए हुए, पेश करना एक चुनौती थी। इस समस्या से जूझने के लिए कहीं-कहीं अति यथार्थ जैसी कोई चीज़ दाख़िल हो गई, जिससे एक प्रकार की गूँज, एक ख़ास प्रतिध्वनि पैदा हो सके।

आकाश का कहानी में गहरा महत्त्व है। 'स्मृति का देश' आकाश में स्थित है। आकाश सब देखता है और सब जानता है। वह मीना की कहानी का गवाह भी है और मार्गदर्शक भी। मीना उसे सम्बोधित करती है जिस तरह किसी भगवान को करती।

कई बार छोटी चीज़ें किन्हीं दूसरे, बड़े अर्थों की ओर संकेत करती हैं। एक छोटी चिड़िया आकाश में उड़ती है और यह मीना की उड़ान बन जाती है, चीलवाली कोठी के मालिक राय प्रणवनारायण दास बार-बार मोटरगाड़ी आगे बढ़ाने की कोशिश करते हैं मगर वह एक ही जगह खड़ी रहती है, जिस तरह वह खुद भी अपने जीवन में कभी आगे नहीं बढ़े; मीना अपने पास फोटो का खाली फ्रेम रखती है, उसके पास फ्रेम में रखने के लिए कोई नहीं है। इसी प्रकार के अनेक बिम्ब हैं जो प्रतीक या संकेत बन जाते हैं। इन संकेतों को कहानी में बुनना, इस तरह कि वह अलग से दिखाई न देते हुए, पूरे वातावरण में गुंजायमान हों—मेरे लिए यह आसान नहीं था।

उपन्यास में स्वप्न और दिवास्वप्न का अपना स्थान है। अक्सर वह किरदारों की संवेदना, एक-दूसरे के बारे में उनके विचार, बल्कि उनके अवचेतन में प्रवेश करने के द्वार बन जाते हैं। और अगर यह द्वार प्रवेश करने के लिए हैं, तो वे निकास के लिये भी उतने ही हैं। इन्हीं दरवाज़ों से निकलकर 'चीलवाली कोठी' के भटकते हुए किरदार, पाठक के मन में दाख़िल होने की कोशिश करते हैं। क्योंकि दरवाज़े हमेशा दो दिशाओं में खुलते हैं; जितना अन्दर आने के लिए, उतना ही बाहर जाने के लिए भी होते हैं।

जहाँ तक मेरा व्यक्तिगत सवाल है, 'चीलवाली कोठी' के किरदार निकास का द्वार पाकर कहीं बहुत दूर चले गए हैं। वे अब मेरे साथ नहीं रहते; हम एक-दूसरे से मुक्त हैं। उपन्यास को छपे दो-ढाई साल हो गए; उसको लिखे और भी अधिक। जब लिखा था तब कुछ ऐसा लिखने का प्रयत्न किया था। आज लिखती तो यक़ीनन वह फ़र्क़ होता। क्योंकि उन किरदारों के साथ अब मेरा उठना-बैठना नहीं

रहा। अगर मैं कभी उन तक लौटती हूँ, तो पाठक की ही हैसियत से। समय के साथ सब कुछ परिवर्तित होता रहता है। मैं ख़ुद भी इस परिवर्तन से अछूती नहीं। यह कृति अब मेरे अंकुश से निकलकर पूरी तरह से पाठक के पाले में है, अनेक पाठों के लिए हाज़िर।

❑❑❑